Projektgruppe PINC
Natur und Produktion im Unterricht

Natur und Produktion im Unterricht

Biologie, Chemie, Physik in der Sekundarstufe I

Erarbeitet und herausgegeben von der Projektgruppe
Integriertes Naturwissenschaftliches Curriculum (PINC)

Mitarbeiter:
Regina Görgen, Eckhard Herrmann, Wolfgang Jörg,
Bernhard Mensch, Wilhelm Quitzow, Dieter Riedel,
Willi Uebach, Peter Wurmbach

Beltz Verlag · Weinheim und Basel 1978

Die Projektgruppe wurde Anfang 1973 von der Berliner Senatsverwaltung eingesetzt mit dem Auftrag, ein Curriculum für den naturwissenschaftlichen Unterricht in der Sekundarstufe I zu entwickeln. Das Projekt wurde zu gleichen Teilen aus Bundes- und Landesmitteln gefördert. Die Projektarbeit wurde im Juni 1976 beendet, die inhaltliche Arbeit jedoch fortgesetzt.

CIP-Kurztitelaufnahme der Deutschen Bibliothek

Natur und Produktion im Unterricht : Biologie, Chemie, Physik in d. Sekundarstufe I / erarb. u. hrsg. von d. Projektgruppe Integriertes Naturwissenschaftl. Curriculum (PINC). Mitarb.: Regina Görgen ... – 1. Aufl. – Weinheim, Basel : Beltz, 1978.
(Beltz-Praxis)
ISBN 3-407-62027-6
NE: Görgen, Regina [Mitarb.]; Projektgruppe Integriertes Naturwissenschaftliches Curriculum

Gesamtherstellung: Beltz, Offsetdruck, 6944 Hemsbach über Weinheim
Seriengestaltung des Umschlags: G. Stiller, Taunusstein
Printed in Germany

ISBN 3 407 62027 6

Inhaltsverzeichnis

Vorwort

Anfang der siebziger Jahre entwickelte eine Gruppe von Politikern, Lehrern und Wissenschaftlern in West-Berlin den Plan, den Aufbau der Berliner Mittelstufenzentren durch eine „langfristige Curriculumforschung und -entwicklung“ in den Bereichen Gesellschaftskunde und integrierte Naturwissenschaften zu ergänzen. Mit Unterstützung des Bundes wurden in Zusammenarbeit der Senatsverwaltungen für Wissenschaft und Kunst sowie für Schulwesen zwei Projektgruppen gebildet. Sie sollten „Beiträge für bisher ungelöste Grundsatzprobleme erarbeiten: z.B. fundamentale Ziele und Inhalte, neue Unterrichtsgegenstände (Wirtschaft, Recht, Erziehung, Technik, Umweltschutz), das Verhältnis von exemplarischem und orientierendem Lernen“[1]. Aus verschiedenen Gründen, u. a. wegen der relativ späten Bewilligung der Anträge, sind die Arbeitsergebnisse der Projektgruppen allerdings nicht in die Curricula der Mittelstufenzentren eingegangen.
Die Projektgruppe Integriertes Naturwissenschaftliches Curriculum (PINC), die auf diese Initiative zurückging, begann ihre Arbeit nach einer sechsmonatigen Aufbau- und Vorbereitungsphase im Januar 1973. Organisatorisch war sie der Senatsverwaltung für Wissenschaft und Kunst in Berlin (West) zugeordnet. Das Projekt wurde als Modellversuch im Bildungswesen je zur Hälfte aus Mitteln des Bundesministeriums für Bildung und Wissenschaft und des Berliner Landeshaushalts finanziert.
Die Projektgruppe bestand aus folgenden Mitgliedern:

Regina Görgen-Pauly, Wiss. Mitarbeiter (Biologie);
Eckhard Herrmann, Wiss. Mitarbeiter (Physik);
Wolfgang Jörg, Wiss. Mitarbeiter (Physik, Lerntheorie);
Christa Kassner, Sachbearbeiterin;
Bernhard Mensch, Wiss. Mitarbeiter (Unterrichtsmedien, Graphik);
Dr. Wilhelm Quitzow, Projektleiter (Didaktik der Naturwissenschaften, Bildungspolitik);
Dr. Dieter Riedel, Geschäftsführer/Wiss. Mitarbeiter (Wissenschaftstheorie, Bildungspolitik);
Dr. Wilhelm Uebach, Wiss. Mitarbeiter (Physik);
Peter Wurmbach, Wiss. Mitarbeiter (Chemie, Biologie).

---

1 Berliner Schulentwicklungsplan 1973, S. 56.

Drei der Wissenschaftlichen Mitarbeiter waren für die Laufzeit des Projektes vom Unterricht freigestellte Lehrer. An den Plenardiskussionen nahmen außerdem als Berater die Gesamtschullehrer Theodor Bordt (Physik) und Klaus Pierow (Chemie) teil.
Die Zwischenergebnisse und wichtigsten Planungsschritte der Arbeit wurden in ca. halbjährigen Abständen von einer projektbegleitenden Kommission aus Lehrern, Vertretern der zuständigen Senatsverwaltungen sowie der Schulaufsicht überprüft und beraten.
Der Arbeitsauftrag der Projektgruppe, der durch den Senator für Schulwesen formuliert wurde, umfaßte folgende Punkte:

a) Untersuchungsfeld sind die Inhaltsbereiche, die in den Fächern Physik, Chemie, Biologie (incl. der dabei angewandten Mathematik) vermittelt werden sollten, sowie Grenzgebiete dieser Disziplinen und neue Erkenntnisse über gemeinsame Strukturen und Methoden der Naturwissenschaften (für die Klassen 7–10).

b) Von der Projektgruppe ist ein Katalog der Ziele und Inhalt vorzuschlagen, die für einen Heranwachsenden fundamental sein sollten. Davon ist in einem Konzept zu entwickeln, wie heute naturwissenschaftliche Allgemeinbildung aussehen sollte.

c) Bei der Erarbeitung des Katalogs sind folgende Bereiche zu berücksichtigen:
   - Anwendung in der Technik, Vorarbeiten in der Arbeitslehre,
   - gesellschaftliche Folgen naturwissenschaftlicher Entdeckungen,
   - Umweltschutz.

d) Analysen von Lernschwierigkeiten und fehlender Motivation in diesem Bereich in Hinblick auf das Fundamentum.

e) Didaktisch-methodische Probleme (Team-teaching, Lernzielkontrolle, Beurteilungsverfahren).

Das Projekt hatte eine Laufzeit von dreieinhalb Jahren. Es wurde im Juni 1976 beendet.
Von den Ergebnissen, die während der offiziellen Laufzeit des Projektes erarbeitet worden sind, wurden der Grobplan ‚Naturwissenschaftlicher Unterricht in der Sekundarstufe I‘ sowie Unterrichtsmaterialien für die 7. Jahrgangsstufe in das vorliegende Buch übernommen. Wir danken dem Bundesministerium für Bildung und Wissenschaft sowie dem Berliner Senat für Wissenschaft und Kunst für die Genehmigung zum Abdruck.
Alle übrigen Teile des Buches wurden von Mitgliedern der Gruppe PINC nach Beendigung der Laufzeit des Projektes in eigener Verantwortung erarbeitet.
Die Verfasser der einzelnen Abschnitte des Buches sind im Inhaltsverzeichnis aufgeführt. Doch wurden alle Kapitel des Buches von der ganzen Gruppe diskutiert und, ggf. nach entsprechenden Abänderungen, abschließend gebilligt. Daher basiert das hier vorgelegte Ergebnis auf einem Konsens der gesamten Gruppe PINC. Gewisse Inkonsistenzen zwischen den einzelnen Kapiteln sind auf diesen arbeitsteiligen Entstehungsprozeß zurückzuführen.

Die Gruppe PINC versteht die Ergebnisse ihrer Arbeit

- einerseits als eine inhaltliche Konkretisierung der Pläne zur Reform der Sek. I, insbesondere der gewerkschaftlichen Forderung, Arbeitslehre nicht nur als einzelnes Fach, sondern auch im Sinne eines fächerübergreifenden Unterrichtsprinzips zu realisieren;
- andererseits als konsequente Fortführung jener curricularen Reformansätze, die mehr Gesellschaftsbezug im naturwissenschaftlichen Unterricht anstreben.

Ein Ziel der vorliegenden Veröffentlichung ist, auf die Bedeutung, die einer Neubestimmung des naturwissenschaftlichen Unterrichts im Rahmen der gewerkschaftlichen Bildungskonzeption zukommt, hinzuweisen.

Die vorliegenden Arbeitsergebnisse der Gruppe PINC sind in zwei Teile gegliedert.

Im ersten Teil wird zunächst

- die Entwicklung der Curriculumreform, die zu verstärktem Gesellschaftsbezug auch in den naturwissenschaftlichen Fächern tendiert, eingeschätzt (I. Kap.);
- eine Sachanalyse durchgeführt, die die historische Entwicklung der Naturwissenschaften sowohl in ihrer Wechselwirkung mit der Produktion als auch hinsichtlich ihres Einflusses auf Veränderungen des gesellschaftlichen Bewußtseins untersucht (II. Kapitel).

Ziel dieser beiden Kapitel ist, die bildungspolitische und wissenschaftstheoretische Begründung unserer Konzeption von naturwissenschaftlichem Unterricht zu geben sowie deren Stellung zu den verschiedenen curricularen Reformansätzen zu reflektieren. Auf der Grundlage dieser Konzeption werden im III. Kapitel Kriterien für Auswahl und Strukturierung der naturwissenschaftlichen Unterrichtsinhalte formuliert. Wichtig ist, daß diese Kriterien dann bei der Neubestimmung des Biologie-, Chemie- und Physikunterrichts nicht schematisch angewandt werden, sondern in unterschiedlicher Gewichtung – entsprechend der inhaltlichen Besonderheit und spezifischen gesellschaftlichen Funktion der einzelnen Wissenschaften (III, 3).

Im zweiten Teil wird ein Grobplan der Ziele und Inhalte des naturwissenschaftlichen Unterrichts (7. bis 10. Jahrgangsstufe) dargestellt, der den zuvor entwickelten Kriterien genügt.

Der Anhang enthält exemplarische Unterrichtsmaterialien zur 7. Jahrgangsstufe, und zwar aus den Unterrichtseinheiten:

- Biologie 7.1: ‚Wie aus Affen Menschen wurden',
- Physik 7: ‚Der einfache Arbeitsprozeß – Arbeitskraft, Werkzeuge, Werkstoffe',
- Chemie 7: ‚Herstellung von Eisen und anderen Metallen'.

Die Gruppe PINC hofft, sowohl mit den Aussagen zu den allgemeinen bildungspolitischen, wissenschaftstheoretischen und didaktischen Problemen als auch mit dem Grobplan und den Unterrichtsmaterialien eine Grundlage für die weitere fachdidaktische Diskussion, vor allem aber Anregungen für den schulischen Unterricht geliefert zu haben. Gerade der Grobplan könnte u. E. als Bezugsrahmen für die Bestimmung des Gesellschaftsbezugs der in der Schule zu behandelnden naturwissenschaftlichen Gebiete dienen. Der Grobplan und die exemplarischen Unterrichtsmaterialien sind auch als Anregungen gedacht für eine Weiterarbeit auf der Grundlage der hier vorgeschlagenen Konzeption von naturwissenschaftlichem Unterricht[2].

Wir danken Theodor Bordt und Klaus Pierow für ihre Beiträge zur Entwicklung der Fachcurricula und verschiedener Unterrichtseinheiten. Wir danken ferner den Kollegen der Fachbereiche Arbeitslehre und Naturwissenschaften von der Gesamtschule Charlottenburg-Nord für ihre Mitarbeit bei der Erprobung unserer Unterrichtsmaterialien zur 7. Jahrgangsstufe, Herrn Röder von der Landesbildstelle für seine Medienberatung sowie den Moderatoren für die naturwissenschaftlichen Curricula der Mittelstufenzentren für ihre bereitwillige Unterstützung.

Die Autoren

---

2 Unsere Kontaktadresse für Anfragen und Kritik: Dr. Wilhelm Quitzow, Curtiusstraße 13, 1000 Berlin 45.

Erster Teil
Konzeption – Kriterien

I. Gesellschaftsbezug im naturwissenschaftlichen Unterricht – Zur Neubestimmung der Bildungsinhalte

(R. Görgen, W. Quitzow, D. Riedel)

1. Ausgangssituation und erste Reformansätze

1.1 Der traditionelle Gymnasial- und Hauptschulunterricht

Um Reformen der Bildungsinhalte in ihrem Stellenwert insbesondere für naturwissenschaftlichen Unterricht richtig einzuschätzen, ist es sinnvoll, mit einer kurzen Darstellung des status quo zu beginnen. Wie werden heute „landläufig" Naturwissenschaften in der Sek. I unterrichtet? Sicherlich gibt es entsprechend den verschiedenen Lehrerpersönlichkeiten, ihrem unterschiedlichen Engagement, ihrer unterschiedlichen Ausbildung und je nach materieller Ausstattung der Schulen die vielfältigsten Erscheinungsformen. Dies soll und kann hier nicht analysiert werden. Verbindlich für jeden Unterricht und einer Analyse zugänglich sind die staatlich verordneten Rahmenpläne und die zugelassenen Schulbücher[1]. Im § 1 des Schulgesetzes für Berlin wird die Aufgabe der Schule darin gesehen, „alle wertvollen Anlagen der Kinder und Jugendlichen zur vollen Entfaltung zu bringen und ihnen ein Höchstmaß an Urteilskraft, gründliches Wissen und Können zu vermitteln"[2]. Dementsprechend fordert der Berliner Rahmenplan, „gleiche Bildungschancen für alle Schüler"[3] zu verwirklichen. Aber diese Grundsätze werden schon bei der Formulierung der Aufgaben der verschiedenen Schulzweige relativiert. So formuliert der Rahmenplan die Aufgaben des Gymnasiums folgendermaßen: „Die besonderen Möglichkeiten des Gymnasiums ergeben sich aus dem höheren Grad der Abstraktions- und Reflexionsfähigkeit, der von seinen Schülern

---

1 Wir beschränken uns auf die Berliner Rahmenpläne. Andere Untersuchungen bestätigen aber ähnliche Tendenzen in anderen Bundesländern.
2 Schulgesetz für Berlin vom 26. Juni 1948 (VOBl. I S. 358).
3 Rahmenpläne für Unterricht und Erziehung in der Berliner Schule, herausgegeben vom Senator für Schulwesen. Berlin und Neuwied, Teil A III c.

erwartet werden kann und der zu einer stärkeren Herausforderung des theoretischen Vermögens berechtigt"[4].

Dagegen heißt es für die Hauptschule: „Die Absicht der Hauptschule, intellektuelle Wachheit, Reflexionsbereitschaft, Wendigkeit, Selbstdistanzierung und Affektbeherrschung zu fördern, trifft auf Schüler, die nicht selten durch mangelnde Fähigkeit und mangelnde Bereitschaft zu abstrahierendem Denken charakterisiert sind. Deshalb muß die Abstraktionsfähigkeit in der Hauptschule mit besonderen Verfahren geleistet werden"[5].

Im folgenden wird untersucht, wie sich diese Ziele in den fachlichen Teilen der Rahmenpläne für den naturwissenschaftlichen Unterricht niederschlagen.

Im Physikplan für das Gymnasium wird ein hinreichendes Tatsachenwissen aus den Hauptgebieten der Physik angestrebt. Die Kenntnis grundlegender Vorgänge, die wichtigsten physikalischen Gesetze einschließlich ihrer mathematischen Formulierung werden vermittelt. Es wird deutlich gemacht, daß die aus dem täglichen Leben vertrauten Begriffe zur exakten Naturbeschreibung nicht ausreichen, daß physikalische Begriffe genaue Definitionen erfordern. Beim Experimentieren gewonnene Einzelbeobachtungen (Meßreihen) sollen ausgewertet werden, Zusammenhänge aufgezeigt und nach Möglichkeit mathematisch formuliert werden. Es wird auf den begrenzten Gültigkeitsbereich physikalischer Gesetze hingewiesen. Das Planen und Durchführen einfacher Versuche, die prägnante Formulierung der Ergebnisse und deren schriftliche Fixierung werden gefordert. Dabei ist die konsequente Benutzung der physikalischen Fachsprache vorgesehen.

Im Gegensatz dazu steht nach dem Berliner Rahmenplan im Hauptschulunterricht Physik die qualitative Arbeitsweise deutlich im Vordergrund. Die Abstraktionsfähigkeit der Schüler wird nicht etwa mit besonderen Verfahren geschult, sondern es wird möglichst nicht abstrahiert. Ähnliches gilt für die Chemie, zu der in bezug auf eine wissenschaftliche Qualifizierung der Hauptschüler gesagt wird: „Eine wissenschaftliche Systematik ist an der Hauptschule nicht anzustreben[6]". Von den gleichen Chancen und den besonderen Verfahren ist nichts übrig geblieben. Für den Biologieunterricht wurde im Berliner Rahmenplan der lobenswerte Versuch unternommen, eine möglichst weitgehende Vereinheitlichung der Inhalte zu erreichen. Um so befremdlicher mutet es an, wenn es zum Thema Abstammungslehre im Plan für die Hauptschule heißt: „Die Toleranz gebietet, naturwissenschaftliche Forschung und religiöse Schau nebeneinander gelten zu lassen"[7].

---

4 Wir beschränken uns auf eine Analyse der beiden Pole des dreigliedrigen Schulwesens, Gymnasium und Hauptschule, da die darzustellenden Probleme hierdurch hinreichend charakterisiert werden können. Die Realschule ist entsprechend ihrer Aufgabe, für mittlere Laufbahnen zu qualifizieren, zwischen diesen beiden Polen angesiedelt.

5 Rahmenpläne, a. a. O. A III a.

6 Ebenda, B III a 15.

7 Ebenda, B III a, 16.

Generell läßt sich sagen, daß es in bezug auf die Wissenschaftlichkeit des Unterrichts, d.h. auf die Vermittlung der Erkenntnismethoden und Gesetzmäßigkeiten der Naturwissenschaften, einen erheblichen Unterschied zwischen den verschiedenen Schulzweigen gibt. Das Verhältnis der Naturwissenschaften zur Produktion wird in keinem Schulzweig adäquat behandelt[8]. Der Gymnasialunterricht ist in der Regel rein fachimmanent, ohne Bezug zur Gesellschaft; der Hauptschulunterricht beschränkt sich auf Anwendungen aus dem engeren Lebensbereich der Schüler.

1.2 Inhalte der gebräuchlichsten naturwissenschaftlichen Schulbücher

Der Unterricht an den Schulen hat sich an den Zielen und Inhalten zu orientieren, die in den Rahmenplänen festgelegt sind. Die detaillierte Auswahl von Inhalten und Methoden ist den einzelnen Schulen bzw. den einzelnen Lehrern überlassen. Da gerade die Lehrer an den Hauptschulen in vielen Fächern unterrichten müssen, für die sie nicht ausgebildet sind, erhalten die Schulbücher hier einen besonderen Stellenwert, zumal diese Bücher auch den Schülern übereignet werden können. Eine genauere Untersuchung der in den Schulen verwendeten Schulbücher gibt – je nach Schulzweig mit unterschiedlichem Stellenwert – Aufschluß über das, was gelehrt und gelernt wird[9].
Eine solche Untersuchung ist von uns für die 1973 an den Berliner Schulen im naturwissenschaftlichen Unterricht verwendeten Bücher durchgeführt worden. Die Untersuchung erfaßt die Bücher, die für mehr als zwei Drittel der Schüler der Sekundarstufe I Gültigkeit haben.
Untersucht wurden
- Art und Umfang der behandelten Inhaltsbereiche,
- die wissenschaftliche Qualität des Lehrstoffes,
- der Bezug der Unterrichtsinhalte zum gesellschaftlichen Leben.

Im folgenden sollen schwerpunktmäßig die Ergebnisse der Analyse der Physikschulbücher betrachtet werden:

---

8 Die Gesamtschulen, die im Land Berlin einen vergleichsweise großen Anteil darstellen, sind hierbei ausgeklammert. Für die dort ausgearbeiteten Unterrichtseinheiten trifft die Kritik in dieser Form nicht zu.

9 Einen Hinweis auf die Bedeutung des Schulbuches für die inhaltliche Gestaltung des Unterrichts gibt die 1970 vom Institut für Demoskopie in Allensbach durchgeführte Umfrage, derzufolge 84 % aller Lehrer das Schulbuch für unersetzlich halten. 75 % stellen nach der Neueinführung eines Schulbuches ihren Unterricht um (vgl. Noelle-Neumann, E.: Das Schulbuch. In: Bertelsmann Briefe, Oktober 1970, H. 70, S. 8–13.

a) Der Stoff ist traditionell in Auswahl und Anordnung. Sein Umfang nimmt vom Gymnasium über die Realschule bis zur Hauptschule auf etwa die Hälfte ab. Für die Hauptschule bedeutet das Fehlen wichtiger Einzelthemen, daß ein systematischer Aufbau des Lernstoffes nicht möglich ist. Für den Schüler entsteht – wenn nicht der Lehrer die notwendigen Zusammenhänge im Unterricht herstellt – Bruchstückwissen.

b) Für Gymnasiasten ist die Behandlung der Einzelthemen insgesamt abstrakter und stärker von der Realität abgehoben als für Hauptschüler, deren Bücher auf praktisch-naturkundliches Alltagswissen orientiert sind.
Gymnasium: „Der Physiker geht an die Fragen, welche die Natur ihm aufgibt, aus reinem Interesse und aus Freude am Forschen und Erkennen“[10].
Hauptschule: „Die aus einer Erklärung gewonnene Erkenntnis können wir im täglichen Leben anwenden“[11].
Oder: „Wie ist es möglich, daß zu jeder Zeit Wasser aus dem Hahn fließt, wenn wir ihn öffnen?“[12].

c) Gravierend sind die Unterschiede im Anspruch auf Wissenschaftlichkeit. In den Büchern für das Gymnasium wird der Stoff insgesamt abstrakter, allgemeiner und wissenschaftlicher dargestellt als in den Hauptschulbüchern, in denen die Grenze zur Unwissenschaftlichkeit nicht selten überschritten wird.
Gymnasium: „Erfährt in einer Flüssigkeit die Begrenzungsfläche A die Kraft F, so herrscht in der Flüssigkeit der Druck

$$p = \frac{F}{A} \cdot \text{Druck} = \frac{\text{gedrückte Fläche}}{\text{Kraft}}$$

(Definition des Druckes)“[13].
Hauptschule: „In tieferen Wasserschichten wird das beklemmende Gefühl immer größer, und in 10 m Wassertiefe sind die Druckkräfte so groß, daß nur geübte Taucher bis dorthin vordringen können. (…) Die Wasserteilchen dort unten geraten in große Bedrängnis. (…) Die gegenseitige Bedrängnis (…) nennen wir Wasserdruck“[14].
Durch anthropomorphe Betrachtungsweisen und umgangssprachliche Darstellungen soll offensichtlich das Lernen theoretischer Zusammenhänge erleichtert, sollen die Probleme der Abstraktion umgangen werden. Zu erwarten ist eher das Gegenteil: nach Art einer „self-fullfilling prophecy“. Die Unfähigkeit der Schüler wird vorausgesetzt, und derartige Darstellungen führen dazu, daß sie unfähig bleiben. Denn auch ein begabter Schüler

---

10 Dorn: Physik, Mittelstufe Ausgabe A, 20. Auflage, Hannover 1972, S. 13.
11 Völker/Schleip: Beobachten – experimentieren – erklären – anwenden, 15. Auflage, Frankfurt/M. 1972, S. 3.
12 Dorn, a.a.O. S. 49.
13 Ebenda, S. 59.
14 Völcker/Schleip, a.a.O. S. 53f.

kann anhand solcher Texte keine Physik lernen. Über die naturwissenschaftliche Methode, über Erkenntnisgewinnung in einer exakten empirischen Wissenschaft lernen die Schüler der Hauptschule aus ihren Büchern weniger als die der Realschule und des Gymnasiums. Der für die Erkenntnisgewinnung wichtige Modellbegriff taucht in den Hauptschulbüchern nicht auf. Physikalische Modelle werden als die Realität hingestellt. Über die induktive und die deduktive Methode und über die unterschiedliche Bedeutung des Experiments in beiden Fällen finden sich in den Hauptschulbüchern nur wenige und unbrauchbare Aussagen, wie z.B.: „Meist gehört anfangs viel Phantasie dazu, um den Sachverhalt ahnen zu können, bis man durch eigenes Nachdenken über die Vorgänge schließlich das Gesetz findet“[15].

Für den Aufbau einer naturwissenschaftlichen Grundbildung hat eine korrekte Begriffsbildung fundamentale Bedeutung. Definitionen, die als solche gekennzeichnet sind oder sich zumindest durch ihre Formulierung erkennen lassen, kommen in Hauptschulbüchern kaum vor. Meist werden Begriffe ohne Definition der Umgangssprache entnommen. Hinzu kommt die fehlende Mathematisierung. In Hauptschulbüchern werden Erklärungen und Gesetze bevorzugt verbal formuliert. Dann heißt z.B. das Fallgesetz: „Anzahl der Meter der Fallstrecke = (Anzahl der Fallsekunden)^2 · 5 m“[16], oder zur schiefen Ebene klingt es folgendermaßen: „Die Gefällekraft mal der Länge des Gefälles ist gleich dem Gewicht des Wagens mal der Höhe des Gefälles“[17]. Wer soll so etwas verstehen oder gar behalten?

Es kommen nur selten Größengleichungen und Gleichungen mit Zahlenwerten vor, Tabellen mit Zahlenwerten findet man fast nie. Graphische Darstellungen funktionaler Zusammenhänge lernen die Hauptschüler aus ihren Büchern nicht kennen.

d) Die gesellschaftliche Realität erscheint entweder als Fundgrube für Anwendungsbeispiele zur Bestätigung physikalischer Theorien oder als geheimnisvolle Welt, in der wir vieles erst noch verstehen lernen müssen. Die Rolle der Physik als einer der Grundlagen der Produktion, die historische Entwicklung der Naturwissenschaften, die Folgen naturwissenschaftlicher Erkenntnisse für die Gesellschaft – solche Themen werden fast gar nicht aufgegriffen.
Gymnasium: „Durch sie (die technischen Anwendungen, d.V.) soll die Bedeutung der physikalischen Gesetze herausgehoben werden“[18].
Hauptschule: „Was uns das Thermometer alles erzählen kann. (...) Das ‚Spiel der Kräfte‘ bestimmt unser Leben. (...) Flüssigkeiten können klettern. (...) Was uns der Topflappen lehrt. (...) Beim Verschieben des Kühlschran-

---

15 Halberstadt/Berghändler: Physik und Chemie für Hauptschulen, Frankfurt/M., Berlin, München 1971, S. IX.
16 Ebenda, S. 47.
17 Völker/Schleip, a.a.O. S. 39.
18 Dorn, a.a.O. S. 5.

kes hatten wir das Gefühl, er würde von einer geheimnisvollen Kraft festgehalten"[19].

Eine der gesellschaftlichen Bedeutung der Physik angemessene Begründung des Physikunterrichts und damit eine dem Schüler einsichtige Motivierung, sich mit dem Stoff zu beschäftigen, leisten die Schulbücher allesamt nicht. Hinzu kommt, daß für den Hauptschüler keine Möglichkeit besteht, abstraktes Denken zu lernen, daß seine schlechteren Startbedingungen nicht ausgeglichen, sondern schichtenspezifische Unterschiede verstärkt werden. Kritisches Urteilsvermögen wird nicht erreicht, sondern eher Verwirrung durch Unlogik und Unsystematik. Den Begriffsapparat der Naturwissenschaften muß der Hauptschüler sich in verkümmerter Form aneignen, um damit das reduzierte Stoffgebiet zu bewältigen.

Die Analyse der Chemieschulbücher hat im Prinzip die für die Physik aufgezeigten Tendenzen bestätigt. Die unterschiedliche Qualität der Gymnasial- und Hauptschulbücher ist in neueren Ausgaben eher noch verschärft, da in erstere die Strukturchemie Eingang gefunden hat, während in den Hauptschulbüchern nach wie vor die Elemente der Reihe nach abgehandelt werden. Die entscheidenden Erkenntnisprozesse werden so durch ausgedehnte Stoffhuberei erschwert.

e) Bei den Biologiebüchern liegen die Dinge entsprechend den traditionellen Aufgaben der Schulbiologie etwas anders. Diese hatte und hat weniger die Vermittlung der Erkenntnisse der Biowissenschaften zum Ziel, als vielmehr die Vermittlung von Einstellungen (im Sinne des naturkundlichen Unterrichts) und Ideologien; dabei werden alle möglichen Konzeptionen – vitalistische, mechanistische, religiöse, agnostizistische etc. – vertreten. In den am häufigsten verwendeten Biologiebüchern ist nicht etwa ein Verständnis der Materialität aller lebenden Strukturen und Prozesse sowie der allgemeinen Gesetzmäßigkeiten der belebten Natur angestrebt. Die Grundfragen: Was ist Leben? Wie ist es entstanden? werden kaum herausgearbeitet, geschweige denn korrekt beantwortet. Die Biologie wird so *auch* den Gymnasiasten und Realschülern als Wissenschaft mit geringem Exaktheitsgrad vorgeführt, in der das Unbegreifbare das rational Erklärbare überlagert. Nur drei der analysierten Bücher[20] bilden hier eine positive Ausnahme. Gerade die ungeheure Vielfalt der belebten Natur erfordert zu ihrem Verständnis eine klare, eindeutige Begrifflichkeit. In den Biologiebüchern dagegen wird kaum mit wissenschaftlich eindeutigen Begriffen gearbeitet. Immer noch sind Anthropomorphismen wie der „kluge Hund" und das

---

19 Überschriften aus Völker/Schleip, a. a. O.

20 Lange, Strauß, Dobers: Biologie Bd. II und III, Hannover 1972. – Blume, Fels, Homolka, Kuhn, Wiesenfeld: Der Mensch, Stuttgart 1975. – Duderstadt, Scholz, Winkel: Biologie 2, Frankfurt, Berlin, München 1973.

„edle Pferd“[21] oder der „Tyrann unter den Pavianen“[22] beliebt. Nichtbiologische Begriffe (vor allem solche, die aus der Umgangssprache in die biologische Wissenschaft übernommen wurden, von dieser aber mit klarer Definition verwendet werden, wie Sprache, Trieb u. ä.) werden zumeist völlig unkritisch benutzt. Dieser Mangel in der Begrifflichkeit wirkt sich in der Biologie besonders gravierend aus, da bei der Behandlung gesellschaftlicher Fragen bruchlos – d. h. ohne die hierbei auftretenden andersartigen Gesetzmäßigkeiten zu berücksichtigen – mit den gleichen Begriffen gearbeitet wird. Die daraus resultierende biologistische Betrachtung verhindert eine angemessene Analyse der gesellschaftlichen Wirklichkeit, obwohl weit mehr als in den anderen Naturwissenschaften gesellschaftliche Probleme angesprochen werden (Umweltschutz, Medizin, Ernährung, Überbevölkerung u. a.). Die Entwicklung der Biologie als Produktivkraft hat in der Mehrzahl der Bücher keinen Eingang gefunden. Besonders den Hauptschülern wird immer noch die Biologie eines Landmannes, Försters und Gärtners vorgesetzt.

Die hier kurz skizzierte Analyse der Rahmenpläne und Schulbücher zeigt insgesamt, daß die inhaltlichen Reformbestrebungen der letzten 10 Jahre weitaus weniger den status quo beeinflußt haben als weithin angenommen wird[23]. Die curriculare Reform steht somit weiterhin aus.

1.3 Wissenschaftsorientierte Reformansätze

Erste Reformen der Bildungsinhalte wurden in der BRD – in Zusammenhang mit der Diskussion um die sog. „Bildungskatastrophe“ und im Anschluß an entsprechende Reformen in den USA – Mitte der sechziger Jahre eingeleitet; sie verfolgten in erster Linie das Ziel, die Qualifikation der Schulabgänger den gewandelten Anforderungen der Wirtschaft anzupassen, d. h. „Begabungsreserven“ auszuschöpfen und das allgemeine Qualifikationsniveau zu heben[24]. Dabei ging es vornehmlich um die Objektivierung und Verwissenschaftlichung der

---

21 Heiligmann, Janus, Lange: Das Tier, Stuttgart 1975, S. 12/S. 19.

22 Lange u. a., a. a. O. Bd. II S. 212.

23 Eine entschieden falsche Einschätzung findet sich z. B. bei Killermann, der den Biologieunterricht der Gegenwart mit der Entwicklung der Fachdidaktik gleichsetzt, wo sich die Strukturierung nach biologischen Grundphänomenen und eine angemessene Berücksichtigung der angewandten Biologie zunehmend durchsetzt. Die Schulwirklichkeit ist davon noch weit entfernt. Vgl. W. Killermann: Biologieunterricht heute, Donauwörth 1974, S. 28 f.

24 Eine genaue ökonomische und bildungspolitische Analyse dieser Entwicklung findet man in: Huisken, F.: Zur Kritik bürgerlicher Didaktik und Bildungsökonomie, München 1972, S. 295 ff.

Ausbildung für die Mehrheit der Schüler, insbesondere in Primarstufe und Sekundarstufe I. In diesem Zusammenhang wurde die Bedeutung einer Curriculumreform gerade in den naturwissenschaftlichen Fächern zur Überwindung der „technologischen Lücke“ zwischen der Bundesrepublik und anderen Industrienationen, vor allem den USA, besonders hervorgehoben.

Die beiden wichtigsten Reformprojekte für den naturwissenschaftlichen Unterricht sind der Lehrgang von K. Spreckelsen für den physikalisch-chemischen Lernbereich in der Grundschule sowie wesentliche Teile aus dem Curriculum des Instituts für Pädagogik der Naturwissenschaften (IPN). Spreckelsen baut seinen Lehrgang auf basale Konzepte (Teilchenstruktur, Wechselwirkung, Erhaltung) auf, die den modernen Naturwissenschaften zugrundeliegen und den gesamten Unterricht strukturieren sollen, um die Lernökonomie zu erhöhen[25]. Das IPN geht in weiten Bereichen seines Fächercurriculum von ähnlichen Leitideen aus (Physik: Energie, Steuerung und Regelung, Stromkreis) und hat inzwischen einen detailliert ausgearbeiteten Lehrgang für die 5. bis 10. Jahrgangsstufe entwickelt, der darüber hinaus jedoch durch einen deutlichen Anwendungs- und Umweltbezug gekennzeichnet ist[26].

Beide Konzepte sind inzwischen vor allem wegen ihres rein fachimmanenten Charakters mehrfach kritisiert worden[27]. Soweit die Kritik sich überhaupt gegen eine langfristige Strukturierung des Unterrichts richtet, kann man ihr nicht zustimmen. Soweit sie jedoch den rein wissenschaftsimmanenten, von der gesellschaftlichen Entstehung und Verwendung der zu vermittelnden Inhalte gänzlich absehenden Charakter der gewählten Konzepte betrifft, muß man ihr beipflichten. Denn nicht gemäß ihrer Bedeutung für die gesellschaftliche Produktion und damit letztlich für das Leben der Menschen werden die Unterrichtsinhalte ausgewählt, sondern anhand abstrakter Prinzipien, deren Begründung allein aus dem Fach selbst, nicht aus gesellschaftlichen Zielsetzungen des Unterrichts stammt. Die Anwendungsbeispiele vermögen dem auch nicht abzuhelfen, da sie weitgehend beliebig und häufig wenig bedeutsam sind.

---

25 Spreckelsen, K.: Strukturorientierung in der Didaktik des physikalischen Lernbereichs, Westermanns Pädagogische Beiträge 23 (1971), S. 124.

26 Eine Übersicht vermittelt die Informationsschrift: IPN-Materialien, IPN-Kurzbericht Nr. 8, Kiel 1976.

27 Zur Kritik an Spreckelsen siehe: Jeziorsky, W.: Physik in der Grundschule, Westermanns Pädagogische Beiträge 24 (1972), 72.
Kritik am IPN-Curriculum:
a) Pukies, J., Rehbock, R.: Curriculum unter der Lupe, Westermanns Pädagogische Beiträge 26 (1974), S. 530;
b) Fieblinger, G.: Das IPN-Curriculum für die Orientierungsstufe. In: Rieß, F. (Hrsg.): Kritik des mathematisch-naturwissenschaftlichen Unterrichts, Frankfurt 1977, S. 59–89.

2. Gesellschaftsbezug im naturwissenschaftlichen Unterricht

2.1 Situative und umweltbezogene Ansätze

Die dargestellten Reformansätze bedeuten zwar einen gewissen Fortschritt in bezug auf Wissenschaftlichkeit und Systematik des Unterrichts, stellen aber den traditionellen Inhaltekanon, der sich auf reine Fachwissenschaften beschränkt, kaum in Frage. Eine Reihe von Didaktikern und Pädagogen versuchte dagegen, einen Schritt weiterzugehen, und stellte die Frage, inwieweit die in der Schule vermittelten Inhalte eine Hilfe zur Bewältigung von Lebenssituationen darstellen und ob zur Erreichung dieses Zieles die traditionellen Schulfächer nicht ungeeignet seien. Für den naturwissenschaftlichen Unterricht erwuchs aus solchen Überlegungen die Forderung nach Aufgabe rein fachimmanenter zugunsten gesellschaftsbezogener Zielsetzungen. Die in diesem Zusammenhang entstandenen Unterrichtsprojekte und Rahmenpläne fordern einen nachweisbaren Betrag des naturwissenschaftlichen Unterrichts zur Bewältigung von Lebenssituationen, entsprechend dem 1967 von S. B. Robinsohn entwickelten Modell der Curriculumforschung[28].

Einen wesentlichen Beitrag zur Konkretisierung dieser Forderung lieferte Anfang der siebziger Jahre G. Freise mit ihrem Modell des integrierten naturwissenschaftlichen Unterrichts, der vorwiegend in Projekten ablaufen soll[29]. Freise geht davon aus, „daß in der Sekundarstufe I der Fachunterricht keinen speziellen berufs- oder studienvorbereitenden Charakter haben, sondern die Teilnahmebereitschaft an gesellschaftlich relevanten Problemen der jeweiligen Gegenwart vorbereiten und ermöglichen soll"[30].

Nach Freises Auffassung erfordert der so begründete Gesellschaftsbezug notwendig eine Integration der Fächer, die sich aus der Fragestellung einzelner Unterrichtsprojekte ergibt. Die Bedeutung, welche Freise dabei der Überwindung der traditionellen Fächertrennung durch projektartige Integration beimißt, vernachlässigt die Tatsache, daß es primär nicht auf eine Umorganisation, sondern auf eine inhaltliche Neubestimmung des traditionellen Unterrichts ankommt, weil dieser die Naturwissenschaften einseitig und damit falsch darstellt.

---

28 Robinsohn, S. B.: Bildungsreform als Revision des Curriculum. Ein Strukturkonzept für Curriculumentwicklung, Neuwied/Berlin 1976.

29 Freise, G., u.a.: Plädoyer für einen integrierten naturwissenschaftlichen Unterricht, in: betrifft erziehung 10/1971, S. 36.

30 Freise, G., u.a.: Rohstoff Öl – Modell einer integrierten Unterrichtseinheit, Heidelberg 1973, S. 9.

Die Kritik an ihrem Ansatz bezog sich vor allem auf die Frage, in welcher Weise bei einer losen Aufeinanderfolge von Projekten die systematische Vermittlung naturwissenschaftlicher Grundkenntnisse erfolgen soll[31]. Hinzuzufügen ist, daß auch die Einsicht in gesellschaftlich wichtige Probleme letztlich nur über die systematische Vermittlung naturwissenschaftlicher, technischer, ökonomischer Zusammenhänge erzeugt werden kann.
Integrierter naturwissenschaftlicher Unterricht in Form von Unterrichtsprojekten hat einen wichtigen Stellenwert, wenn es darum geht, anhand eines konkreten gesellschaftlichen Problems die Schüler zu befähigen, selbständig Informationen zu erarbeiten, Zusammenhänge aufzuzeigen, sich ein Urteil zu bilden, Handlungsmöglichkeiten zu erkennen. Dies kann aber nur dann mit Erfolg geleistet werden, wenn die Voraussetzungen sowohl in naturwissenschaftlicher als auch in gesellschaftswissenschaftlicher Hinsicht durch systematisch geplanten Unterricht geschaffen wurden und die Ergebnisse der Projektphase in sinnvollen Zusammenhang mit dem nachfolgenden Unterricht gestellt werden.
Über den Ansatz, gesellschaftlich relevante Fragen in Projekten zu bearbeiten, hinaus hat es Versuche gegeben, den gesamten Unterricht an gesellschaftlichen Problemstellungen zu orientieren. Ein Beispiel dafür sind die Hessischen Rahmenrichtlinien Biologie, die als einzige im Bereich der Naturwissenschaften diesen Anspruch zu realisieren versuchen. Die Autoren gehen davon aus, daß der Biologieunterricht die Schüler befähigen soll, „jetzt und später im privaten und öffentlichen Bereich Entscheidungen von biologischer Relevanz zu fällen“[33], und ordnen den Unterricht dementsprechend nach Situationsfeldern (wie z.B. Umweltplanung) an, die alle wesentlichen Bereiche des menschlichen Lebens erfassen sollen. Hervorzuheben ist, daß damit ein gesamtes Curriculum bezüglich der Relevanz seiner Inhalte hinterfragt und nach fachübergreifenden Kriterien geplant wird. Der Versuch ist allerdings aus verschiedenen Gründen nicht voll gelungen: Zum einen steht hinter vielen Themen des Rahmenplans eine Auffassung vom Menschen und der Gesellschaft, die nicht den heutigen Erkenntnissen der Sozialwissenschaften entspricht, sondern der (zum Teil über Analogiebildung zwischen menschlichem und tierischem Verhalten) eine in vieler Hinsicht biologistische Betrachtungsweise enthält. Zum anderen ist es den Autoren nicht gelungen, anhand der Situationsfelder und der ihnen zugeordneten Lernziele eine einsichtige curriculare Struktur zu erzeugen. Das zeigt sich darin, daß viele rein biologische Themen in durchaus traditioneller Weise ohne

31 Storck, H.: Intentionen und Auswirkungen des Projektunterrichts. In: Der Chemieunterricht 4/2 (1973), S. 95.
32 Der Hessische Kultusminister: Rahmenrichtlinien Sekundarstufe I Biologie, Wiesbaden 1973.
33 Ebenda, S. 6.

weitere Begründung auftauchen, offensichtlich, weil die Kriterien für Auswahl und Anordnung der Inhalte fehlten.

2.2 Naturwissenschaftlicher Unterricht und Produktion – neuere Konzepte und Unterrichtseinheiten

In den letzten Jahren hat es – über die bisher dargestellten Konzepte hinaus – jedoch auch weitergehende Ansätze gegeben, welche die Naturwissenschaften durchgängig in Wechselbeziehung zu der Entwicklung der Produktivkräfte und der Gesellschaftsverhältnisse sehen und den naturwissenschaftlichen Unterricht konsequent nach gesellschaftlich-emanzipatorischen Zielen ausrichten. Im Gegensatz zu den oben beschriebenen Konzepten sind sie jedoch häufig nicht über die theoretische Erörterung der gesellschaftspolitischen oder wissenschaftstheoretischen Grundlagen hinausgekommen; trotzdem läßt sich an der neueren Diskussion (in Büchern, Zeitschriften und auf Tagungen) ablesen, daß derartige Ansätze auch auf die konkrete Curriculumentwicklung mittlerweile eine gewisse Auswirkung bekommen haben.
Die ersten Publikationen dieser Art bestanden vor allem in einer Kritik des traditionellen naturwissenschaftlichen Unterrichts[34] und der ihn bestimmenden Fachdidaktik[35] sowie später in der Diskussion neuer naturwissenschaftlicher Curricula, vor allem der Hessischen Rahmenrichtlinien[36] und des IPN-Curriculum[37]. Dabei wird häufig die Methode der materialistischen, ideologiekritischen Analyse verwandt und die Entwicklung des naturwissenschaftlichen Unterrichts aus seinen historischen, politischen und ökonomischen Bedingungen heraus erklärt.
Dementsprechend werden auch die Ziele eines emanzipatorischen naturwissenschaftlichen Unterrichts aus den Entstehungs- und Verwertungsbedingungen der Naturwissenschaften unter kapitalistischen Produktionsverhältnissen abgeleitet und in Form von Qualifikationen formuliert, die dazu dienen sollen, diese Produktionsverhältnisse im Interesse der lohnabhängig Arbeitenden zu verän-

34 Rieß, F.: Zur Kritik des mathematisch-naturwissenschaftlichen Unterrichts. In: Die Deutsche Schule 64 (1972), S. 702.
35 Rieß, F.: Materialistische Geschichtsschreibung des mathematisch-naturwissenschaftlichen Unterrichts – eine Methode zur ideologiekritischen Analyse der Fachdidaktik der Naturwissenschaften. In: Dahncke, H. (Hrsg.): Zur Didaktik der Physik und Chemie, Hannover 1974, S. 40.
36 Rieß, F.: Alter Wein in neuen Schläuchen. In: betrifft: erziehung 4/1977, S. 38.
37 Pukies, J., Rehbock, R.: Curriculum unter der Lupe. In: Westermanns Pädagogische Beiträge 26 (1974), S. 530.

dern[38]. Solchen Zielen dient nach Meinung dieser Autoren die Kenntnis der historischen Entwicklung der Naturwissenschaften in ihrem gesellschaftlichen Entstehungs- und Verwertungszusammenhang, d.h. der Wechselbeziehung zwischen Naturwissenschaften, Technik, Wirtschaft und Staat.

Bei der Vermittlung der Naturwissenschaften werden also der historische, der produktionsbezogene und der ideologische Aspekt hervorgehoben; das soll letztlich dazu führen, daß die Schüler im Hinblick auf ihre spätere Stellung als Lohnabhängige „Handlungsstrategien zur Veränderung der bestehenden Praxis (...) entwickeln“[39].

Dieses Konzept der Orientierung auf Handlungsfähigkeit bleibt jedoch relativ abstrakt. Kaum einer der Autoren sagt etwas über die Durchsetzungsmöglichkeiten solcher nicht näher bestimmter „Handlungen“ aus. Individuelle Selbstbestimmung scheint über organisierte Mitbestimmung zu dominieren. „Kollektive Handlungsformen“ und die „organisierte Wahrnehmung von Interessen“ werden lediglich bei Fieblinger angesprochen[40].

Die Gruppe PINC hat versucht, derartige Ansätze stärker zu konkretisieren in Form einer durchgängig auf die gesellschaftliche Realität bezogenen Rahmenplanung für den Unterricht sowie durch einzelne exemplarische Unterrichtseinheiten. Die in den letzten Jahren über Publikationen und Vorträge geführte Diskussion um den gesellschaftlichen Zusammenhang naturwissenschaftlicher Entwicklungen sowie deren Umsetzung in curriculare Konzepte hat auch am IPN dazu geführt, daß – zumindest für das Fach Physik – eine deutliche Neuorientierung der Curriculumarbeit in diese Richtung stattgefunden hat. Schon die beiden letzten Einheiten für die 8. Jahrgangsstufe:

– 8.3 Elektrizitätswirtschaft,
– 8.4 Steuerung und Regelung

lassen dies erkennen. Noch deutlicher zeigen es die Einheiten, die für das 9. und 10. Schuljahr fertiggestellt oder in Arbeit sind:

---

38 Siehe dazu vor allem:
a) G. Fieblinger: Das Verhältnis von Naturwissenschaft und gesellschaftlichem Arbeitsprozeß – Qualifikationsanforderungen an den naturwissenschaftlich-technischen Unterricht. In: Ewers, M. (Hrsg.): Naturwissenschaftliche Didaktik zwischen Kritik und Konstruktion. Weinheim 1975, S. 105;
b) Pukies, J.: Vorschläge für einen emanzipatorischen Unterricht der Naturwissenschaften. In: päd extra 23/24 – 1975, S. 19;
c) Schenk, B.: Zur Verzahnung physikalischer Theorie, technischer Anwendung und ökonomischer Verwertung in der fachlichen Lehrerfortbildung. In: Dahncke, H. (Hrsg.): Zur Didaktik der Physik und Chemie, Hannover 1976, S. 336;
d) Grüber, G., Koch, B.: Die Integration von historisch-gesellschaftlichen Lernzielen in den naturwissenschaftlich-technischen Sachunterricht. In: Die Deutsche Schule 69 (1977), S. 176.

39 Pukies, J., a.a.O. (Anm. 38b) S. 21.

40 Fieblinger, G., a.a.O. (Anm. 38a) S. 123.

- 9.1 Modelle des elektrischen Stromkreises,
- 9.2 Elektronik,
- 9.3 Energieversorgung durch Kernkraftwerke,
- 10.1 Energie quantitativ: Elektro- oder Benzinauto?
- 10.2 Steuerung und Automation.

Während in älteren Unterrichtseinheiten des IPN meist nur Anwendungsbeispiele, ohne inneren Zusammenhang, auftauchten, werden in den neueren Physikeinheiten immerhin Themen behandelt und über eine größere Zahl von Unterrichtsstunden entwickelt, die eine bestimmte gesellschaftliche Problematik verdeutlichen sollen, wie z. B. die Frage der langfristigen, umweltfreundlichen Energieversorgung oder verkehrstechnologische Probleme[41].
Insbesondere in der Einheit 9.3 „Energieversorgung durch Kernkraftwerke" wird nicht nur die technologische Seite des Problems „Kernkraftwerk" behandelt, sondern auch auf historische Entwicklungen (militärisch-industrieller Komplex, Atombombe), ökologische Fragen (Gefahren durch Abwärme und Radioaktivität), ökonomische Interessen (Energiebedarf und Wirtschaftswachstum) sowie die aktuelle politische Diskussion (pro und contra Kernkraftwerke) eingegangen[42]. Damit sollen den Schülern Qualifikationen für die „Handlungsbereiche" Arbeitswelt, Öffentlichkeit und Privatbereich vermittelt werden.
Während bei der Unterrichtseinheit 8.4 „Steuerung und Regelung" noch die vordergründige Anwendungsorientierung in bezug auf Einzelgeräte (Feuermelder, Warenhausnotbeleuchtung, Fotowiderstand, Füllstandsanzeige, WC-Spülkästen, Reglerbügeleisen, Autovergaser) verfolgt wird, geht die Einheit 10.2 „Steuerung und Automation" wesentlich darüber hinaus, indem physikalisch-technische Sachverhalte in den Gesamtzusammenhang industrieller Produktion eingeordnet werden.
Dies geschieht u. a. durch den Bau einer handgesteuerten Flaschenabfüllanlage und die Diskussion von Auswirkungen der Automation auf Arbeitsplatzanforderungen in der Industrie, wobei grundlegende gesellschaftliche Probleme aus der Arbeitswelt (Taylorismus, Fließbandproduktion, Humanisierung der Arbeit) angesprochen werden[43].
Wenn auch die Orientierung auf „Handlungsfähigkeit" (etwa zur Teilnahme an öffentlichen Diskussionen oder Bürgerinitiativen) und erst recht das Prinzip der

---

41 Projektgruppe P 9/10 IPN: Das IPN-Curriculum Physik für das 9. und 10. Schuljahr: Fachüberschreitende Unterrichtsmodelle. In: Dahncke, H. (Hrsg.): Zur Didaktik der Physik und Chemie, Hannover 1976, S. 432.

42 Mikelskis, H.: Unterrichtseinheit P 9.3 „Energieversorgung durch Kernkraftwerke"; ebenda, S. 451.

43 a) Härtel, H.: Überblick über das Material der Unterrichtseinheit „Steuerung und Automation". In: Dahncke, H. (Hrsg.): Zur Didaktik der Physik und Chemie, Hannover 1975, S. 266;
b) Lehmann, J.: Das Unterrichtsprinzip der Einheit: Simulation. Ebenda, S. 272.

Simulation von Arbeitsvorgängen (mit dem Anspruch, die Realität auch nur annähernd zu erfassen) sicher der Kritik bedarf, so ist dennoch das Bestreben, wenigstens in bestimmten Bereichen grundlegende gesellschaftliche Zusammenhänge zu verdeutlichen, eine wichtige Entwicklung in der IPN-Konzeption. Damit ist natürlich zweierlei noch nicht gewährleistet:

- Die Koordination der Physik mit den beiden anderen naturwissenschaftlichen Unterrichtsfächern ist nicht gegeben, zumal in deren Arbeit eine ähnliche Neuorientierung offensichtlich noch nicht erfolgt ist.
- Die Entwicklung auch des Physikcurriculums nach gesellschaftsbezogenen Leitideen ist nicht durchgängig geleistet worden, so daß auch die in den Unterrichtseinheiten P 9/10 aufgezeigten Zusammenhänge partikularistisch bleiben.

Eben dies, nämlich eine koordinierte und zusammenhängende Entwicklung des naturwissenschaftlichen Unterrichts nach gesellschaftsbezogenen Leitprinzipien, hat die Gruppe PINC mit ihrem Konzept versucht, das sich hinsichtlich seines theoretischen Anspruchs durchaus den hier kurz angesprochenen Ansätzen zuordnen läßt. Es unterscheidet sich von ihnen dadurch, daß es einen Rahmenplan für den gesamten naturwissenschaftlichen Unterricht hervorgebracht hat, der die an den anderen Ansätzen kritisierten Mängel zu überwinden versucht, und durch seinen expliziten Bezug zu den bildungspolitischen Forderungen der Gewerkschaften.

3. Forderungen der Gewerkschaften zur Reform der Bildungsinhalte

Grundlage der gewerkschaftlichen Bildungspolitik ist die Forderung, daß „Bildungsreform … in erster Linie eine soziale Reform sein" muß[44], die sich an den Interessen der Schüler als der zukünftigen Lohnabhängigen orientiert. Aus diesem Ansatz folgt, daß die Bildungsreform in engem Zusammenhang zweierlei zu leisten hat:

- eine „Demokratisierung unserer Bildungsorganisation": Aufhebung der Trennung der „Bildungsgänge (…) in Gymnasium, Real- und Hauptschule", also Integration der Sek. I; „Mitbestimmung der Betroffenen und der Gewerkschaften in den Bildungseinrichtungen";

44 H. O. Vetter in einer programmatischen Rede auf der ersten Bildungspolitischen Konferenz des DGB 1973. Zit. nach: Gewerkschaftliche Bildungspolitik 2/1973, S. 53.

– eine Neubestimmung der Bildungsinhalte, da „die Inhalte, die unser Bildungswesen vermittelt, bei weitem noch hinter dem Anspruch einer demokratischen Gesellschaft zurückbleiben“[45].
Denn: „Die gesellschaftspolitischen Ziele des DGB, vor allem auch die Schaffung eines funktionsfähigen Mitbestimmungsrechts der Arbeitnehmer, sind ohne soziale und demokratische Reformen des Bildungswesens dauerhaft nicht zu erreichen“[46].

3.1 Forderungen zur Reform der Sekundarstufe I

Die grundsätzliche Forderung des DGB, daß die Bildungsreform in erster Linie eine soziale Reform im Interesse der abhängig Beschäftigten sein muß, wird bezüglich der Sek. I durch verschiedene Einzelforderungen konkretisiert. Diese Forderungen stehen in engem Zusammenhang miteinander und haben zum Ziel, daß in der Sek. I einheitlich allen Schülern eine gesellschaftsbezogene, allgemeine Grundbildung vermittelt und ihnen am Ende der 10. Klasse ein Sekundarabschluß I ermöglicht wird, der sowohl für eine Berufsausbildung als auch für eine allgemeine Weiterbildung qualifiziert.
Zur Bestimmung der inhaltlichen Seite der Forderung nach einer qualifizierenden Ausbildung aller Jugendlichen wurde in der gewerkschaftlichen Diskussion angeknüpft an den Strukturplan des Deutschen Bildungsrates von 1970. Darin wurden verschiedene Maßnahmen vorgeschlagen, die helfen können, eine „gemeinsame und anspruchsvolle Grundbildung für alle Schüler“ zu verwirklichen:
– „Hinführung aller Schüler der Sek. I zur Arbeits- und Berufswelt (...);
– Erteilung von wissenschaftsorientiertem Fachunterricht in allen Schularten zur Steigerung der wissenschaftsorientierten Komponente;
– Bildung von Arbeitskreisen aus Vertretern aller Schularten (Lehrer), der Verwaltung, der Lehrerbildung und der Elternschaft, die in möglichst engem Kontakt mit der Curriculumforschung und -entwicklung Aufgaben der Lehrplanrevision in Angriff nehmen, um die (...) Konvergenz der Lehrpläne aller Schulen herbeizuführen“[47].

Die notwendige Vereinheitlichung der Lehrpläne der verschiedenen Schularten sowie die Steigerung der wissenschaftsorientierten Komponente im Haupt- und Realschulunterricht kann allerdings nicht bedeuten, daß die Konvergenz der Unterrichtsinhalte einer integrierten Sek. I auf dem Niveau traditioneller

45 Ebenda, S. 53f.
46 DGB-Bundesvorstand (Hrsg.): Protokoll des 8. Ordentlichen Bundeskongresses des DGB. München 1969, Antrag 109, S. 112f.
47 Deutscher Bildungsrat (Hrsg.): Strukturplan für das Bildungswesen. 4. Auflage, Stuttgart: Klett 1972, S. 155 und 157.

„wissenschaftsorientierter Bildung für Gymnasiasten“ angestrebt wird. Deshalb ist auch die (im Prinzip richtige) Forderung im Bildungsgesamtplan von 1973: „Sicherung einer allgemeinen wissenschaftsorientierten Grundbildung für alle“[48] solange mißverständlich, wie sie nicht mit einer inhaltlichen Bestimmung des zugrunde liegenden Wissenschaftsbegriffs verknüpft wird.

Bei der spezifischen Interessenorientierung der Gewerkschaften ist es selbstverständlich, daß deren Wissenschaftsverständnis an dem realen Gesellschafts- und Produktionsbezug der Wissenschaften ansetzt[49]. Entsprechend ist innerhalb der gewerkschaftlichen Bildungskonzeption *Gesellschaftsbezug* konstitutiv für die qualifizierende und wissenschaftsorientierte Grundbildung, die in der Sek. I allen Schülern vermittelt werden soll.

Dieser ‚Gesellschaftsbezug‘ zielt nicht nur auf die Vermittlung bestimmter Wissensinhalte und Kenntnisse. Er hat also nicht nur eine kognitive Seite, sondern schließt auch die Vermittlung bestimmter Fertigkeiten und sozialer Einstellungen und Haltungen ein.

„Grundsatz der Bildung ist aus gewerkschaftlicher Sicht die Entwicklung der Fähigkeit des einzelnen zur Gestaltung von individuellem als gesellschaftlichem Leben, das heißt zu kollektivem Arbeiten und solidarischem Handeln. Oberstes Lernziel aller schulischen Sozialisation soll die Befähigung zur Mit- und Selbstbestimmung der künftig abhängig Arbeitenden sein. Sie sollen erkennen, daß Gesellschaftsverhältnisse historisch geworden und im Interesse der Arbeitnehmer veränderbar sind.

Das setzt voraus, die Grundstrukturen und Bestimmungsfaktoren zu erkennen, die die Interessenlagen in der Gesellschaft bestimmen. Die Lernenden sollen ihre Bedürfnisse äußern, gleichgerichtete und entgegengesetzte Interessen erkennen, um in Solidarität mit den Gleichbetroffenen ihre Interessen gegen die vorhandenen Widerstände durchsetzen zu können“[50].

Die gesellschaftlichen Lebensbedingungen sowie die Arbeits- und Berufswelt könnten im Unterricht der Sek. I zunächst vor allem in Gesellschaftslehre und Arbeitslehre thematisiert werden. Deshalb konzentrierten sich bisher gewerkschaftliche Beiträge zur Neubestimmung der Unterrichtsinhalte in erster Linie auf diese beiden Fächer, und zwar mit der zweifachen Absicht,

---

48 Bund-Länder-Kommission für Bildungsplanung: Bildungsgesamtplan, Band I. Stuttgart: Klett 1973, S. 24.

49 Vgl. die Äußerungen zu einer gewerkschaftlichen Wissenschafts- und Forschungspolitik, die auf der zweiten bildungspolitischen Konferenz des DGB gemacht wurden: Gewerkschaftliche Bildungspolitik 11/12 (1976), S. 288, 324–327, 338f. – Auf die gewerkschaftliche Wissenschafts- und Forschungspolitik wird im II. Kapitel, Abschn. 1.4, näher eingegangen.

50 Leitsätze des DGB-Landesbezirks Niedersachsen zur ‚Arbeitslehre/Polytechnik‘. Stand Februar 1975, S. 4.

- demokratisch orientierte Unterrichtskonzepte, Lehrpläne und Materialien, z. B. die Hessischen Rahmenrichtlinien für Gesellschaftslehre, zu verteidigen[51] sowie
- eigene Konzeptionen und Materialien zu entwickeln[52].

Bei der Entwicklung eigener Konzeptionen und Materialien für den Unterricht widmeten sich die Gewerkschaften in besonderem Maße dem Lernbereich ‚Arbeitslehre/Polytechnik'.

3.2 Die gewerkschaftliche Konzeption zur Arbeitslehre

Da die Gewerkschaften ihre Konzeption zur Arbeitslehre sowohl für dieses Fach als auch im Sinne eines ‚fächerübergreifenden Unterrichtsprinzips' entwickelt haben und da dieses eine wichtige Grundlage für die Neubestimmung des naturwissenschaftlichen Unterrichts durch die Gruppe PINC war, soll sie im folgenden ausführlicher dargestellt werden.
Der Vorschlag, Arbeitslehre als eigenständiges Fach an Hauptschulen einzurichten, geht auf die Hauptschulempfehlungen des ‚Deutschen Ausschusses für das Erziehungs- und Bildungswesen' von 1964 und einen KMK-Beschluß von 1969 zurück. Es wurden in der Folge die unterschiedlichsten Arbeitslehrekonzeptionen – der technische, der werkpädagogische, der additive Ansatz, die Berliner Konzeption usw. – entwickelt. Die Gewerkschaften – zunächst die GEW, später auch der DGB – engagierten sich in dieser Diskussion[53] in

---

51 Dazu z. B. Gerd Köhler (Hrsg.): Wem soll die Schule nützen? Rahmenrichtlinien und neue Lehrpläne. Soziales Lernen im Konflikt. (Fischer Taschenbuch 1474.) Frankfurt/Main 1974.

52 Ernst Reuter sagte in einem Diskussionsbeitrag auf dem 10. Ordentlichen Bundeskongreß des DGB: „Der DGB selbst (muß) dem Lehrer ein eigenes Angebot an Fortbildungsveranstaltungen machen, und er muß Schriften entwickeln, die für die Unterrichtsarbeit direkt verwendbar sind" (Gewerkschaftliche Bildungspolitik 8/1975, S. 200).
Ähnlich wird von der Arbeitsgemeinschaft 1 der zweiten Bildungspolitischen Konferenz des DGB 1976 festgestellt: Es ist „dringend notwendig, daß der DGB Unterrichtshilfen zur Vorbereitung der Schüler auf die Arbeitswelt in ausreichender Menge zur Verfügung stellt. Ein erster Ansatzpunkt hierfür wäre der Rückgriff auf die unkoordiniert örtlich und regional entstandenen Materialien bereits bestehender Arbeitskreise ‚Schule – Gewerkschaft'" (Gewerkschaftliche Bildungspolitik 11/12 1976, S. 328).

53 Zur Entwicklung bis 1973: Ernst Reuter, Arbeitslehre. Stichworte – Entwicklungen – Kontroversen, in: Berufliche Bildung. Hrsg. von der Abtl. Berufliche Bildung im BV des DGB. Heft 9/1973 (‚Beiträge zur Diskussion um die Arbeitslehre'), S. 155–163.

vielfältiger Weise, insbesondere durch Tagungen und eigene Publikationen[54]. Sie verfolgten damit grundsätzlich drei Ziele:

- Zunächst kritisierten sie die vorliegenden Konzeptionen und Materialien zum Fach Arbeitslehre, die dem ursprünglichem Anspruch, „eine Hinführung aller Schüler der Sek. I zur Arbeits- und Berufswelt" zu leisten[55], nicht gerecht werden.
- Diese Kritik und die zentrale Bedeutung, die dem Fach Arbeitslehre innerhalb der gewerkschaftlichen Bildungspolitik zukommt, veranlaßten die Gewerkschaften, eine eigene Konzeption und eigene Materialien dafür zu entwickeln.
- Drittens sollten an diesem speziellen Fach exemplarisch die inhaltlichen Grundlagen eines neuen und umfassenden Bildungsbegriffs, der sich an der sozialen Lage der abhängig Arbeitenden orientiert, entwickelt werden.

Besonders der letzte Punkt macht die gewerkschaftlichen Beiträge zur Arbeitslehrekonzeption interessant für eine Neubestimmung des naturwissenschaftlichen Unterrichts.

Bereits auf der ersten Bildungspolitischen Konferenz des DGB (1973) war „die Verankerung der Arbeitslehre als fächerübergreifendes Unterrichtsprinzip" gefordert worden[56]. In den ‚Leitsätzen zur Arbeitslehre/Polytechnik' wird diese Forderung konkretisiert: „Diese gewerkschaftliche Konzeption zur Arbeitslehre/Polytechnik kann nur realisiert werden, wenn Arbeitslehre/Polytechnik sowohl als Lernbereich verpflichtend eingeführt, als auch inhaltlich in den noch bestehenden traditionellen Schulfächern für alle Schüler in allen Schulstufen berücksichtigt wird. (...) Die grundlegenden, mit dem Arbeitslehre-/Polytechnik-Unterricht verbundenen Qualifikationsziele müssen für andere Unterrichtsbereiche mitbestimmend sein. Inhaltliche Verzahnungen zwischen dem Lernbereich Arbeitslehre/Polytechnik und den bisher bestehenden Fächern sind erforderlich. Sonst werden Erkenntniszusammenhänge für die Schüler zertrennt

---

54 Die gewerkschaftliche Konzeption zur Arbeitslehre ist dargestellt in:
a) DGB-Bundesvorstand: Leitsätze des Deutschen Gewerkschaftsbundes zur Arbeitslehre, Gewerkschaftliche Bildungspolitik 5/1977, S. 103;
b) Leitsätze des DGB-Landesbezirks Niedersachsen zur ‚Arbeitslehre/Polytechnik'. Vorlage zur 10. Ordentlichen Landesbezirkskonferenz in Bremen. Stand Februar 1975;
c) Projektgruppe Arbeitslehre Marburg: Schule, Produktion, Gewerkschaften. Ansätze für eine Arbeitslehre im Interesse der Lohnabhängigen. (Rowohlt Taschenbücher 6908.) Reinbek bei Hamburg 1974;
d) D. Görs: Arbeitslehre/Polytechnik. Ein Plädoyer für einen interessenbezogenen Unterricht. Frankfurt: EVA, 1977.

55 Deutscher Bildungsrat, Strukturplan für das Bildungswesen, a.a.O. S. 155.

56 Beratungsergebnisse der Arbeitsgemeinschaft 5: ‚Demokratische Neubestimmung der Ziele, Inhalte und Verfahren'. In: Gewerkschaftliche Bildungspolitik 2/1973, S. 89.

und damit um ihre praktische Bedeutung für die Aufklärung und Veränderung des gesellschaftlichen Lebens gebracht“[57].

Dieses Verständnis der Arbeitslehre als eines fächerübergreifenden Unterrichtsprinzips wurde auf der zweiten Bildungspolitischen Konferenz des DGB (1975) zur Forderung nach einer Neubestimmung des Bildungsbegriffs verallgemeinert:

„Da die Begriffswahl ‚Arbeitslehre‘ nicht zufällig und aus gewerkschaftlicher Sicht keine Worthülse ist, müssen die Lernziele und Lerninhalte die übergreifende Kategorie Arbeit als ein gesellschaftliches Verhältnis zum zentralen Bezugspunkt haben. Das heißt: Dieser Unterricht hat also bei Arbeit, genauer bei Lohnarbeit, bei der fremdbestimmten Existenz als sozialem Gesamtphänomen anzusetzen. Der Doppelbegriff Arbeitslehre/Polytechnik verweist auf die notwendige Verbindung von schulischem Lernen und produktiver Arbeit. Dieser Unterricht ist aber keine Vorwegnahme einer Berufsausbildung, sondern hat eine technisch-ökonomisch-soziale Grundqualifikation aller Schüler zum Ziel. Diese Qualifikation muß integrativer Bestandteil eines neu zu definierenden Bildungsbegriffs sein; eines Bildungsbegriffs, der sich

- nicht an philologischen Positionen und an Leitmotiven des Bürgertums des 19. Jahrhunderts orientiert,
- sondern an der sozialen Lage der abhängig Arbeitenden des 20. Jahrhunderts“[58].

Im Rahmen des neuen Bildungsbegriffs, welcher der gewerkschaftlichen Bildungspolitik zugrundeliegt, erhält auch der naturwissenschaftliche Unterricht in der Sek. I einen neuen Stellenwert. Dieser Aspekt der längst fälligen Reform der Bildungsinhalte stand bisher im Schatten der Auseinandersetzung um Gesellschaftslehre und Arbeitslehre. Gerade innerhalb der bildungspolitischen Konzeption der Gewerkschaften könnte aber einer Neubestimmung des naturwissenschaftlichen Unterrichts eine wichtige Funktion zukommen. Denn für die Fächer Gesellschaftslehre und Arbeitslehre eröffnen sich neue didaktische Möglichkeiten, wenn sie koordiniert werden mit einem naturwissenschaftlichen Unterricht, der sich orientiert an dem fächerübergreifenden Unterrichtsprinzip ‚Arbeitslehre‘.

---

57 Leitsätze des DGB-Landesbezirks Niedersachsen zur ‚Arbeitslehre/Polytechnik‘, a. a. O. S. 5 und 13f.

58 Dieter Görs: Schule und Arbeitswelt. Kurzreferat auf der zweiten Bildungspolitischen Konferenz des DGB. In: Gewerkschaftliche Bildungspolitik 11/12 (1976), S. 306.

4. Orientierung des naturwissenschaftlichen Unterrichts am fächerübergreifenden Unterrichtsprinzip ‚Arbeitslehre'

Die von der Gruppe PINC vorgeschlagene Neubestimmung des naturwissenschaftlichen Unterrichts wurde auf der Grundlage der gewerkschaftlichen Forderungen zur Reform der Sek. I entwickelt, d.h. sie orientiert sich an den Interessen der Schüler als der zukünftigen lohnabhängig Arbeitenden. Sie zielt auf eine integrierte Sek. I, deren Aufgabe es ist, allen Schülern eine einheitliche und gesellschaftsbezogene (d.h. technisch-ökonomisch-soziale) Grundqualifikation zu vermitteln.
Zu dieser Grundqualifikation kann der naturwissenschaftliche Unterricht einen wichtigen Beitrag leisten, sofern seine Ziele und Inhalte neu bestimmt und strukturiert werden im Sinne der gewerkschaftlichen Bildungskonzeption, die ‚Arbeitslehre/Polytechnik' als fächerübergreifendes Unterrichtsprinzip bestimmt.
Gesellschafts- und Produktionsbezug zu einem konstituierenden Moment des naturwissenschaftlichen Unterrichts zu machen, bedeutet nun aber keineswegs, daß er damit an einem Prinzip orientiert wird, das den Naturwissenschaften fremd und äußerlich ist. Das Gegenteil ist der Fall.
Nur wenn man die historische Entwicklung der Naturwissenschaften allein auf einen ‚Erkenntnistrieb' des Menschen – gemeint ist: weniger Genies – zurückführt, kann man ihren Gesellschafts- und Produktionsbezug auf bloße ‚Verwendungsmöglichkeiten' einer ihrem Wesen nach ‚reinen Wissenschaft' reduzieren[59]. Eine konkrete historische Analyse zeigt demgegenüber, daß die Naturwissenschaften seit ihrer Entstehung ein Bestandteil des gesellschaftlichen Arbeitsprozesses waren und daß sie es heute, wo ihre technologische Anwendung den Produktionsprozeß zunehmend bestimmt, sogar in besonderem Maße sind. Für die historische Entwicklung der Naturwissenschaften – und damit für ihre heutigen Form – ist ihr Gesellschafts- und Produktionsbezug konstitutiv. Das zu zeigen, ist die Funktion der ‚Sachanalyse' im II. Kapitel.
Erst durch eine inhaltliche Einordnung der Naturwissenschaften in die hier aufgezeigten Bezüge erhält die Forderung nach Wissenschaftsorientierung des naturwissenschaftlichen Unterrichts ihre spezifische bildungspolitische Bedeutung. Sie besagt dann zweierlei:

---

59 „Die Physik ist also in erster Linie eine reine Wissenschaft, deren Wurzel und Triebkraft das menschliche Streben nach Erkenntnis ist. (…) Wir werden die Physik hier vorwiegend unter dem Gesichtspunkt der Gewinnung von Erkenntnis betreiben und die praktischen Verwendungsmöglichkeiten nur am Rande behandeln" (Höfling: Physik. Oberstufe A. 1971, S. 15). Zum traditionellen Gymnasialunterricht in den naturwissenschaftlichen Fächern vgl. I. Kapitel, Abschn. 1.1 und 1.2.

– Den Schülern ist eine gründliche fachwissenschaftliche Qualifizierung zu vermitteln.
– Dabei (und nicht etwa in kurzen, anwendungsbezogenen Exkursen, die man notfalls bei Zeitmangel auch weglassen kann) sind Naturwissenschaften in ihren realen gesellschaftlichen Bezügen darzustellen, also wie sie den Schülern, insbesondere später im Beruf, als Bestandteil ihrer gesellschaftlichen Lebensbedingungen begegnen.

Der Gesellschafts- und Produktionsbezug des naturwissenschaftlichen Unterrichts – im Sinne einer an den Interessen der Lohnabhängigen orientierten Bildungskonzeption – ist der Hebel, mit dessen Hilfe die ‚Konvergenz' der naturwissenschaftlichen Lehrpläne und Unterrichtsmaterialien für Hauptschule, Realschule und Gymnasium herbeigeführt werden kann. Das wäre ein wichtiger Schritt zu einer allmählichen Vereinheitlichung der Sek. I. Dadurch könnte sowohl für die Schüler, die das Abitur, als auch für Schüler, die nach der 10. Klasse eine Berufsausbildung anstreben, eine wesentliche Verbesserung ihrer Qualifizierung erreicht werden. Außerdem könnte Gesellschafts- und Produktionsbezug als konstitutives Moment des naturwissenschaftlichen Unterrichts eine entscheidende Verbesserung in der Motivierung der sog. Lernschwächeren erzeugen. Denn Lernschwäche beruht ja in der Regel nicht auf einem Defizit an Intelligenz (als angeblich angeborener Eigenschaft), sondern an einem Defizit an Motivierung und angemessener didaktischer Aufarbeitung des Unterrichtsstoffs.

Vereinzelte (und deshalb nicht repräsentative) Erfahrungen mit naturwissenschaftlichem Unterricht, der auf Grund der Konzeption und der Materialien von PINC durchgeführt wurde, sprechen jedenfalls für die These, daß durch eine Veränderung der Unterrichtsinhalte im Sinne eines konsequent durchgeführten Gesellschaftsbezugs bei Schülern, die den Naturwissenschaften bislang ablehnend gegenüberstanden, ein Interesse daran geweckt werden konnte. Der kompensatorische Unterricht, also die Förderung sog. lernschwacher Schüler, ist eben nicht nur eine Frage der Unterrichtsmethode, sondern weitgehend auch eine Frage der Unterrichtsinhalte. Übergangsschwierigkeiten – besonders auch für die Lehrer – sollten dabei nicht unterschätzt werden. Die von PINC vorgeschlagene Konzeption für den naturwissenschaftlichen Unterricht kann nur Erfolg haben und zur Vereinheitlichung der Sek. I beitragen, wenn den Lehrern eine ausreichende Einarbeitung ermöglicht wird, und sie genügend konkrete Unterrichtsmaterialien zur Verfügung gestellt bekommen (vgl. dazu die Anregungen im V. Kapitel). Allein auf Grund des Grobplans kann noch kein neuer gesellschafts- und produktionsbezogener naturwissenschaftlicher Unterricht erteilt werden.

Aus dem didaktischen Ansatz, Gesellschafts- und Produktionsbezug zu einem konstitutiven Element des naturwissenschaftlichen Unterrichts in der Sek. I zu machen, folgt, daß es nicht genügt, die Inhalte des Physik-, Chemie- und Biologieunterrichts (ihre Auswahl, Gewichtung und Strukturierung) allein aus der Systematik der entsprechenden Fachdisziplin abzuleiten. Der Bestimmung der Unterrichtsinhalte muß eine Analyse der realen gesellschaftlichen Bezüge der Naturwissenschaften (in Geschichte und Gegenwart) zugrunde liegen. Dabei sollte

- sowohl die Wechselwirkung zwischen der Entwicklung der Naturwissenschaften und der Entwicklung der Produktion,
- als auch die Wechselwirkung zwischen dem Erkenntnisfortschritt der Naturwissenschaften und der Veränderung des gesellschaftlichen Bewußtseins (z.B. des herrschenden Weltbildes)

untersucht werden. Ansätze und Material für solch eine ‚Sachanalyse' enthält das II. Kapitel.

II. Die Naturwissenschaften als Bestandteil des gesellschaftlichen Arbeitsprozesses – Sachanalyse

(D. Riedel)

1. Zur historischen Entwicklung der Naturwissenschaften in ihrer Wechselwirkung mit der Entwicklung der Produktion

1.1 Die Entstehung der modernen Naturwissenschaften

1.1.1 Die beiden historischen ‚Quellen' der Naturwissenschaften

Die modernen Naturwissenschaften entstanden im Zusammenhang mit der Herausbildung der bürgerlichen Gesellschaft. Ihr Entstehungprozeß ist eingebettet in die ökonomischen und sozialen Umwälzungen, in die politischen und ideologischen Kämpfe, die im 15., 16. und 17. Jahrhundert zu einer Revolutionierung der mittelalterlichen Weltauffassung führten. Das Wissen „verwandelte sich aus einem Mittel zur Aussöhnung des Menschen mit der Welt, wie sie ist, war und bis zum Jüngsten Gericht bleiben soll, in ein Mittel zur Beherrschung der Natur durch die Kenntnis ihrer ewigen Gesetze"[1].
Die Herausbildung der empirischen Naturwissenschaften war eng verbunden mit der Kritik des spekulativen und kontemplativen Erkenntnisideals, das im antiken Griechenland auf der Grundlage der Trennung von materieller und

---

Anmerkungen

Eine umfassende Darstellung der Geschichte der Wissenschaften gibt John D. Bernal: Wissenschaft. Science in History. 4 Bände. Reinbek bei Hamburg 1970.
Band 1: Entstehung der Wissenschaft. rororo 6743 – 47.
Band 2: Die wissenschaftliche und die industrielle Revolution. rororo 6748 – 52.
Band 3: Die Naturwissenschaften der Gegenwart. rororo 6753 – 57.
Band 4: Die Gesellschaftswissenschaften. rororo 6758 – 62.
Im folgenden zitiert als: Bernal 1–4, S. ...

1 Bernal 2, S. 353.

geistiger Arbeit entstanden war. Diese Trennung drückte sich in der herrschenden Ideologie der Antike durch eine soziale Geringschätzung, ja Verachtung handwerklicher Arbeit aus.
„Der Handarbeiter (...) galt gegenüber dem Geistesarbeiter oder dem kontemplativen Denker als ein prinzipiell minderwertiges Wesen. Das war keine neue Vorstellung; sie war aus den älteren Kulturen übernommen worden, hatte sich aber in der späteren griechischen Gesellschaft im Zusammenhang mit der Sklaverei noch beträchtlich vertieft“[2].
Auf dieser sozialen Grundlage vollzog sich eine Loslösung des Denkens von sinnlicher Wahrnehmung und praktisch-handwerklicher Erfahrung. Das Denken verabsolutierte sich, machte sich selbst, d.h. reines Nachdenken zur höchsten Erkenntnisquelle und verlor sich zunehmend in spekulativer Weltbetrachtung.
Kritik am spekulativen und kontemplativen Erkenntnisideal der Philosophen und Theologen gab es bereits in der antiken und feudalen Gesellschaft (Hippokrates, Archimedes). Doch hier blieb sie die Ausnahme. Erst im Verlauf der frühbürgerlichen Revolution (Ende des 15. bis Mitte des 16. Jahrhunderts) wurde auf breiter Front die empirische Verfahrensweise, die sich auf handwerkliches Können und Wissen gründet, dem ‚gelehrten‘ Wissen, das auf Spekulation und auf der Autorität alter Schriften beruht, entgegengesetzt und als der einzig gangbare Weg zur Wahrheit bestimmt. Ein neues Erkenntnisideal, eine ‚Philosophie der Werkstätten‘ setzte sich durch, dem eine Neubewertung des sozialen Ranges der materiellen Arbeit und des Handwerks zugrunde lag. Es wurde getragen von den in den Städten lebenden Handwerkern und Kaufleuten. Die Städte, die sich im Mittelalter im Schoß der feudalen Gesellschaftsordnung – auf Grund der Wiederbelebung des Handels und der Arbeitsteilung zwischen Handwerk und Landwirtschaft – entwickelten, erkämpften sich bereits frühzeitig politische Unabhängigkeit und eine privilegierte, eigenständige Rechtsordnung. Es bildeten sich Inseln der ‚Stadtfreiheit‘ im herrschenden Feudalsystem. Im Schutz dieser Freiheit entwickelten sich neue Bewußtseinsformen, ein neues Selbst- und Weltverständnis, das den Erfahrungen und Interessen der Stadtbewohner entsprach. Die feudale Stadt hatte, neben dem Handel, vor allem in der handwerklichen Produktion ihren Bestand. Im Gegensatz zu den Bauern, die ihre Arbeit dem ewigen Kreislauf der Natur und deren Ordnung unterworfen sahen, erfährt der Handwerker sich unmittelbar selbst als ‚Schöpfer der Dinge‘.
„Die Natur bietet ihm nur den Rohstoff, den nützlichen Charakter bringt allein er hervor, indem er der widerspenstigen Materie nach seiner Idee und Zwecksetzung die gewollte Form aufprägt. Seine Arbeit erfordert ein Geschick, das er sich aus seiner eigenen wie der tradierten Erfahrung aneignet. Er ist Empiriker von Beruf. (...) Die Stadtbürger verlangt es daher nach einer

2 Bernal, 1, S. 158.

Ideologie, die sich der Empirie gegenüber aufgeschlossen zeigt"[3]. Die Handwerker in den mittelalterlichen Städten neigten spontan zum Empirismus. Eine Grundlage dafür war die Erfahrung, die sie ständig in ihrer Arbeit machten: daß die Natur zwar vom Menschen unabhängig und von Gesetzen bestimmt ist, daß diese Gesetze aber erkennbar und zur Beherrschung der Natur nutzbar sind. Das Kriterium für die Wahrheit einer Erkenntnis ist dabei allein ihre erfolgreiche praktische Anwendung.

Diese Art von Erkenntnis hat prognostischen Charakter. Daß man ein bestimmtes Naturverhalten unter definierten Bedingungen voraussehen kann, macht es nutzbar. Fortschritte in der praktischen Beherrschung der Natur und in der theoretischen Erkenntnis der Natur stehen in engem Wechselverhältnis. Vor allem bei der Herstellung und Verwendung von Werkzeugen haben die Handwerker Eigenschaften vieler Naturstoffe sowie wichtige mechanische Gesetze kennengelernt. „Die Grundlagen technischen Wissens lassen sich zusammenfassen und tradieren in Form einfacher Handlungsvorschriften über die Wahl bestimmter Materialien, die quantitative Bestimmung der Ingredienzen und die Art ihrer Bearbeitung. Diese Art der tradierten Erfahrung entspricht handwerklichem Können, und wo sie formuliert werden, gleicht ihre Zusammenstellung eher Kochbüchern als gelehrten Abhandlungen"[4]. Diese ‚technisch-handwerkliche Erfahrung' wird auf der Grundlage von systematischem Ausprobieren und zufälligen Entdeckungen gewonnen. Einzelne Erfahrungen, z.B. bezüglich eines bestimmten Materialverhaltens, verdichten sich durch ihre ständige Wiederholung im Arbeitsprozeß zur Erkenntnis einer Gesetzmäßigkeit der Natur. Deduktive Schritte, z.B. die Ableitung aus allgemeineren Gesetzmäßigkeiten, erfolgen nicht. Meist ist diese Form des Wissens nicht zu trennen von praktischen, insbesondere manuellen Fertigkeiten. Tradiert wird technisch-handwerkliche Erfahrung gewöhnlich durch unmittelbare Teilnahme an dem Produktionsverfahren, für das sie relevant ist. Im Mittelalter wurde solch technisches Wissen, z.B. der Eisenherstellung und -verarbeitung, vielfach als strenges Zunftgeheimnis gehütet.

Das Wissen von regelmäßig auftretenden Vorgängen und Zusammenhängen in der Natur hatte also keineswegs von Anfang an eine systematisch-theoretische Form. Allerdings war die technisch-handwerkliche Erfahrung eine entscheidende Wurzel der modernen Naturwissenschaften. Ein gerader Weg führte z.B. von den Erfahrungen, die in optischen Werkstätten gemacht wurden, sowohl zur ersten Formulierung geometrisch-optischer Gesetze als auch zur Konstruktion wissenschaftlicher Hilfsmittel (Fernrohr, Mikroskop).

---

3 Friedrich Tomberg: Bürgerliche Wissenschaft. Begriff, Geschichte, Kritik. (Fischer Taschenbuch 6215.) Frankfurt/Main 1973, S. 48.

4 Erhard Stölting: Wissenschaft als Produktivkraft. Die Wissenschaft als Moment des gesellschaftlichen Arbeitsprozesses. (List Taschenbücher der Wissenschaft 1611.) München 1974, S. 22.

Technisch-handwerkliche Erfahrung allein ermöglicht aber allenfalls die Formulierung einzelner isolierter Gesetzmäßigkeiten, nicht die Entwicklung naturwissenschaftlicher Theorien. Die modernen Naturwissenschaften haben eine zweite historische Quelle: die Weltdeutungen von Philosophen, Theologen und anderen ‚Gelehrten', in denen Phänomene spekulativ, durch reines Denken, geordnet und in einen ‚logischen' Zusammenhang gebracht werden. Der Entstehungsprozeß der modernen Naturwissenschaften ist einerseits durch die Kritik am spekulativen und kontemplativen Erkenntnisideal der alten Philosophie und Theologie geprägt, andererseits liegt ihr die Verschmelzung der ordnenden Spekulation jener Gelehrten mit der technisch-handwerklichen Erfahrung zugrunde. „Die gehobene Stellung des Handwerkers ermöglichte es jetzt (in den Städten im Verlauf der frühbürgerlichen Revolution, Vf.), das Band zwischen seinen Traditionen und denen der Gelehrten zu erneuern, das fast seit Beginn der Frühzivilisation zerrissen war. Beide konnten einen großen Beitrag leisten:

- der Handwerker, indem er die alten Techniken des Altertums um die während des Mittelalters entwickelten Vorrichtungen bereicherte,
- der Gelehrte durch die Weltauffassung, die Ideen und, vielleicht als Wichtigstes, die von den Griechen auf dem Weg über die arabische und scholastische Philosophie herrührende logische Methode der Argumentation und die neu entwickelten Rechenmethoden.

Die Kombination dieser beiden Arten des Herangehens vollzog sich erst nach einiger Zeit und durchdrang nur allmählich die verschiedenen Gebiete von Theorie und Praxis; nachdem aber die beiden Komponenten einmal zusammengebracht worden waren, konnte ihre Verschmelzung nicht mehr aufgehalten werden – sie erfolgte explosionsartig"[5].

Das spezifisch Neue der modernen Naturwissenschaften ist nur aus ihren *beiden* historischen Quellen zu begreifen.

1.1.2 Die thematische und die technisch-apparative Abhängigkeit der Naturwissenschaften von der Produktion

Obgleich sich die wissenschaftliche Forschung seit ihren Anfängen an den technischen Problemen der Produktion orientierte, blieb doch der praktische Einfluß, den sie auf die Produktion hatte, zunächst recht begrenzt. „Bis zum Ende des 17. Jahrhunderts hatte die Wissenschaft viel mehr aus ihrer erneuten Berührung mit der Praxis zu gewinnen als sie in Form grundsätzlicher Verbesserungen der Technik zu bieten hatte"[6].

---

5 Bernal 2, S. 362f.
6 Bernal 2, S. 352.

Die bedeutendsten technischen Fortschritte im 15., 16. und 17. Jahrhundert wurden auf den eng zusammenhängenden Gebieten Bergbau, Metallurgie und Chemie erzielt, und zwar mit Hilfe handwerklicher Verfahrensweisen[7]. Viele der dabei auftretenden technischen Probleme wurden Ausgangspunkt wissenschaftlicher Untersuchungen. „So stellte etwa der Aufstieg des Kohlebergbaus in der zweiten Hälfte des 17. Jahrhunderts entsprechend der höheren Stufenleiter, auf der er betrieben wurde, bedeutende technische Probleme wie etwa das Auspumpen von Wasser aus den Bergwerken, die Frischluftzufuhr, Aufzüge usw. Mit Pumpenproblemen beschäftigten sich dementsprechend zum Beispiel Torricelli, Pascal, Wilkins, Huyghens, Boyle und andere. Aus den Folgeproblemen dieser praktischen Fragestellungen entwickelten sich wissenschaftliche Fragestellungen, von denen die Forscher überzeugt waren, daß ihre Lösungen praktische Resultate erbringen würden.“[8]
Die Produktion kam allerdings noch lange mit systematischem handwerklichem Probieren und mit einfachem Rechnen zurecht und bedurfte keineswegs einer theoretischen Durchdringung ihrer technischen Verfahren und Prozesse. Die Wissenschaft nützte der Produktion zunächst nicht mit ihrer Theoriebildung, sondern mit Meß- und Experimentiergeräten, die ursprünglich für rein wissenschaftliche Versuche und Beobachtungen in Laboratorien und Werkstätten ausgetüftelt worden waren.
„Wesentliches mäzenatisches Motiv bei der Finanzierung von Akademien war von Anfang an die Erfindung solcher Geräte gewesen. (...) Über die wissenschaftliche Technologie lag mithin immer schon ein Einfluß der Wissenschaft auf die Produktion vor“[8].
Allerdings waren die Naturwissenschaften von Anfang an gerade auch hinsichtlich ihrer Beobachtungs-, Meß- und Experimentiergeräte vom technischen Entwicklungsstand der Produktion abhängig. Die Mechanik entstand z. B. Ende des 15. Jahrhunderts in Zusammenhang mit der Entwicklung im Maschinenbau. Und die Entwicklung der Astronomie sowie der Biologie wurden stark beeinflußt durch die Entwicklung des optischen Handwerks, das die Herstellung von Fernrohren und Mikroskopen ermöglichte.

Diese Abhängigkeit der Naturwissenschaften vom technischen Entwicklungsstand der Produktion wurde später – mit dem wachsenden apparativen Aufwand der Forschung – zunehmend stärker; das zeigen folgende Beispiele:

- Die Erforschung elektrischer Entladungen, die zur Entdeckung elektrisch geladener Teilchen und weiter zu den Anfängen der Atomphysik führte, begann, als der Glasbläser Geissler eine Methode entwickelte, Elektroden vakuumdicht in eine Glasröhre einzuschmelzen.

---

7 Bernal 2, S. 373f.
8 Stölting 1974, a.a.O. S. 56.

- Das erste Antibiotikum konnte erst entdeckt werden, als der Umgang mit Mikroorganismen bereits zur Routine großer Laboratorien geworden war.
- Um die Elementarteilchenphysik zu entwickeln, braucht man Beschleuniger, und diese haben einen hohen technologischen Entwicklungsstand zur Voraussetzung.
- Elektronik und Computer sind heute zu unentbehrlichen Hilfsmitteln bei der Planung und Durchführung naturwissenschaftlicher Forschungsvorhaben geworden.

1.2 Das Verhältnis von Produktion und Wissenschaft im 19. Jahrhundert

1.2.1 Die industrielle Revolution als Grundlage eines qualitativ neuen Verhältnisses von Produktion und Wissenschaft

Zur technologischen Anwendung wissenschaftlicher Theorien in der Produktion kam es erst nach der industriellen Revolution. Im 19. Jahrhundert wuchsen dann ganze Industriezweige heran, die wissenschaftliche Forschung und Theoriebildung voraussetzten, wie Elektroindustrie und chemische Industrie. Diese neue gesellschaftliche Funktion, die die Naturwissenschaften durch ihre technologische Anwendung im großen Maßstab erhielten, ergab sich unmittelbar aus den Wandlungen im Produktionsprozeß während der industriellen Revolution, d.h. aus dem Übergang vom Handwerk zur maschinellen Produktion, auf die deshalb kurz eingegangen werden soll.

a) Bestimmendes Moment des handwerklichen Produktionsprozesses ist die menschliche Tätigkeit, also die zweckmäßige Handhabung und Führung des Arbeitsinstruments bei der Bearbeitung der Arbeitsgegenstände. Die verschiedenen Operationen, in die ein bestimmter Produktionsprozeß (z.B. die Herstellung eines Möbels) zerfällt, werden von ein und demselben Handwerker nacheinander ausgeführt. Seine Qualifikation erlangt der Handwerker in langer, durch enge Beziehung zum Meister geprägter Lehrzeit sowie durch die Erfahrungen, die er bei seiner Arbeit macht.

b) In der Manufaktur werden die verschiedenen Operationen, in die ein bestimmter Produktionsprozeß zerfällt (Sägen, Hobeln, Beizen usw.), voneinander losgelöst und gleichzeitig von verschiedenen Handwerkern, die nebeneinander arbeiten, ausgeführt. Diese Arbeitsteilung und Spezialisierung führt dazu, daß die Werkzeuge immer differenzierter und immer mehr spezifischen Funktionen angepaßt werden. Das hat eine nicht unbedeutende Steigerung der

Produktivität, aber auch die allmähliche ‚Trennung' der Arbeiter von den Produktionsmitteln zur Folge.

c) Die Spezialisierung von Arbeitsmitteln, mit denen massenhaft dieselben einfachen Arbeitsprozesse durchgeführt werden, ist eine der Grundlagen für die Entwicklung von Werkzeugmaschinen: Hier geht die zweckmäßige Führung der Werkzeuge vom Arbeiter an einen Mechanismus über, dem die menschliche Tätigkeit untergeordnet wird.

In der industriellen Produktion hängt die (für den Arbeitsprozeß entscheidende) Führung des Werkzeugs gegen den Arbeitsgegenstand nicht mehr, wie im Handwerk und in der Manufaktur, in erster Linie von der unmittelbaren Geschicklichkeit und Qualifikation der Menschen ab, sondern von der Bewegung der Maschinerie, d.h. von deren exakter Planung, Berechnung und Konstruktion.
„Wirkte der Mensch vorher mit dem von ihm geführten Werkzeug unmittelbar auf den Arbeitsgegenstand ein, so hatte er nun ein völlig neues Element zwischen sich und den Arbeitsgegenstand geschoben. Er hatte die unmittelbare Führung des Werkzeugs einem System von Mechanismen übergeben, die auf der Grundlage von Naturgesetzen zusammenwirkten. Oder anders ausgedrückt: Er hatte ein System geschaffen, in dem zahlreiche Naturgesetze kombiniert so zusammenwirkten, daß ein Naturprozeß mit dem von ihm gewünschten Zweck und dem von ihm gestellten Ziel ablief"[9].
Die Industrielle Revolution schuf die Voraussetzungen für die technologische Anwendung naturwissenschaftlicher Theorien und Verfahrensweisen, wurde aber selbst nicht durch die Naturwissenschaften initiiert. „Die Industrielle Revolution selbst hing in ihren Anfangsstadien nicht von irgendwelchen Beiträgen der Wissenschaft ab; ihre Baumeister waren erfindungsreiche Handwerker. (...) Die entscheidenden Entwicklungen in der Textilindustrie erfolgten ohne Verwendung irgendeines grundsätzlich neuen wissenschaftlichen Prinzips"[10].

1.2.2 Nutzbarmachung der Naturkräfte

Die industrielle Revolution setzte sich in der zweiten Hälfte des 18. Jahrhunderts zunächst in England durch. Sie ging von der Entwicklung der Werkzeugmaschine aus. Der Bereich, in den diese zuerst eindrang, war die Textilherstel-

9 W. Jonas, W. Linsbauer, H. Marx: Die Produktivkräfte in der Geschichte 1. Von den Anfängen in der Urgemeinschaft bis zum Beginn der industriellen Revolution. Hrsg. von W. Jonas. Berlin: Dietz 1969, S. 12.
10 Bernal 2, S. 491.

lung, speziell der Spinnprozeß in der Baumwollverarbeitung (seit 1764). Zum Antrieb der neuen Spinnmaschinen wurden zunächst die schon lange bekannten Wasserräder verwendet. Die Verbreitung der Spinnmaschinen und die Entwicklung mechanischer Webstühle führte aber bald dazu, daß die Leistungsfähigkeit der kleinen Flüsse ausgeschöpft war. Seit 1785 wird dann die Wattsche Dampfmaschine zum Antrieb dieser Maschinen, die dadurch zudem standortunabhängig werden, eingesetzt. Bevor Watt 1781 die Erzeugung rotierender Bewegung durch Dampfmaschinen patentieren ließ, wurden sie fast ausschließlich zur ‚Hebung von Wasser' benutzt: in Bergwerken, zur Wasserversorgung von London, bei der Salzgewinnung.

„Einem jeweiligen allgemeinen Stand der gesellschaftlichen Produktivkräfte entspricht auch eine jeweils bestimmte Größenordnung des gesellschaftlichen Energiebedarfs. In der ganzen Periode der Handarbeit wird die Hauptbewegungsenergie vom Menschen selbst und zum Teil vom Tier aufgebracht. Die Tatsache, daß in einige wenige Bereiche, in denen es sich um ganz einfache, sich immer wiederholende Arbeitsoperationen handelt, Antriebsmaschinen auf der Basis von Wind- und Wassermühlen eindrangen, war zwar für die Herausbildung bestimmter Mechanismen von großer Bedeutung und führte ganz sicher zu einer Steigerung der Produktivkräfte in diesen Bereichen, veränderte aber qualitativ nicht das Energieproblem in dieser Periode. Die Werkzeugmaschine forderte die ihr adäquate Bewegungsmaschine und fand sie in der Dampfmaschine. Damit trat die menschliche und tierische Energie hinter der thermodynamischen Energie als Bewegungskraft zurück. Mit dem stürmischen Wachstum der Industrie wuchs auch der Energiebedarf. Dieser Zusammenhang ist so eng und unmittelbar, daß man die Summe der eingesetzten PS der Dampfmaschine als recht zuverlässigen statistischen Ausdruck der Industrialisierung eines Landes betrachten kann. Gegen Ende des 19. Jahrhunderts begann der Elektromotor die Dampfmaschine zu verdrängen. Die Elektroenergie wurde entweder auf thermodynamischem Wege in Wärmekraftwerken oder durch Ausnutzung kinetischer Energie in Wasserkraftwerken erzeugt"[11].

Auf die Abhängigkeit der technologischen Anwendung wissenschaftlicher Theorien von ökonomischen Bedürfnissen verweist die Tatsache, daß das Wirkprinzip des Elektromotors seit 1831 bekannt war, daß bereits 1850 in London eine elektrisch angetriebene Modelleisenbahn gezeigt wurde, daß es aber erst um 1880 zur ökonomischen Nutzung des Elektromotors kam.

„Die Erzeugung von Elektrizität mit Hilfe mechanischer Arbeit und ihre Anwendung zur Energieübertragung war nach Faradays Entdeckung der elektromagnetischen Induktion und nach seiner Vorführung des Generators im Jahre 1831 in den Bereich des Möglichen gerückt. Die Gründe, warum diese Entdeckung fünfzig Jahre lang nicht angewendet wurde, waren (...) in der Hauptsache nicht technischer, sondern ökonomischer Natur. Die Industrie um

11 Jonas 1969, S. 45.

die Mitte des 19. Jahrhunderts brauchte verhältnismäßig große Kraftquellen, stationäre Dampfmaschinen für die Fabriken, ferner Lokomotiven oder Schiffskessel. Die einzige Möglichkeit, Energie über große Entfernungen zu transportieren, bestand in der Verschiffung von Kohle. Später, mit der wachsenden Mechanisierung auch kleinerer Industrien, wurden kleinere Kraftquellen erforderlich; dafür war die Dampfmaschine zu schwerfällig und zu teuer. Die Lösung fand man im Gasmotor, der ersten brauchbaren Verbrennungsmaschine, dem Vorläufer der Diesel- und Benzinmotore, die im 20. Jahrhundert das Verkehrswesen revolutionieren sollten.
Der Elektromotor erwies sich als ein viel anpassungsfähigeres Mittel, als es darum ging, die Forderung der Industrie nach kleinen stationären Energiequellen zu erfüllen. Seine Brauchbarkeit hing natürlich davon ab, ob ein weitverzweigtes Stromnetz zur Verfügung stand, und das konnte allerdings nur auf Grund eines allgemeineren Bedürfnisses, als es die Anforderungen der Industrie darstellten, entstehen. Dieses Bedürfnis ergab sich schließlich aus der Entwicklung der Haushaltsversorgung. Im Laufe des 19. Jahrhunderts wurde ein ausgedehntes Gas- und Wassernetz und danach ein Telegrafen- und Telefonnetz geschaffen. Ein unternehmungslustiger Telegrafenangestellter, Thomas Alva Edison (1874–1931), der seinen Konkurrenten zuvorkam, wies den Weg für eine weitere Einrichtung – das elektrische Licht.
Nachdem Elektrizität jetzt zu Beleuchtungszwecken erzeugt und verteilt werden mußte, konnte sie auch als Antriebskraft Verwendung finden, und damit war der Industrie und dem Verkehr ein neues, universales und billiges Mittel der Energieverteilung zur Verfügung gestellt worden, das allerdings erst im 20. Jahrhundert voll und ganz wirksam werden sollte. Durch diese Entwicklungen wurde die Elektroindustrie ins Leben gerufen, die im Gegensatz zu den älteren Industriezweigen von Anfang an monopolistischen und wissenschaftlichen Charakter trug. Sie war mit den anderen aufsteigenden Monopolen der Schwerindustrie und mit den Telegrafen- und Telefonmonopolen aufs engste verknüpft. Für die Wissenschaft besaß sie noch eine weitere erstrangige Bedeutung: Sie schuf das industrielle Forschungslaboratorium. Edisons ‚Menlo Park', ursprünglich nur ein kleiner Schuppen, in dem Erfindungen ausprobiert wurden, hatte die Notwendigkeit bewiesen, laufend und in engster Verbindung mit der Produktion Experimente durchzuführen"[12].
Die Nutzung des Elektromotors als Antriebskraft in der Industrie ermöglichte darüber hinaus eine ökonomischen Interessen entsprechende tiefgreifende Wandlung in der Struktur des Produktionsprozesses. „Die Anwendung der elektrischen Energie als motorische Energie und die Einführung des Elektromotors erlaubten, die Arbeitsmaschinen und Maschinensysteme ausschließlich unter dem Gesichtspunkt der rationellsten Herstellung des Produkts zu arrangieren. Solange die Dampfmaschine die Hauptantriebskraft für die

12 Bernal 2, S. 526f.

Arbeitsmaschinen war, enthielt das Produktionssystem ein weitgehend starres Element. Der Variabilität der Anordnung der Arbeitsmaschinen waren durch das umfangreiche stationäre System von Dampfmaschine und Transmissionen enge Grenzen gesetzt. Die konkrete Struktur der Produktionsstätten war weitgehend durch das Antriebssystem bestimmt (...). Mit dem mobilen, mit der einzelnen Arbeitsmaschine verbundenen Elektromotor entfiel jegliche Abhängigkeit von einer bestimmten Struktur des Antriebssystems. Es eröffneten sich damit die Möglichkeiten, den Produktionsablauf entsprechend den einzelnen Etappen des Herstellungsprozesses des Produkts zu organisieren. Damit waren auch die Vorbedingungen für eine weitere Arbeitsteilung in der maschinellen Produktion und damit für eine Aufteilung komplexer Steuer- und Kontrollfunktionen in einzelne einfache Operationen gegeben"[13].

Der Übergang von der zentral aufgestellten Dampfmaschine zum Elektroantrieb (zunächst zum Gruppen-, später zum Einzelantrieb) war eine der wichtigsten technologischen Entwicklungen gegen Ende des 19. und zu Anfang des 20. Jahrhunderts. Ohne diese Entwicklung der Technik wären die von Ford und Taylor eingeleiteten arbeitsorganisatorischen Veränderungen der Fertigungsprozesse nicht möglich gewesen.

Im Grobplan von PINC wird die Nutzbarmachung der Naturkräfte ausführlich im Physikunterricht der 8. Jahrgungsstufe (P 8.1) behandelt.

1.2.3 Chemische Industrie und Wissenschaft am Beispiel der Sodaherstellung

Die Textilindustrie war der Ausgangspunkt der industriellen Revolution. Voraussetzungen für ihre schnell steigende Produktion waren

- die zwischen 1764 und 1779 erfundenen Spinnmaschinen,
- die Erfindung des mechanischen Webstuhls (1785),
- die Erschließung neuer Energiequellen durch die verbesserte Dampfmaschine von James Watt,
- der in Amerika aufgekommene plantagenmäßige Anbau von Baumwolle (unter Einsatz von Sklaven).

Zur Aufbereitung und Verarbeitung der rohen Baumwollfasern (zum Reinigen, Waschen, Bleichen, Färben usw.) benötigte die Textilindustrie immer größere Mengen Soda. Die Glasindustrie entwickelte sich ebenfalls zu einem Großabnehmer.

Soda wurde seit Jahrhunderten aus den ägyptischen Sodaseen, in Spanien aus der Asche verbrannter Meerespflanzen gewonnen; schließlich wurde als Ersatz Pottasche, aus Holzasche hergestellt, verwendet. Doch diese begrenzten natürlichen Vorkommen waren bald nach der industriellen Revolution der

---

13 Jonas 1969, S. 26.

steigenden Nachfrage der Textil- und Glasindustrie nicht mehr gewachsen. Außerdem waren Transport und Reinigung der Rohsoda teuer.
Systematisch wurde deshalb von Handwerkern und Chemikern nach geeigneten technischen Herstellungsverfahren von Soda gesucht. Erfolg hatte zuerst Nicolas Leblanc. Er „setzte das Glaubersalz mit Kalk und Kohle in einem Flammofen zu Soda und Kalziumsulfid um und trennte beide Produkte durch Auslaugen voneinander. Diese künstlich gewonnene Soda hatte gegenüber dem Naturprodukt bedeutende Vorzüge. Sie war viel reiner und gleichbleibender zusammengesetzt, ihre Gestehungskosten lagen wesentlich niedriger, und sie konnte in genügender Menge hergestellt werden. Leblanc ließ sich sein Verfahren patentieren und stellte im Jahre 1790 erstmalig industriell Soda her. (...) Im Jahre 1810 war Frankreich in der Lage, seinen gesamten Sodabedarf aus der einheimischen Produktion zu decken. (...) In England, das zu Beginn des 19. Jahrhunderts industriell weiter fortgeschritten war als Frankreich, wurde das Leblanc-Verfahren zuerst die Grundlage der anorganisch-chemischen Industrie“[14].
Einführung und Verbesserung des Leblanc-Verfahrens zur Sodaherstellung stellten die Chemiker vor die Aufgabe, sich grundlegend mit chemisch-technischen Reaktionen zu beschäftigen. Das Verfahren konnte z.B. wesentlich rentabler gemacht werden, als es gelang, aus einem seiner – zunächst als lästig angesehenen – Nebenprodukte, dem Chlorwasserstoff, großtechnisch Chlorkalk herzustellen. „Das Leblanc-Verfahren wurde auch deshalb für die anorganische chemische Industrie bedeutungsvoll, weil es die Entwicklung zahlreicher neuer Apparaturen und die Ausarbeitung von Verfahrensprinzipien verlangte. So wurden zum Beispiel Drehrohröfen, Klärapparate, Apparaturen zum Eindampfen und Waschtürme in die chemische Industrie eingeführt beziehungsweise vervollkommnet. Bei der Trennung der Soda vom Kalziumsulfid wurde erstmalig das Gegenstromprinzip angewendet“[15].
Um die Mitte des 19. Jahrhunderts wurde, auf der Grundlage chemischer Forschungen, ein neues Verfahren zur Sodaherstellung entwickelt, das noch rentabler war. Dieses sog. Ammoniak-Soda-Verfahren wurde von dem Belgier Ernest Solvay zur Produktionsreife geführt.
„Solvays Verdienste um das Ammoniak-Soda-Verfahren bestehen allein darin, daß er die apparative Seite des Verfahrens verbesserte. Dadurch konnte bei geringem manuellem Aufwand ein Maximum an Ausbeute erreicht werden. Solvay führte geschlossene Apparaturen ein und löste so das Problem der Ammoniumverluste, die bis dahin die praktische Durchführung übermäßig verteuerten. In seinen gemäß dem Gegenstromprinzip arbeitenden Karbonierkolonnen wurden Ausgangsstoffe und Energie optimal ausgenutzt. Durch diese

---

14 Karl Heinig (Hrsg.): Biographien bedeutender Chemiker. Berlin: Volk und Wissen, 1970, S. 268.
15 Ebenda, S. 269.

rationelle Gestaltung des Sodaverfahrens wurde Solvay der Begründer der Ammoniak-Soda-Industrie. Solvay meldete im Jahre 1861 sein Verfahren zum Patent an und ließ mit geliehenen Geldern eine kleine Fabrik bauen. 1863 gründete er eine Aktiengesellschaft. Seine Fabrik produzierte 1866 bereits 1500 kg Soda je Tag. (...) In der chemischen Industrie des 19. Jahrhunderts begann nun der ‚Kampf' zwischen Leblanc-Verfahren und dem Ammoniak-Soda-Verfahren, ein ‚Kampf' zwischen alter und neuer Technik. Die ökonomischen Daten des Ammoniak-Soda-Verfahrens waren die günstigeren, daran änderten auch die zahlreichen Versuche nichts, die Selbstkosten der Leblanc-Soda durch intensive wissenschaftliche und ökonomische Durchdringung des Verfahrens wesentlich zu senken. 1916, rund 120 Jahre, nachdem das Leblanc-Verfahren technisch verwirklicht worden war, mußte die letzte Leblanc-Fabrik die Produktion einstellen. (...).
Im 19. Jahrhundert schuf Solvay einen der ersten Chemiekonzerne, der sich nicht auf ein Land beschränkte, sondern eine führende Stellung in der Welt anstrebte. Innerhalb von zwei Jahrzehnten besaß Solvay in allen großen Staaten der Welt seine Fabriken. 1880 kam er nach Deutschland, 1881 nach den USA und 1883 nach Rußland. 1916 kontrollierte er – trotz des Krieges – die Weltproduktion an Soda"[16].
Außerdem gelang es ihm, Betriebe, die Soda als wichtigen Grundstoff benötigten, unter seine Kontrolle zu bringen; z.B. bekam er in vielen Staaten Einfluß auf die Glasindustrie, einen Großverbraucher von Soda.
Im Grobplan von PINC wird die Sodaherstellung als eines der wichtigsten großtechnischen Verfahren im Chemieunterricht der 8. Jahrgangsstufe (C 8: Zwischenprodukte der chemischen Industrie) behandelt.

1.2.4 Wechselwirkung zwischen Landwirtschaft und Wissenschaft

Die Entwicklung der Biologie im 18. und 19. Jahrhundert war eng verknüpft mit Problemen der Medizin, des Bierbrauens und ähnlicher Gewerbe sowie vor allem mit der Landwirtschaft.
„So waren Darwins Vorstellungen durch die praktischen Erfolge der Tierzüchter und der Gärtner stark beeinflußt worden. Die ersten Bakteriologen errangen ihre Erfolge durch die Beschäftigung mit Tierkrankheiten; auch Pasteur war durch die industriellen Prozesse der Weinkelterei, des Bierbrauens und der Seidengewinnung zur Bakteriologie gekommen. Daneben bestand jedoch der davon unabhängige wissenschaftliche Gedankenstrom, der sich aus den zentra-

16 Ebenda, S. 270f.

len Problemen der Landwirtschaft ergab: Wie entwickeln sich die Pflanzen im Boden, und was macht die Nahrung für Mensch und Tier aus?"[17].

„Der wirksamste Kontakt zwischen Wissenschaft und Landwirtschaft kam jedoch mehr von der chemischen als von der biologischen (...) Seite her zustande. Die gastheoretische Revolution in der Chemie, die mit Priestley begann und mit Lavoisier ihren Höhepunkt erreichte, hatte gelehrt, daß die tierischen Organismen als eine Art Wärmemaschine aufzufassen waren, die Nahrungsmittel als Brennstoff verbrannte, und daß die Pflanzen diesen Prozeß umkehrten, indem sie mit Hilfe des Sonnenlichts lebendes Gewebe aus Gasen erzeugten und Sauerstoff an die Atmosphäre zurücklieferten. (...) Keine dieser Erkenntnisse konnte jedoch zu praktischen Folgerungen führen, ehe nicht die Rolle des Bodens geklärt war. Die Bauern und Gärtner wußten zwar, daß der Boden die Pflanzen ernährt; die Wissenschaftler zwischen 1790 und 1840 jedoch wußten nicht, wie das vor sich ging"[18].

Wissen über die chemische Rolle des Bodens für das Pflanzenwachstum war nicht nur wichtig geworden, weil es höhere Gewinne in der Landwirtschaft versprach. Es war im 19. Jahrhundert durch die Zunahme der Stadtbevölkerung und den damit steigenden Bedarf an Nahrungsmitteln zu einer gesellschaftlichen Notwendigkeit geworden. Bereits zu Beginn des 19. Jahrhunderts waren die europäischen Böden durch jahrhundertelange Nutzung an notwendigen Mineralien verarmt. Es war das Verdienst der Chemie zu zeigen, daß die Pflanzen den Kohlenstoff ihres Körpers der Luft, die mineralischen Bestandteile, die sich in ihrer Asche finden, dem Boden entnehmen. Der Entzug der Pflanzenkörper bei der Ernte ließ auf lange Sicht den Boden an Mineralien verarmen. Fügte man die richtigen anorganischen Stoffe im richtigen Mengenverhältnis dem Boden zu, so kehrte die Fruchtbarkeit zurück. Auf Grund der Arbeiten Liebigs (1840) konnte in wenigen Jahrzehnten die Fruchtbarkeit der Böden auf das Dreifache gesteigert werden.

Liebigs „Bericht über Chemistry and its Application to Agriculture and Physiology (1860), der auf Ansuchen der British Association abgefaßt worden war, legte die Grundlage zu der Einteilung des lebenden Gewebes und damit auch der Nährstoffe in die heute klassischen Begriffe Kohlenhydrate, Fette und Eiweißstoffe (Proteine). Er wies nach, daß die ersten beiden primär Brennstoffe waren, die die Pflanze aus dem Kohlendioxyd der Luft bildet, und daß nur die letzte Gruppe Stickstoff enthält; er wies ferner nach, daß diese Verbindungen aus Nitraten gebildet werden, die die Pflanze mit anderen lebenswichtigen Stoffen, wie Phosphor und Kalium, dem Boden entnimmt und die dann später in Form tierischer Ausscheidungen in einem weiteren großen Kreislauf der Natur wieder in den Boden zurückkehren.

---

17 Bernal 2, S. 609.
18 Ebenda.

Sobald die chemische Rolle des Bodens geklärt war, hatte man auch die erste Erklärung für die Wirkung des Stalldüngers; damit bot sich die Möglichkeit, diesen aus anderen Quellen zu ergänzen“[19].
Heute ist die Ernährung der Menschheit ohne die industrielle Produktion von Kunstdünger – auf der Grundlage der ‚Zwischenprodukte‘ Schwefelsäure und Ammoniak – nicht mehr möglich.
Die Entwicklung der Industrie führte noch auf eine andere Weise zu Umwälzungen in der landwirtschaftlichen Produktion. Die Herstellung neuartiger landwirtschaftlicher Maschinen in großer Zahl, ermöglicht durch die Verwendung kleiner transportabler Verbrennungsmotoren, revolutionierte das Pflügen, Säen, Ernten und Dreschen. Damit war der Übergang zur industriellen landwirtschaftlichen Produktion möglich geworden.
Im Grobplan von PINC wird auf die Wechselwirkung von Landwirtschaft und Wissenschaft in verschiedenen UE's eingegangen:
in B 8: Landwirtschaftliche Produktion und menschliche Ernährung;
in B 9.1: Welternährung;
in C 8: Zwischenprodukte der chemischen Industrie (vor allem in Abschnitt C 8.2: Düngemittelfabrikation).

1.3 Die wissenschaftsfundierte Industrie (science based industries)

Die Wechselwirkung zwischen Produktion und Naturwissenschaften machte in der zweiten Hälfte des 19. Jahrhunderts eine einschneidende Wandlung durch. Auf Grund der allgemeinen Entwicklung der industriellen Produktion kam es zur technologischen Anwendung naturwissenschaftlicher Theorien im großen Maßstab – zunächst vor allem in der Elektroindustrie und der chemischen Industrie – und zur unmittelbaren Einwirkung ökonomischer Bedürfnisse und Interessen auf die Forschung. Diese Entwicklung führte zur Institutionalisierung und quantitativen Ausweitung des Wissenschaftlerberufs.
Die beginnende technische Verwertung von naturwissenschaftlichen Erkenntnissen und Theorien brachte auch eine Differenzierung innerhalb der wissenschaftlichen Forschung selbst mit sich – und zwar entsprechend dem, was unmittelbar und dem, was noch nicht oder erst mit vielen Vermittlungsschritten technisch umsetzbar war. Man begann, zwischen ‚angewandter‘ und ‚reiner‘ oder ‚Grundlagenforschung‘ zu unterscheiden. Dabei ist allerdings eine wissenschaftsimmanente Trennung der Grundlagenforschung und angewandten Forschung unmöglich. Doch „aus wissenschaftspolitischen Gründen kann auf diese

---

19 Bernal 2, S. 610.

Differenzierung (...) nicht verzichtet werden. Sie stützt sich auf das Verhältnis der Wissenschaft zur ökonomisch-technischen Praxis“[20].
Seit der zweiten Hälfte des 19. Jahrhunderts – mit der Entwicklung der wissenschaftlichen Technologie und mit zunehmendem apparativen Aufwand – stieg der Finanzbedarf naturwissenschaftlicher Forschung rapide an. Er konnte von einzelnen Privatgelehrten, Mäzenen oder wissenschaftlichen Gesellschaften nicht mehr aufgebracht, sondern nur noch auf Grund umfassenderer gesellschaftlicher und ökonomischer Interessen gesichert werden. Die Finanzierung von Wissenschaft und Forschung ging immer mehr an Wirtschaft und Staat über.
Als sich zu Beginn des 20. Jahrhunderts große Monopolunternehmen in der deutschen Wirtschaft herausbildeten, waren die finanziellen Mittel vorhanden, in größerem Maßstab industrieeigene Laboratorien und Versuchsstationen einzurichten. Sie konzentrierten sich auf die angewandte Forschung.
Um auch die Grundlagenforschung voranzutreiben, wurden gemeinsam von Staat und Wirtschaft besondere Forschungsinstitutionen eingerichtet. Zum Beispiel bekam die Kaiser-Wilhelm-Gesellschaft zur Förderung der Wissenschaften, die 1911 in Berlin gegründet wurde, erhebliche finanzielle Mittel von Staat und Industrie zur Verfügung gestellt. Organisatorisch, nämlich durch die Besetzung der Entscheidungs- und Aufsichtsgremien, wurde indirekt eine wirksame Ausrichtung der Arbeiten auf ökonomische Interessen gewährleistet.

Nach dem zweiten Weltkrieg erreichte die organisierte und planmäßige Beziehung zwischen naturwissenschaftlicher Forschung und Industrie eine neue Stufe. Joachim Hirsch schätzt, daß bereits 1968 in der BRD eine „mindestens fünffache Forschungskapazität der Privatunternehmer im Vergleich zu den Hochschulen“ bestand[21]. Diese Verlagerung naturwissenschaftlicher Forschung in die Produktion ging zusammen mit tiefgreifenden technischen Wandlungen, die u. a. Veränderungen in der industriellen Branchenstruktur zur Folge hatten. Diese technischen Wandlungen bestanden im wesentlichen in der Entwicklung und Verwendung neuer Materialien, die billiger in der Herstellung und Verarbeitung sind, sowie neuer Produktionsmittel und -techniken, die neue Rationalisierungsmöglichkeiten eröffnen.
„Zusammengenommen ergibt sich das Bild einer ständigen ‚Invasion‘ technologisch fortgeschrittener Industriezweige in die Produktionsbereiche und Märkte traditioneller Branchen, wobei Industrien mit Verfahrenstechnik (Chemie, Mineralölverarbeitung) klar dominieren“[22].
Diese Expansion der technologisch fortgeschrittensten Industriezweige in die Produktionsverfahren und Märkte anderer Branchen bedeutet einen permanen-

20 Stölting 1974, a.a.O. S. 59.
21 Joachim Hirsch: Staatsapparat und Reproduktion des Kapitals. Projekt Wissenschaftsplanung 2. (edition suhrkamp 704.) Frankfurt/Main 1974, S. 162.
22 Ebenda, S. 132f.

ten „Druck auf Veränderung der Produktions- und Verwertungsbedingungen via Rationalisierung und Automatisierung". Sie zwingt in wachsendem Maße, „auf die Anwendung traditioneller handwerklicher oder ingenieurmäßiger Verfahren und Techniken sowie auf den Gebrauch natürlicher Roh- und Werkstoffe zu verzichten und systematisch produzierte wissenschaftlich-technische Kenntnisse zur Grundlage des Produktionsprozesses und seiner Steuerung zu machen. Die tendenzielle Ersetzung ‚natürlicher' Werkstoffe wie Holz oder Metall durch Kunststoffe oder die ‚Elektronifizierung' der Maschinerie mit ihrer Auswirkung auf den Maschinenbau geben dafür klare Beispiele ab"[23].
Der Druck zur Rationalisierung, der von den technologisch fortgeschrittensten Großunternehmen ausgeht, vergrößert zugleich deren Absatzmöglichkeiten an hochentwickelten Produktionsmitteln.
In den forschungsintensiven Industrien bestimmt „immer weniger eine bestimmte Produktart (wie Textilien, Maschinen, Fahrzeuge) den Charakter einer Branche, (...) sondern eher die zugrunde liegende Wissenschaft und Technologie. (...) auf einigen Entwicklungsgebieten vermischen sich die Disziplinen und damit die beteiligten ‚wissenschaftsfundierten' Industrien bereits jetzt stark: etwa im Reaktorbau und in der biomedizinischen Technik.
Mit diesen wissenschaftsfundierten Industrien sind einige ver- und anwendungsbezogene Industrien eng verkoppelt, deren Expansion sich eindeutig auf die technologischen Fortschritte in den ‚Basisindustrien' stützt und die zugleich intensiv mit der Entwicklung anwendungsbezogener Technologie befaßt sind. Dazu gehören die Kunststoffverarbeitung (verkoppelt mit der Chemieindustrie) oder die Luft- und Raumfahrtindustrie (elektronische Industrie)"[24].
Die Entwicklung der industriellen Produktion der BRD in den letzten zehn Jahren ist gekennzeichnet durch eine erhebliche Gewichtsverschiebung zugunsten der sog. ‚science based industries', durch deren Expansion in immer neue Bereiche der Produktion. Das hatte eine Weiterentwicklung der Produktivkräfte durch zunehmende Integration der Naturwissenschaften in den Produktionsprozeß und damit zugleich eine Verwissenschaftlichung des Produktionsprozesses selbst zur Folge. Diese Entwicklung verläuft in enger Wechselwirkung mit dem Konzentrationsprozeß in der Wirtschaft: Die science based industries sind ausgesprochene Wachstumsbranchen. So konnten chemische Industrie mit Mineralöl- und Kunststoffverarbeitung, elektrotechnische Industrie und Fahrzeugbau zwischen 1950 und 1970 ihren gemeinsamen Anteil an der industriellen Gesamtproduktion mehr als verdoppeln: von 17,4 % auf 36,2 %[25].
Das privatwirtschaftliche Forschungs- und Entwicklungspotential konzentriert sich in wenigen Branchen, und darin auf die umsatzstärksten Unternehmen:
– Die chemische und die elektrotechnische Industrie bestritten 1970 etwa die

23 Ebenda, S. 149.
24 Ebenda, S. 150.
25 Hirsch 1974, S. 131.

Hälfte, 1971 zusammen mit Maschinenbau, Luft- und Straßenfahrzeugbau sogar 85,7% vom Gesamtaufwand für industrielle FuE[26].
- Staffelt man die Unternehmen der BRD nach der Höhe ihrer Umsätze, so entfielen 1969 auf die ersten 40 von ihnen genau zwei Drittel der Gesamtaufwendungen der Industrie für FuE, auf die ersten 100 sogar 82,9% (ohne chemische Industrie)[27].

Die durch Integration der wissenschaftlichen Forschung in den Produktionsprozeß vorangetriebene Entwicklung der Produktivkräfte wird in der BRD also getragen von einer relativ kleinen und hochkonzentrierten Gruppe von Unternehmen und Konzernen. Sie sind es auch, die den Hauptanteil der staatlichen Forschungssubventionen erhalten.
1976 betrugen die Ausgaben in der BRD für Forschung und Entwicklung (FuE) insgesamt 24,2 Mrd. DM. Das war knapp dreimal so viel wie 1966 (8,84 Mrd. DM) und fünfmal so viel wie 1962 (4,49 Mrd. DM).
In den Forschungseinrichtungen der Wirtschaft werden knapp 60% der gesamten FuE-Mittel verausgabt. Die in der Wirtschaft durchgeführten FuE-Arbeiten werden jedoch nicht allein von der Wirtschaft selbst, sondern in steigendem Maße aus öffentlichen Haushalten, insbesondere vom Bundesministerium für Forschung und Technologie, finanziert.
Der Teil der öffentlichen FuE-Ausgaben, der in Form staatlicher Forschungssubventionen unmittelbar den privaten Unternehmen zugeflossen ist, stieg zwischen 1962 und 1976 von 0,34 Mrd. DM auf 3,0 Mrd. DM, verneunfachte sich also in dieser Zeit[28].

1.4 Konsequenzen des wissenschaftlich-technischen Fortschritts für die Lebens- und Arbeitsbedingungen. Ansätze einer gewerkschaftlichen Wissenschaftspolitik

1.4.1 Vergesellschaftung des Forschungsprozesses – privatwirtschaftliche Verwertung seiner Ergebnisse

Die Entwicklung der Produktivkräfte, die heute im wesentlichen von den hochkonzentrierten und multinational organisierten science based industries getragen wird, ist gekennzeichnet durch den Widerspruch zwischen

26 Berechnet nach: WSI-Mitteilungen. Zeitschrift des wirtschafts- und sozialwissenschaftlichen Instituts des DGB. 5/1974, S. 175.
27 Hirsch 1974, S. 157.
28 Die Zahlen wurden entnommen: BMFT-Mitteilungen. 11/1976, S. 106f.

- einer zunehmenden Vergesellschaftung des Forschungsprozesses, seiner Kosten und Folgen einerseits
- und der privatwirtschaftlichen Aneignung und Verwertung seiner Ergebnisse andererseits.

Einerseits werden die hohen Kosten und Risiken der industriellen Forschung und Entwicklung in steigendem Maße – vermittelt durch die staatliche Wissenschaftspolitik und -finanzierung – auf die gesamte Gesellschaft abgewälzt. Zugleich beeinflußt die zunehmende Integration von Wissenschaft und Forschung in den Produktionsprozeß – d.h. die Expansion der science based industries – in immer stärkerem Maße die gesamtgesellschaftliche Entwicklung. Bekannte Beispiele dafür sind:

- Speicherung und Verarbeitung von Informationen durch EDV (Gefahren des Mißbrauchs sog. Datenbanken);
- Energieversorgung durch Atomkraftwerke (Umweltgefahren und Sicherheitsrisiken);
- Entwicklung atomarer, chemischer und biologischer Waffensysteme (Gefahr einer Verselbständigung des militärisch-industriellen Komplexes).

Andererseits fehlt nach wie vor jegliche effektive gesellschaftliche Kontrolle über die privatwirtschaftliche Verwertung von Wissenschaft und Forschung. Deshalb ist ihre Nutzung im wesentlichen nicht an gesamtgesellschaftlichen Interessen, sondern an den partikularen Interessen der Wirtschaft – d.h. an ihren Profitinteressen und Konkurrenzzwängen – orientiert.

Jener Widerspruch hat tiefgreifende und gefährliche Konsequenzen für die Lebens- und Arbeitsbedingungen in unserer Gesellschaft. Diese Gefährdungen betreffen vor allem drei Bereiche der gesellschaftlichen (und damit auch der individuellen) Reproduktionsbedingungen:

- Zerstörung der Umwelt, in der die Menschen leben;
- Zerstörung der Natur als Quelle für Rohstoffe;
- Zerstörung menschlicher Arbeitskraft durch profitorientierte Rationalisierung in Produktion und Verwaltung.

Hinzu kommt, daß die Schwerpunkte der Wissenschafts- und Forschungspolitik stärker an kurzfristigen Interessen statt an langfristigen gesamtgesellschaftlichen Interessen orientiert werden.

Gegen diese Entwicklung sind zahlreiche Proteste vorgetragen und Aktionen durchgeführt worden.

- Immer mehr Bürgerinitiativen bekämpfen die fortschreitende Zerstörung der Umwelt, durch die Leben und Gesundheit gefährdet werden.
- Immer mehr Wissenschaftler warnen vor der tendenziellen Zerstörung der Naturressourcen als Quelle materiellen Reichtums.
- Die Gewerkschaften bemühen sich intensiv um ein eigenes Konzept für Wissenschafts- und Forschungspolitik und kämpfen gegen die Verschlechterung der Arbeitsbedingungen der Lohnabhängigen durch profitorientierte Rationalisierung.

Die Gefährdungen von Umwelt, Naturressourcen und menschlicher Arbeitskraft durch die Expansion der wissenschaftsfundierten Industrie kann nicht gebannt werden, indem die Rückkehr zu älteren Produktionsformen gefordert oder indem der technische Fortschritt zur Ursache aller Probleme erklärt wird. Ebenso wenig hilft die Forderung nach einem nur quantitativ bestimmten Nullwachstum der Wirtschaft. Notwendig ist vielmehr eine qualitative Umorientierung in Forschungspolitik und Wirtschaft. Die genannten Gefährdungen können abgewandt werden, wenn die Naturwissenschaften planmäßig auch zur Erhaltung von Umwelt und Naturressourcen angewandt sowie an den langfristigen Interessen der Gesellschaft (also auch der kommenden Generationen) orientiert werden. Die Notwendigkeit einer qualitativen Neuorientierung der Wissenschafts- und Forschungspolitik soll im folgenden verdeutlicht werden

- an den Folgen, die die Rationalisierung und Verwissenschaftlichung des Produktionsprozesses für die Lohnabhängigen hat,
- sowie an der gewerkschaftlichen Abwehrstrategie dagegen.

1.4.2 Arbeitsplatzverlust, erhöhte Arbeitsintensität und Qualifikationsverschleiß durch Rationalisierung

Eine der zentralen Fragen gewerkschaftlicher Wissenschafts- und Forschungspolitik ist die nach den Interessen, an denen sich die staatliche Wissenschaftspolitik und -finanzierung orientiert.

„Wenn man davon ausgeht, daß
- das Ziel einer Stärkung der Wettbewerbsfähigkeit der Wirtschaft
- mit dem Ziel einer Verbesserung der Arbeits- und Lebensbedingungen

in Konflikt geraten kann und häufig in Konflikt gerät (...), dann muß man auch kritisch fragen, an welchen Interessen eine Wissenschafts- und Forschungspolitik des Staates orientiert ist, die dem Löwenanteil der ihr zur Verfügung stehenden Mittel für die Erhaltung und den Ausbau der Leistungs- und Wettbewerbsfähigkeit unserer Wirtschaft verausgabt“[29].

Von den rund 12 Mrd. DM, die Bund und Länder 1974 für Forschung und Entwicklung ausgegeben haben, wurden aufgewendet:
- 44,4% für die ‚Modernisierung der Wirtschaft‘;
- 48,2% für die ‚allgemeine Forschungsförderung zur Steigerung der wirtschaftlichen Leistungsfähigkeit‘ (entspricht grob der Grundlagenforschung, und zwar einschließlich der Sozial- und Humanwissenschaften mit etwa 6,5%);
- 7,4% für die ‚Verbesserung der Arbeits- und Lebensbedingungen‘[30].

---

29 Volker Jung: Arbeitnehmerorientierung von Forschung und Wissenschaft. Referat auf der zweiten Bildungspolitischen Konferenz des DGB. In: Gewerkschaftliche Bildungspolitik 11/12 (1976), S. 324.

30 Ebenda, S. 325.

„Aus diesen Zahlen ergibt sich ein starkes Ungleichgewicht der staatlichen Forschungsförderung zu Lasten der Mittel, die für die Verbesserung der Arbeits- und Lebensbedingungen ausgegeben werden. (...).
(Es) bleibt festzuhalten, daß faktisch – wenn man den Umfang der eingesetzten Mittel zum Maßstab nimmt – die Modernisierung der Wirtschaft in der staatlichen Forschungspolitik Priorität genießt.
Das wichtigste Mittel zur Modernisierung der Wirtschaft ist neben der Förderung von Schlüsseltechnologien die Rationalisierung der Produktion. (...).
Rationalisierungen beinhalten auch immer ein Element des gesellschaftlichen Fortschritts, weil sie zur Entwicklung der Produktivität der menschlichen Arbeit und zur Entfaltung der Produktivkräfte beitragen. Es kann aber nicht übersehen werden, daß zwischen dem Ziel der Rationalisierung der Produktion und der Verbesserung der Arbeits- und Lebensbedingungen in der Regel Konflikte auftreten, die in jedem konkreten Fall gelöst werden müssen. Insofern spiegeln sich auch in den Rationalisierungsentscheidungen die grundsätzlichen Interessenkonflikte zwischen Arbeit und Kapital wider.
Unmittelbar betroffen werden die Arbeitnehmer von technologischen Veränderungen, die Arbeitsplätze gefährden oder eine Intensivierung und Erschwerung der Arbeit zur Folge haben. Von diesem Prozeß werden heute fast alle Betriebe und Verwaltungen erfaßt. Immer neue Techniken und Methoden zerlegen, vereinfachen und normieren die Arbeitsprozesse. Diese Techniken stehen im Gegensatz zu den Bemühungen, die die Arbeitsprozesse erweitern und bereichern wollen“[31].
Zusammenfassend hat der DGB-Vorsitzende Oskar Vetter auf der zweiten Bildungspolitischen Konferenz des DGB (1976) festgestellt:
„Die eindeutige Dominanz privatkapitalistischer Interessen auch im Bereich der staatlichen Forschungspolitik, die Vernachlässigung der Erforschung der sozialen Folgen, die Anwendung von Forschungsergebnissen in der Wirtschaft allein unter dem Gesichtspunkt der Gewinnmaximierung mit den Folgen:
- Arbeitsplatzverlust,
- erhöhte Arbeitsintensität,
- und Qualifikationsverschleiß,

das alles macht einen stärkeren Einfluß der Gewerkschaften auch auf diesen Bereich unabdingbar“[32].

Einen Hinweis auf den Zusammenhang von Rationalisierung und Arbeitsplatzverlust geben die folgenden Zahlen:

---

31 Ebenda.
32 Oskar Vetter: Bildungssystem und Beschäftigungssystem. Referat auf der zweiten Bildungspolitischen Konferenz des DGB. In: Gewerkschaftliche Bildungspolitik 11/12 (1976), S. 288.

- Von 1974 bis 1976 stieg (trotz der dazwischen liegenden Wirtschaftskrise) das Bruttosozialprodukt der BRD um real 2 %.
- Im gleichen Zeitraum ging die durchschnittliche Zahl der Erwerbstätigen um 4,5 % zurück, nämlich von 26,16 Mill. auf 25,0 Mill.[33].

Wenn auch bei dieser Entwicklung viele Faktoren zusammenwirkten, so war doch die wesentliche Ursache eine Produktivitätssteigerung durch Rationalisierung.

Auch die konkreten Verhältnisse am Arbeitsplatz und ihre Veränderung hängen sowohl von technischen als auch von politisch-ökonomischen Determinanten ab:

- Die technischen Determinanten sind im wesentlichen Produktionsbereich und technischer Entwicklungsstand der Produktionsmittel, denen der Arbeitsplatz funktional zugeordnet ist.
  Zum Beispiel bietet die mineralölverarbeitende Industrie mit ihrer verfahrenstechnischen Produktionsweise völlig andere Automatisierungsmöglichkeiten als die Montagearbeiten in der Automobilindustrie. Unterschiedliche Arbeitsbedingungen sind die Folge.
- Die konkreten Arbeitsbedingungen, insbesondere Struktur und Qualifikationsniveau der einzelnen Arbeitsplätze, werden außerdem maßgeblich durch Investitionspolitik, innerbetriebliche Arbeitsteilung sowie arbeitsorganisatorische Maßnahmen der Unternehmensleitung bestimmt. „Denn die naturwissenschaftlichen Konstruktionsprinzipien der Maschinen legen deren industrietechnische Form und industriellen Anwendungsbereich nicht eindeutig fest, sondern bilden nur einen allgemeinen, lockeren Rahmen. (...) Die jeweiligen Produktionsverhältnisse, unter denen technische Möglichkeiten entfaltet werden, beeinflussen nicht nur den Verwendungszweck bestimmter Produktionsmittel, sondern prägen auch deren innere Struktur“[34].

Es wäre also falsch, von Veränderungen der Produktivkräfte und der Technik unmittelbar, d.h. ohne Berücksichtigung der politisch-ökonomischen Bedingungen, auf die Struktur und die Qualifikationsanforderungen der betroffenen Arbeitsplätze zu schließen.

H. Kern und M. Schumann stießen bereits in den sechziger Jahren auf Grund empirischer Untersuchungen über ‚Soziale Voraussetzungen und Folgen des technischen Wandels‘[35] auf die „Tatsache, daß jede neue Mechanisierungsstufe nur einen Teil der Arbeiter in neuartige Arbeitssituationen stellt und daß mit

---

33 H. Mundorf: Jahresschlußbilanz 1976. In: Handelsblatt Nr. 7 vom 11.1.1977, S. 12.

34 Gero Lenhardt: Berufliche Weiterbildung und Arbeitsteilung in der Industrieproduktion. (edition suhrkamp 744.) Frankfurt/Main 1974, S. 22f.

35 Horst Kern/Michael Schumann: Soziale Voraussetzungen und Folgen des technischen Wandels. In: Wirtschaftliche und soziale Aspekte des technischen Wandels in der BRD. Erster Band. Sieben Berichte. Kurzfassung der Ergebnisse. Hrsg. vom Rationalisierungskuratorium der Deutschen Wirtschaft (RKW). Frankfurt/Main:

aufsteigender Mechanisierung gerade unqualifizierte Teilarbeiten traditioneller Ausprägung weiter bedeutsam bleiben (...). Die einfachen Handarbeiten und repetitiven Teilarbeiten, die in der Industrie schon seit langem im Vordergrund stehen, sind trotz der Automatisierungsprozesse weiterhin wichtig (...), vor allem wegen der Beständigkeit, mit der Arbeiten dieser Art auch auf den höheren Stufen der Mechanisierung immer wieder auftreten"[36].

Kern/Schumann kommen auf Grund ihrer Fallanalysen zu dem Ergebnis, „daß selbst bei der Besetzung der qualifizierten Produktionsarbeitsplätze an den neu geschaffenen Anlagen – also dort, wo noch die stärksten Qualifizierungsprobleme auftreten – die rein empirisch-praktische Anlernung dominiert"[37].

Eine differenzierte quantitative Analyse der Berufs- und Qualifikationsstrukturentwicklung der Erwerbstätigen in West-Berlin enthält das vom Senator für Arbeit und Soziales in Auftrag gegebene DIW-Gutachten ‚Ausbildungsqualifikation und Arbeitsmarkt' (Berlin 1973). Es kommt zu dem Ergebnis:

„Die vielfach in der Literatur vertretene These einer Höherqualifizierung des Gesamtarbeites im Zuge der wirtschaftlichen und sozialen Entwicklung scheint sich empirisch nicht zu bestätigen (...). Im Zuge der weiteren wirtschaftlichen Entwicklung ist damit offensichtlich vom Bedarf her gesehen lediglich eine Höherqualifizierung der Hochqualifizierten zu erwarten. (...).

(Dem) stehen tendenzielle Dequalifizierungsprozesse bei Arbeitskräften mit betrieblicher Qualifizierung gegenüber. Diese sind besonders wirksam bei weiblichen Arbeitskräften beziehungsweise Arbeitskräften mit kurzfristiger betrieblicher Einarbeitung und Anlernausbildung (...). Besonders aufschlußreich ist auch die erstmalige gesamtwirtschaftliche Erfassung der Zusammenhänge zwischen dem Technisierungsgrad der Arbeit und der Qualifikationsstruktur der Arbeitskräfte in der Industrie. Mit steigendem Technisierungsgrad der Arbeit nimmt der Bedarf an kurzfristiger betrieblicher Einarbeitung und Anlernausbildung bis zur Stufe der Halbautomatisierung zu; (...). Vollautomatische Arbeitsplätze mit selbständiger Kontrolle und Korrektur sind (...) ausschließlich mit Facharbeitern besetzt"[38].

EVA, 1970. – H. Kern/M. Schumann: Industriearbeit und Arbeiterbewußtsein. Ein empirische Untersuchung über den Einfluß der aktuellen technischen Entwicklung auf die industrielle Arbeit und das Arbeiterbewußtsein. Teil I und II. Frankfurt/Main: EVA, 1970. (Achter Band von: Wirtschaftliche und soziale Aspekte des technischen Wandels in der BRD, a. a. O.)

36 Kern/Schumann: Soziale Voraussetzungen und Folgen des technischen Wandels, a. a. O. S. 320 (erster Band). Die Automatisierungsprozesse, die Kern/Schumann 1965/67 untersuchten, beschränkten sich auf ‚Mechanisierungssprünge', die nicht über teilautomatisierte Aggregatsysteme hinausführen (vgl. ebenda, S. 287).

37 Ebenda, S. 300.

38 Armin Hegelheimer/Gernot Weißhuhn: Ausbildungsqualifikation und Arbeitsmarkt. Vorausschau auf das langfristige Arbeitskräfte- und Bildungspotential in West-Berlin. Gutachten im Auftrag des Senators für Arbeit und Soziales, Berlin. Hrsg. vom Deutschen Institut für Wirtschaftsforschung (DIW). Gesamtgutachten. Berlin und Bonn 1973, S. 339–341.

Ein Beispiel für das, was im DIW-Gutachten ‚Höherqualifizierung der Hochqualifizierten' genannt wird, ist, daß sich die Zahl der in Forschung und Entwicklung tätigen Personen während der letzten zehn Jahre sprunghaft erhöht hat; 1971 waren 89549 Wissenschaftler (einschließlich Ing. grad.) in der FuE beschäftigt; das waren 42% mehr als 1967 und 73% mehr als 1964[39].
Zwei Drittel des 1971 in der FuE tätigen Personals waren in Wirtschaftsunternehmen angestellt: 62% der Wissenschaftler, 69% des technischen Personals[40]. Die Mehrzahl der in FuE tätigen Wissenschaftler arbeitet heute als Beschäftigte in der privaten Wirtschaft. Dadurch ist ihre Tätigkeit unmittelbar deren ökonomischen Interessen unterworfen.
Der Ausbau des Bildungssystems in den vergangenen 10 Jahren, in dessen Vordergrund Gymnasien und Hochschulen standen, orientierte sich nicht zuletzt an der wachsenden Nachfrage der Wirtschaft nach wissenschaftlich qualifizierten Arbeitskräften; d.h. sie diente der aus ökonomischen Gründen notwendigen Vergrößerung der Zahl der Hochqualifizierten. Insgesamt ist aber ihr Anteil an den Erwerbstätigen nach wie vor sehr gering[41].
Im Gegensatz zu den Auswirkungen auf die in der FuE und zum Teil auch die in der Planung tätigen Angestellten hat der naturwissenschaftlich-technische Fortschritt für die Lohnabhängigen, die in der Produktion tätig sind, keineswegs immer eine qualifikationsfördernde Tendenz. In einer Untersuchung des SOFI zum Verhältnis von ‚Produktion und Qualifikation' wird gezeigt, daß z.B. bei der Einführung der NC-Maschinen (halbautomatischer Drehbänke usw.) „der technische Wandel zunächst Qualifikationserhöhungen impliziert", daß hier aber zugleich „die Möglichkeit nachgeschobener arbeitsorganisatorischer Veränderungen, die den gestiegenen Qualifikationsbedarf langfristig wieder reduzieren", besteht[42].

---

39 Berechnet nach einer Statistik ‚In Forschung und Entwicklung tätiges Personal in der BRD'. In: Mitteilungen aus dem BMFT 10/1973, S. 3.

40 Ebenda.

41 Einen Hinweis darauf gibt die ‚Bildungsstruktur der Erwerbstätigen in Berlin (West) nach dem höchsten Ausbildungsniveau 1970 (Prognose 1980)':
Q-Niveau 1 (Hochschüler) 4,1% (4,5%),
Q-Niveau 2 (Fach- und Fachhochschüler) 6% (5,1%),
Q-Niveau 3 (Facharbeiter und Berufsfachschüler) 57,9% (57,4%),
Q-Niveau 4 (un- und angelernte Arbeitskräfte) 32% (33%)
(Hegelheimer/Weißhuhn, DIW-Gutachten, a.a.O. S. 102). Die Prognosen des DIW-Gutachtens sind allerdings umstritten.

42 M. Baethge, F. Gerstenberger, H. Kern, M. Schumann, H. W. Stein, E. Wienemann (SOFI Göttingen): Produktion und Qualifikation. Eine Vorstudie zur Untersuchung von Planungsprozessen im System der beruflichen Bildung. (Schriften zur Berufsbildungsforschung 14.) Hannover: Schroedel 1975, S. 67.

1.4.3 Möglichkeiten und Bedingungen bewußter Arbeitsgestaltung im Interesse der lohnabhängig Beschäftigten

Mit diesen Feststellungen soll keineswegs die bildungsökonomische These gestützt werden, im Prozeß des technischen Wandels komme es zwangsläufig zu einer Dequalifizierung oder zumindest Qualifikationspolarisierung der Industriearbeit. Denn diese These geht – ebenso wie die von einer automatischen ‚Höherqualifizierung des Gesamtarbeiters' – stillschweigend von der falschen Voraussetzung aus, technischer Fortschritt sei „eine unabhängige außergesellschaftliche Kraft"[43]. Ebenso wie die arbeitsorganisatorische Gestaltung werden auch „Tempo und Entwicklungsrichtung der Produktionstechnik (...) nicht von immanenten, sondern von den im System privatwirtschaftlicher Produktion geltenden Prinzipien der Kapitalverwertung bis ins einzelne bestimmt"[44].

„Die Einsicht in die soziale Bedingtheit des technisch-organisatorischen Wandels und das daraus folgende Wissen um die prinzipielle Veränderbarkeit von Produktionstechnik und Arbeitsorganisation als den beiden zentralen Bestimmungsmomenten von Industriearbeit"[45] gewinnt eine wichtige gesellschaftspolitische Bedeutung angesichts der Tatsache, daß 1974 zehn Millionen Arbeitnehmer, d.h. knapp 40 % aller Erwerbstätigen in der BRD, ‚Ungelernte' waren[46]. Vor diesem Hintergrund ist die zentrale Forderung des DGB nach der Verwirklichung des Rechts auf Arbeit und auf Vollbeschäftigung zu sehen: Es geht dabei „nicht nur um ausreichend viele Arbeitsplätze, es geht auch um ausreichend qualifizierte Arbeitsplätze"[47]. Inzwischen haben sowohl praktische Versuche als auch theoretische und empirische Analysen die Möglichkeit „bewußter Arbeitsgestaltung im Sinne eines Abbaus restriktiver Arbeitsformen"[48] nachgewiesen.

Voraussetzung einer Strategie der bewußten „Umgestaltung von Produktionstechnik und Arbeitsorganisation im Interesse der betroffenen Arbeiter"[49] ist,

---

43 O. Mickler, E. Dittrich, U. Neumann: Technik, Arbeitsorganisation und Arbeit. Eine empirische Untersuchung in der automatisierten Produktion. (Studienreihe des SOFI Göttingen.) Frankfurt/Main: aspekte, 1976, S. 1.

44 Ebenda, S. 2.

45 Mickler u.a. 1976, a.a.O. S. 2.

46 Diese Angaben wurden vom Präsidenten der BfA, Stingl, in einem Interview gemacht, abgedruckt in: Industriemagazin 6/1974, S. 79f. Stingl erläutert: „Als Ungelernte in unserem Sinne zählen nicht nur Beschäftigte, die keinen Beruf erlernt oder eine begonnene Berufsausbildung vorzeitig abgebrochen haben, sondern auch Beschäftigte, die ihren erlernten Beruf nicht mehr ausüben" (ebenda, S. 80).

47 O. Vetter auf der zweiten Bildungspolitischen Konferenz des DGB. In: Gewerkschaftliche Bildungspolitik 11/12 (1976), S. 288.

48 Mickler u.a. 1976, a.a.O. S. 3.

49 Mickler u.a. 1976, a.a.O. S. 7.

daß diese sich ausreichendes Wissen aneignen und kollektive Erfahrungen machen bezüglich „der prinzipiellen Veränderbarkeit bestehender Formen von Produktionstechnik und Arbeitsorganisation“[50]; d.h., daß sie die falschen Vorstellungen und Argumente zu durchschauen lernen, „welche die Bedingungen der Arbeit bisher mit dem Schein naturwissenschaftlich-technischer Sachzwänge gegen Veränderungsversuche wirksam abschirmten“[51].
Gewerkschaftliche Bildungspolitik reflektiert, welchen Beitrag zur Vermittlung solch eines Bewußtseins die schulische Ausbildung leisten kann. Ausgangspunkt dafür ist der Widerspruch, daß das Wissen, auf Grund dessen Maschinen und Automaten konstruiert werden und zweckmäßig laufen, nicht im Bewußtsein der Arbeiter existiert, die daran tätig sind (gleich, ob als Meßwart, Maschinenarbeiter oder Handlanger). Dieses Wissen wirkt nur durch den Mechanismus – gleichsam als deren unerkennbare, fremde Macht – auf die Arbeiter. Die Wissenschaft ist als selbständige Produktionspotenz von der ausführenden Arbeit getrennt und ihr entgegengestellt. Dies mag zwar kurzfristig im Interesse des einzelnen Unternehmens liegen, nämlich durch möglichst geringe Qualifikation möglichst vieler Arbeiter und Angestellten die Lohn-, Ausbildungs- und Anlernkosten niedrig zu halten und die zentrale Kontrolle über den Produktionsprozeß zu erhöhen. Langfristig bedeutet dieser Widerspruch eine schwere Beeinträchtigung der Entfaltungsmöglichkeiten des einzelnen Arbeitnehmers, aber auch der Entwicklungsmöglichkeiten der Gesamtgesellschaft wie der Wirtschaft, weil dadurch ein großes Reservoir wichtiger produktionsrelevanter Erfahrungen sowie schöpferischer Kraft und Initiative lahmgelegt wird. Denn auch in der hochentwickelten wissenschaftsfundierten Industrie stützt sich jede Entwicklung und anschließende Verbesserung einer neuen Produktionstechnik „auf zwei grundverschiedene Quellen“[52]:

- auf technologische Anwendung naturwissenschaftlicher Erkenntnisse und Theorien,
- auf akkumulierte praktische Erfahrungen.

Träger dieser praktischen Erfahrungen sind in erster Linie die Arbeiter und Angestellten, die tagtäglich in der Produktion arbeiten. Denn nicht nur die Benutzung von Handwerkzeug, sondern auch die Maschinen- und Automatenbedienung impliziert eine Fülle von technischem Rezeptwissen und entsprechenden Fertigkeiten.
In seinem Buch ‚Die Grundsätze wissenschaftlicher Betriebsführung‘ schrieb F. W. Taylor bereits 1917 bezogen auf industrielle Handarbeit und Maschinenbedienung: „Diese wirre Masse von Faustregeln und ererbten Kenntnissen kann man füglich das größte Gut“ eines jeden Arbeiters nennen. „Die Leiter der besten Betriebe (...) erkennen freimütig an, daß ihre 500 oder 1000 Arbeiter,

50 Ebenda, S. 461.
51 Ebenda, S. 461.
52 Ebenda, S. 23.

die auf 20 bis 30 Handwerksarten verteilt sind, diese Menge von ererbten Kenntnissen ihr eigen nennen, während sie der Leitung selbst fremd sind. (...) Werkmeister und Vorarbeiter (wissen) besser als irgend jemand anders, daß ihre Kenntnisse und ihre persönliche Geschicklichkeit kaum in die Waagschale fallen im Vergleich mit der Summe der Kenntnisse und Geschicklichkeit aller Arbeiter zusammen genommen."[53]

Bewußte Arbeitsgestaltung im Interesse der Lohnabhängigen bedeutet, daß mit den produktionsrelevanten Kenntnissen und Fertigkeiten der Arbeiter gegebene Momente von Selbstbestimmung am Arbeitsplatz systematisch ausgebaut werden. Tatsächlich ist jedoch die entgegengesetzte Tendenz zu beobachten: Der Arbeitsprozeß wird immer weiter zerlegt, vereinfacht und normiert mit dem Ziel, ihn noch besser zu kontrollieren und weiter zu intensivieren. Fließbandarbeit ist nur eine der Konsequenzen dieser Zielsetzung. Entsprechende arbeitswissenschaftliche Methoden (MTM, analytische Arbeitsplatzbewertung usw.) haben heute in fast alle Bereiche der Produktion, zum Teil auch in der Verwaltung Eingang gefunden. Diese arbeitsorganisatorischen Maßnahmen, mit denen Produktivität und zentrale Kontrollmöglichkeiten gesteigert werden sollen, reduzieren in steigendem Maße den Tätigkeits- und Erfahrungsbereich der davon Betroffenen, zumal ihnen weder in der schulischen noch in der betrieblichen Ausbildung angemessene Orientierungsgrundlagen bezüglich ihrer betrieblichen Arbeit vermittelt werden.

Dieser Tendenz setzen die Gewerkschaften die Forderung entgegen, die Tätigkeits-, Erfahrungs- und Mitbestimmungsmöglichkeiten der Arbeiter und Angestellten zu erweitern,

- durch bewußte Arbeitsgestaltung im Interesse der Lohnabhängigen,
- durch Vermittlung einer technisch-ökonomisch-sozialen Grundqualifikation (s. Kap. I).

1.5 Zur Darstellung der Wechselwirkung zwischen Produktion und Wissenschaft im naturwissenschaftlichen Unterricht

Jene Grundqualifikation kann in der Sek. I nicht durch ein einzelnes Fach, sondern nur durch Koordination mehrerer Fächer – in erster Linie der gesellschaftswissenschaftlichen und naturwissenschaftlichen Fächer sowie der Arbeitslehre – vermittelt werden. Hier soll nur angedeutet werden, welche inhaltliche Neubestimmung des naturwissenschaftlichen Unterrichts notwendig ist, damit auch er seinen Beitrag dazu leisten kann.

---

53 F. W. Taylor: Die Grundsätze wissenschaftlicher Betriebsführung. München und Berlin 1971, S. 33ff.

Entsprechend der gesellschaftlichen Bedeutung, die heute den Naturwissenschaften zukommt, ist den Schülern in der Sek. I eine gründliche fachliche Qualifizierung zu vermitteln. Dabei müssen die Naturwissenschaften durchgängig – und nicht nur anhand einzelner ‚Anwendungs'beispiele – als Bestandteil des gesellschaftlichen Arbeits- und Reproduktionsprozesses dargestellt werden. Vor allem ist den Schülern von Anfang an im Unterricht die enge Wechselwirkung zwischen Wissen und Produktion durchsichtig zu machen.
Für die Strukturierung des Grobplans entsprechend dieser Zielsetzung waren nun folgende Überlegungen grundlegend.

a) Im Unterricht sollte nicht nur in allgemeiner Weise die Funktion von Wissen für die Produktion thematisiert werden. Vielmehr ist die historische Wandlung des Verhältnisses von Wissen und Produktion selbst, d.h. seine jeweils besondere Form im Handwerk, in der maschinellen und in der wissenschaftsfundierten Produktion, zum Gegenstand des Unterrichts zu machen.

b) Die historischen Entwicklungsstufen der Produktion:
- vorindustrielle (handwerkliche) Formen der Produktion,
- industrielle (maschinelle) Produktion,
- hochentwickelte industrielle Produktion (science based industries, vollautomatische Anlagen)

sind im gegenwärtigen gesellschaftlichen Produktionsprozeß nebeneinander vorhanden.

c) Im naturwissenschaftlichen Unterricht sollte nicht der Eindruck erweckt werden, die Naturwissenschaften seien heute die für die Produktion einzig relevante Form von Wissen. Es muß auch die Funktion von technischem Rezeptwissen und praktischer Erfahrung sowohl in der handwerklichen als auch in der industriellen Produktion vermittelt werden.

Diese Überlegungen, ergänzt durch didaktische Gesichtspunkte, veranlaßten uns, die Schwerpunktsetzung im Grobplan für den Chemie- und Physikunterricht zu orientieren an den drei Entwicklungsstufen der materiellen Produktion, die auch heute ‚nebeneinander' den Produktionsprozeß bestimmen.

- Vorindustrielle Formen der Produktion und verschiedene Formen von Handarbeit bilden den Schwerpunkt des Physik- und Chemieunterrichts in der ersten Hälfte der 7. Jahrgangsstufe. Die Funktion von technisch-handwerklichem Rezeptwissen soll (am Beispiel der Eisenherstellung, des Gebrauchs einfacher Werkzeuge und der Verwendung von Werkstoffen) vermittelt werden.
- Naturwissenschaftlich-technische Grundlagen der industriellen Produktion sind Schwerpunkt des Chemie- und Physikunterrichts Ende der 7. und in der 8. Jahrgangsstufe (Werkzeugmaschinen, Nutzung der Naturkräfte, Infrastruktur; Zwischenprodukte der chemischen Industrie).

- Naturwissenschaftlich-technische Grundlagen der wissenschaftsfundierten Industrie sind Schwerpunkt des Chemie- und Physikunterrichts in der 9. und 10. Jahrgangsstufe (Automation, Halbleiter und Elektronik, Erdöl, Kunststoffe, moderne Formen der Metallgewinnung).

Welchen Einfluß diese thematischen Schwerpunkte im einzelnen auf Auswahl und Strukturierung der Unterrichtsinhalte haben und durch welche Kriterien sie dabei ergänzt werden, wird im III. Kapitel näher bestimmt.
Erwähnt sei noch, daß die verschiedenen Entwicklungsstufen der landwirtschaftlichen Produktion im Biologieunterricht der 8. Jahrgangsstufe behandelt werden.
Fragen der ökonomischen Entwicklung, der Investitionspolitik, gesellschaftlicher und innerbetrieblicher Arbeitsteilung, der Arbeitsorganisation und gewerkschaftlicher Interessenvertretung können im naturwissenschaftlichen Unterricht immer nur vereinzelt angesprochen werden. Naturwissenschaftlicher Unterricht kann und soll nicht die Fächer Gesellschaftslehre und Arbeitslehre ersetzen. Notwendig ist vielmehr eine enge inhaltliche Koordination mit diesen Fächern. Sie herzustellen ist eine wichtige Aufgabe weiterer curricularer Entwicklungen.

2. Zur Wechselwirkung zwischen dem Erkenntnisfortschritt der Naturwissenschaften und den Veränderungen des gesellschaftlichen Bewußtseins

2.1 Die gesellschaftliche Determination der historischen Entwicklung der Naturwissenschaften

Die Entwicklung von Produktion und Technik hatte entscheidenden Einfluß sowohl auf die experimentelle Forschung als auch auf den Theoriebildungsprozeß der Naturwissenschaften. Dieser Einfluß machte selbst, wie gezeigt wurde, eine historische Wandlung durch.
Die Wechselwirkung zwischen Wissenschaft und Produktion ist zwar die entscheidende, nicht aber die einzige gesellschaftliche Determinante, die die historische Entwicklung der Naturwissenschaften bestimmte:

- Der Einfluß, den Produktion und Technik auf die Entwicklung der Wissenschaften nehmen, erfolgt häufig nicht unmittelbar, sondern vermittelt durch andere gesellschaftliche Bereiche und Instutionen.

So wurde die (für die Entstehung der Naturwissenschaften wichtige) Verschmelzung von handwerklicher Erfahrung und theoretischem Denken während der Renaissance in Norditalien u. a. durch die Kunst vermittelt[54].
In der ersten Hälfte des 20. Jahrhunderts beeinflußten in starkem Maße politische Zielsetzungen (Herstellung wirtschaftlicher Autarkie, etwa durch Unabhängigkeit von der Rohstoffeinfuhr, im Zusammenhang mit Kriegsvorbereitungen) das nationale Forschungsprogramm.

- Der Erkenntnisfortschritt der Wissenschaften wurde immer wieder in ideologische Auseinandersetzungen hineingezogen, dadurch teils gehemmt, teils gefördert.

Forschung und Lehre der Naturwissenschaften wurden behindert oder unterdrückt, wo sie die Glaubwürdigkeit herrschender Ideologien gefährdeten (Verbot naturwissenschaftlicher Theorien durch die kirchliche Inquisition bis hin zur Liquidierung ihrer Vertreter): Abschnitt 2.2.
Auf der Grundlage einzelner naturwissenschaftlicher Erkenntnisse und Theorien wurden Weltanschauungen errichtet, deren Funktion es war, bestehende oder angestrebte soziale und politische Verhältnisse ideologisch abzusichern, und die ihrerseits wieder den wissenschaftlichen Forschungsprozeß beeinflußten (mechanistisches Weltbild; biologistische und rassistische Ideologien des 20. Jahrhunderts): Abschnitt 2.3.

2.2 Der Kampf zwischen wissenschaftlichem Fortschritt und herrschender Ideologie. Zerstörung des mittelalterlichen Weltbildes

Der erste historisch wirksame Angriff auf das mittelalterliche Weltbild, das aus der Verschmelzung von antiker Philosophie und christlicher Religion hervorgegangen war, erfolgte von seiten der Astronomie und der mit ihr verbundenen Geographie.
„Die beschreibende Astronomie war zu dieser Zeit der einzige Wissenschaftszweig, der genügend Beobachtungsergebnisse angehäuft und mathematische Methoden entwickelt hatte, die genau genug waren, um die eindeutige Aufstellung und die numerische Nachprüfung von Hypothesen zu gestatten. Wie wir schon gesehen haben, stand sie außerdem im Mittelpunkt neuerlichen Interesses wegen ihrer von alters her überlieferten Verwendung in der Astrologie und der neuen in der Seefahrt. (...) (Kopernikus) widmete sein gesamtes Privatleben dem Bemühen, ein rationaleres Bild des Sonnensystems (als es das geozentrische war, Vf.) zu finden, das er in endgültiger Form schließlich in seinem erst im Jahre seines Todes (1543) gedruckten Buch ‚De Revolutionibus Orbium Coelestium' entwickelte. Darin postulierte er ein System von Sphären, in deren Mittelpunkt die Sonne und nicht mehr die Erde stand; er nahm an, daß sich die Erde dreht, und wies nach, daß diese Annahme

---

54 Vgl. Tomberg 1973, a. a. O. S. 111ff.

alle astronomischen Beobachtungen erklärt. Seine Gründe für die revolutionäre Veränderung waren dem Wesen nach philosophischer und ästhetischer Natur. Trotzdem zertrümmerte die bloße Vorstellung eines offenen Universums, von dem die Erde nur ein kleiner Teil war, das alte Bild der geschlossenen, konzentrischen, kristallenen Sphären (um die Erde, Vf.), die von Gott geschaffen und in Bewegung gehalten wurden"[55].

Entscheidend dafür, daß sich die neue Vorstellung von der Bewegung der Himmelskörper allgemein durchsetzte, war ihre mathematische Präzisierung durch Keppler, vor allem aber ein physikalisches Gerät, das Anfang des 17. Jahrhunderts in Holland – als Nebenprodukt der Brillenherstellung in optischen Werkstätten – erfunden wurde: das Fernrohr.

Galilei benutzte es zur Beobachtung des Himmels. Was er sah, zerstörte das aristotelische und theologische Bild vom Kosmos vollends – und zwar für jeden, der sehen wollte, nachprüfbar: Der Mond ist von Kratern bedeckt, die Venus zeigt Phasen wie der Mond, um den Jupiter kreisen vier Monde (sozusagen ein kleines Modell des kopernikanischen Systems).

Galilei nutzte diese Beobachtungen als Waffe in den ideologischen Kämpfen seiner Zeit. Tomberg weist darauf hin, „daß Galilei sich seit je nicht als ein bloßer Fachwissenschaftler verstand, sondern daß es ihm in der Tat um den Sieg des wissenschaftlichen Weltbildes über die feudale Ideologie ging"[56]. Denn: „Die Republik der Wissenschaften, wie Galilei jene geistige Gemeinschaft des 16. und 17. Jahrhunderts genannt hat, konnte (...) keine Götter und keinen Gott mehr als Autoritäten möglichen Wissens anerkennen. Im Reich der Wissenschaften ist eine doppelte Wahrheit undenkbar (...). Theologie und Wissenschaft gehen beide aufs Ganze, wo die eine herrscht, muß die andere weichen"[57].

Tomberg weist in einer ausführlichen Analyse nach, daß demgegenüber die katholische Kirche zunächst durchaus zu einem Kompromiß zwischen ihrer Lehre und der neuen Wissenschaft bereit war. „Die Kampftruppe des Papstes, der Jesuitenorden, nahm sich ausdrücklich der Wissenschaft an", um einen solchen Kompromiß zu konstruieren[58]. Die Gefahr, die die Kardinäle der Kurie bekämpften, „lag einzig im Umschlag der wissenschaftlichen Lehre in gesellschaftlich praktische Intentionen, die das Bündnis der modern sich gebenden katholischen Kirche mit der reaktionären Feudalität erschüttern konnte. In dem Jahr, in dem das Urteil über den Kopernikanismus gesprochen wurde, lag Thomas Campanella wegen eines Aufstandsversuchs gegen die spanische Herrschaft im Kerker, und in Süditalien begann die Zeit immer weiter um sich greifender Hungerunruhen, die in der neu-feudalen Mißwirtschaft ihre Ursache hatten"[59].

---

55 Bernal 2, S. 381–383.
56 Tomberg 1973, a. a. O. S. 83.
57 Ebenda, S. 75.
58 Ebenda, S. 82.
59 Ebenda, S. 87.

Angesichts dieser politischen Lage reichte dann eine Denunziation Galileis durch einen Pater, der darin ausdrücklich auf die wachsende Aufsässigkeit der städtischen Bevölkerung – Träger der neuen Ideologie – aufmerksam machte: die Inquisition verbot das öffentliche Eintreten für die kopernikanische Lehre, doch ohne sie als ketzerisch zu verdammen.
Als 1623 Papst Urban VIII., dessen Interesse am Fortschritt der Wissenschaften bekannt war, den Thron besteigt, ergreift Galilei eine neue Initiative. Er schreibt ein Buch, dessen Titel ‚Dialog über die beiden Weltsysteme' bereits andeutet, daß es darin um die Konfrontation zweier Weltanschauungen geht. In diesem Werk „läßt er verschiedene Gesprächspartner über die peripatetische und die kopernikanische Lehre diskutieren und alle Argumente vorbringen, die sowohl für die eine wie für die andere sprechen, ohne daß er selbst, Galilei, sich zu einer von ihnen bekennt. Galilei ist überzeugt, daß seine Erklärung von Ebbe und Flut gemeinsam mit allen anderen Beweisen dem unbefangenen Leser seine eigene Entscheidung nicht schwer machen können. Er hat richtig vermutet. Das Werk, kühn wieder in italienischer Sprache geschrieben, verhilft dem Kopernikanismus innerhalb kurzer Zeit allenthalben zum Durchbruch. ‚Für Mathematiker' schreibt Emil Wohlwill zu den Dialogen, ‚hatte Copernicus seine Lehre niedergeschrieben, als die wahre Weltanschauung für alle lehrt sie Galilei'.
Aber Galilei verkündet nicht nur vor aller Öffentlichkeit mit glänzender rhetorischer Fähigkeit die wissenschaftliche Weltanschauung, er gibt ihr auch, im Ergebnis seiner eigenen, der Mechanik gewidmeten Studien, ein Beweisfundament, über das Koperniks noch nicht verfügte. Mit der Vorstellung, daß Bewegung ein der materiellen Welt eigentümliches Phänomen ist und zu seiner Erhaltung keiner Einflußnahme von außen bedarf, macht er den unbewegten Beweger des Aristoteles und damit auch den Gott der thomistischen Naturphilosophie zu einer wissenschaftlich überflüssigen und im Grunde sogar unmöglichen Figur. Fast unverhüllt bricht ein konsequenter Materialismus durch die Beweisführungen des kopernikanischen Gesprächspartners hindurch, und natürlich ist niemandem zweifelhaft, daß Galilei sich mit dessen Denken voll und ganz identifiziert. ‚Diese Erneuerung aller Wahrheiten von neuen Welten, neuen Sternen, neuen Systemen ist der Anfang eines neuen Zeitalters', schreibt Campanella begeistert an den Autor der Dialoge"[60].
Deutlich formuliert Galilei seine Ablehnung jedes Kompromisses zwischen wissenschaftlichem Weltbild und feudaler Ideologie, deren Vertreter er verspottet: „Ehe sie am Himmel des Aristoteles etwas ändern lassen, leugnen sie dreist, was sie am Himmel der Natur erblicken"[61].
Die politische Wirkung von Galileis bewußt in der Sprache des Volkes geschriebener Schrift ist groß. Die Inquisition reagiert sofort. Der Papst, mit

60 Ebenda, S. 88.
61 Galilei, Dialog über die beiden hauptsächlichsten Weltsysteme. Zweiter Tag. Zit. nach: Werner Heisenberg, Das Naturbild der heutigen Physik. (rowohlts deutsche enzyklopädie 8.) Hamburg 1956, S. 71.

dessen Unterstützung Galilei gerechnet hatte, führt selbst mit aller Härte den Prozeß. 1633 wird Galilei, unter Androhung der Folter, zu der Erklärung gezwungen, kein Anhänger des Kopernikanismus zu sein. Nur seine Popularität und sein weltweites Ansehen in der Gelehrtenwelt dürften ihn davor bewahrt haben, wie Giordano Bruno auf dem Scheiterhaufen zu enden.

Der ‚Fall Galilei' ist keineswegs das einzige Beispiel für die Behinderung von wissenschaftlichem Fortschritt, der zur Bedrohung für herrschende Ideologien wurde. Die Behinderung des Fortschritts der Medizin durch das Verbot der Leichensektion etwa ist ein weiteres Beispiel.
Auch nachdem die Theologie ihre allgemein verbindliche ideologische Autorität unter dem Druck der ökonomischen und politischen Veränderungen und des wissenschaftlichen Denkens verloren hatte, blieb die Gefährlichkeit wissenschaftlichen Fortschritts für die Stabilität und Glaubwürdigkeit herrschender Ideologien bestehen. Daß auch im 19. und 20. Jahrhundert naturwissenschaftliche Theorien, die über die Grenzen der Wissenschaft hinauswirken und das allgemeine gesellschaftliche Bewußtsein zu verändern drohen, eine ideologische und politische Reaktion hervorrufen, die ihre Entwicklung behindert, läßt sich am Darwinismus studieren. Denn die Darwinsche Entwicklungslehre stellte nicht nur die biblische Schöpfungsgeschichte in Frage, sondern enthielt auch ein Verständnis der menschlichen Gattung und ihrer Sonderstellung in der Natur, das von Ideologen des Rassismus und Kolonialismus nicht widerspruchslos hingenommen wurde. Wie lange diese Problematik nachgewirkt hat, zeigt die Tatsache, daß in einigen Staaten des mittleren Westens der USA der Darwinismus im Biologieunterricht noch bis über das Ende des zweiten Weltkriegs hinaus verboten war.
Der Darwinismus wurde darüber hinaus zur ideologischen Rechtfertigung der frühkapitalistischen Gesellschaftsordnung mißbraucht. Auf diesen sog. Sozialdarwinismus wird später noch eingegangen.
Heute wird im allgemeinen weniger die naturwissenschaftliche als vielmehr die gesellschaftswissenschaftliche Forschung und Theorie aus ideologischen Gründen behindert.

2.3 Die Erweiterung naturwissenschaftlicher Theorien über die Grenzen ihrer empirischen Absicherung

2.3.1 Entstehung des mechanistischen Weltbildes

So wichtig die astronomischen Beobachtungen von Galilei für die ideologischen Auseinandersetzungen seiner Zeit waren, seine entscheidende wissenschaftliche Leistung bestand darin, daß er mit Hilfe von Messungen und Experimenten die

Bewegung, insbesondere das Fallen fester Körper untersuchte und mathematisch beschreibbar machte. Nicht zuletzt der Prozeß gegen Galilei machte seine im Experiment gründenden theoretischen Analysen der Bewegung bekannt und verhalf ihnen zu großem Prestige. Hier wurde endgültig und unwiderruflich die zuvor „in die handwerkliche Praxis eingeschlossene Empirie in die Theorie hereingeholt"[62].

Allerdings gelang das zunächst nur in einer Teildisziplin der Mechanik, in der Dynamik. Doch zum erstenmal erreichte eine irdische Phänomene betreffende wissenschaftliche Untersuchung das theoretische Niveau der – inzwischen von Kepler weiterentwickelten – Astronomie. Das hauptsächliche Interesse der Wissenschaftler des 17. Jahrhunderts galt jetzt der „Vollendung eines allgemeinen Systems der Mechanik, das die Bewegung der Sterne mit Hilfe des beobachteten Verhaltens der Materie auf der Erde erklären sollte"[63].

Es stand die Synthese der aus Beobachtungen gewonnenen Gesetze Keplers mit der experimentell gesicherten Dynamik Galileis an. Ein wichtiger Schritt, der zu dieser Synthese führte, war die experimentelle Untersuchung des Magnetismus durch William Gilbert (1600). „Gilbert beschränkte sich nicht auf Experimente; er leitete daraus neue allgemeine Vorstellungen ab. Eine davon beeindruckte seine Zeit am stärksten, nämlich die Auffassung, daß es eine magnetische Anziehungskraft sei, die die Planeten auf ihrer Bahn festhalte. Sie gab die erste physikalisch plausible und völlig unmythische Erklärung für den Bau des Weltalls"[64].

Auf dieser Grundlage schuf Newton die Synthese von Himmelsmechanik und Dynamik. In seinem 1687 erschienenen Werk „De philosophiae naturalis principia mathematica" versuchte er, unter Verwendung der neu entwickelten Infinitesimalrechnung, nachzuweisen, daß und gemäß welchen Gesetzen eine allgemeine Gravitationskraft das System der Welt zusammenhält.

Im Vorwort dieses Werkes beschreibt er als sein Ziel, „von dem Phänomen der Bewegung aus die Naturkräfte zu untersuchen (...). Ich wünschte, wir könnten die anderen Naturphänomene durch die gleiche Art von Schlußfolgerungen aus mechanischen Prinzipien ableiten, da ich aus vielen Gründen zu der Vermutung neige, sie seien vielleicht alle auf gewisse Kräfte zurückzuführen, durch die die Partikeln der Körper infolge irgendwelcher bisher unbekannter Ursachen entweder einander anziehen (...) oder einander abstoßen"[65]. Der methodische Ansatz von Newton wurde eindrucksvoll bestätigt, als Halley die Rückkehr des nach ihm benannten Kometen auf der Grundlage der Newtonschen Theorie erfolgreich voraussagen konnte. Ihre prognostische Kraft, ihre mathematische Präzision und ihr umfassender, synthetischer Charakter – ineins Wissenschaft

---

62 Tomberg 1973, a. a. O. S. 117.
63 Bernal 2, S. 445 f.
64 Bernal 2, S. 410.
65 Zit. nach Bernal 2, S. 451.

irdischer und kosmischer Phänomene – führte dazu, daß über 200 Jahre die Autorität der Newtonschen Theorie für die Naturwissenschaftler unbestritten war. Albert Einstein beschreibt sie in seinem Buch ‚Die Evolution der Physik': „Die großen Errungenschaften, die in allen Zweigen der Mechanik erzielt wurden, der erstaunliche Erfolg, den die mechanistische Auffassung in der Astronomie gehabt hat, die Anwendung mechanistischer Ideen auf scheinbar andersartige und ihrem Wesen nach nichtmechanische Probleme – alles das hat den Glauben genährt, daß man durchaus alle Erscheinungen auf einfache Kräfte müsse zurückführen können, die zwischen unveränderlichen Objekten walten. Während der ganzen zwei Jahrhunderte, die dem Zeitalter Galileis folgten, läßt sich an fast allen naturwissenschaftlichen Arbeiten nachweisen, daß man teils bewußt, teils unbewußt imme wieder eine derartige Vereinfachung anstrebte. Um die Mitte des neunzehnten Jahrhunderts formulierte Helmholtz das ganz klar:
„Letzten Endes müssen wir die Aufgabe der physikalischen Wissenschaft von der Materie somit darin sehen, die Naturerscheinungen auf unveränderliche Anziehungs- und Abstoßungskräfte zurückzuführen, deren Intensität ausschließlich von der Entfernung abhängt. Die vollständige Lösung dieses Problems kommt einer lückenlosen Deutung der Natur gleich. Demnach ist der Naturwissenschaft ihre Entwicklungslinie unverrückbar vorgezeichnet. Sie muß sich in festen Bahnen bewegen (...), und ihre Aufgabe ist erfüllt, sobald die Zurückführung der Naturerscheinungen auf einfache Kräfte abgeschlossen und der Beweis erbracht ist, daß diese Vereinfachung die einzig mögliche ist"[66].
Diese Auffassung von der Natur – sie ist der Kern des mechanistischen Weltbildes – ist heute längst überholt. Man hat erkannt, daß hier eine Theorie, die für einen begrenzten Bereich der Natur richtig ist, zu einer Globalaussage über die Natur als Ganze verallgemeinert wurde.

2.3.2 Struktur des mechanistischen Weltbildes

In allen seinen Variationen war das mechanistische Weltbild durch folgende fünf Eigenschaften bestimmt:

a) Das Ganze der Natur wird durch einen einzigen Typ von Gesetzen – die der Mechanik – erklärt. Diese Dominanz der Mechanik im Denken des 18. Jahrhunderts wurde dadurch begünstigt, daß die Mechanik fester Körper die einzige naturwissenschaftliche Disziplin war, die zu einem gewissen Abschluß gelangt war und daß Chemie und Biologie noch völlig unentwickelt waren. Die Übertragung der Mechanik auf Vorgänge, die chemischer oder organischer

66 Albert Einstein/L. Infeld: Die Evolution der Physik. Von Newton bis zur Quantentheorie. (rowohlts deutsche enzyklopädie 12.) Hamburg 1970, S. 43f.

Natur sind und bei denen die mechanischen Gesetze zwar auch gelten, aber von qualitativ anderen Gesetzen überlagert werden, bildet das Spezifikum des mechanistischen Denkens.

b) Das Ganze der Natur (auch biologische Organismen) wird in Analogie zu Maschinen, Uhren usw. gedeutet. Descartes bestimmte selbst den Menschen als Maschine.

c) Diese Deutung der Natur als Maschine begründet eine weitere Besonderheit des mechanistischen Weltbildes. So wie eine Maschine nach einem Plan organisierte Materie ist, wird die Natur als sich nach einem Plan bewegende Materie gedeutet. Der ‚Plan' der Natur ist die Gesamtheit der Naturgesetze. Diese Konzeption ermöglicht auch das Einfließen religiöser und idealistischer Vorstellungen in das mechanistische Weltbild: der Plan der Natur hat seinen Ursprung in Gott.

d) Da im Rahmen des mechanistischen Weltbilds alle Naturphänomene als gesetzmäßige (planmäßige) Bewegung an sich unveränderlicher Substanzen gedeutet werden, mußten auf Grund der Entdeckung immer neuer Naturerscheinungen auch immer neue Grundsubstanzen angenommen werden.
„In dem Bemühen, die Naturerscheinungen im mechanistischen Sinne zu deuten, wie es für die ganze Entwicklung der Naturwissenschaft bis ins zwanzigste Jahrhundert charakteristisch ist, sah man sich genötigt, hypothetische Substanzen, wie elektrische und magnetische Fluida, Lichtkorpuskeln und Äther, einzuführen, und erreichte damit nichts weiter als eine Zurückführung aller Schwierigkeiten auf ein paar Grundprobleme. Ein Beispiel hierfür ist eben die Einführung des Lichtäthers in die Optik. Hier scheinen nun aber all die fruchtlosen Bemühungen, den Äther auf einfache Art zu konstruieren, im Verein mit anderen Widersprüchen darauf hinzudeuten, daß der Fehler eben schon in der allen anderen Überlegungen zugrunde liegenden Annahme beschlossen liegt, es sei möglich, alle Vorgänge in der Natur vom Mechanischen her zu erklären"[67].

e) Der entscheidende Punkt des mechanistischen Weltbildes, der mit den anderen eng zusammenhängt, ist aber, daß es von der absoluten Unveränderlichkeit der Natur ausgeht.
„Wie auch immer die Natur selbst zustande gekommen sein mochte: einmal vorhanden, blieb sie, wie sie war, solange sie bestand. Die Planeten und ihre Satelliten, einmal in Bewegung gesetzt von dem geheimnisvollen ‚ersten Anstoß', kreisten fort und fort in ihren vorgeschriebenen Ellipsen in alle Ewigkeit oder doch bis zum Ende aller Dinge. Die Sterne ruhten für immer fest und unbeweglich auf ihren Plätzen, einander darin haltend durch die ‚allgemeine Gravitation'. Die Erde war von jeher oder auch von ihrem Schöpfungstage an (je

67 Ebenda, S. 84.

nachdem) unverändert dieselbe geblieben. Die jetzigen ‚fünf Weltteile' hatten immer bestanden, immer dieselben Berge, Täler und Flüsse, dasselbe Klima, dieselbe Flora und Fauna gehabt, es sei denn, daß durch Menschenhand Veränderung oder Verpflanzung stattgefunden. Die Arten der Pflanzen und Tiere waren bei ihrer Entstehung ein für allemal festgestellt. Gleiches zeugte fortwährend Gleiches, und es war schon viel, wenn Linné zugab, daß hier und da durch Kreuzung möglicherweise neue Arten entstehen konnten. Im Gegensatz zur Geschichte der Menschheit, die in der Zeit sich entwickelt, wurde der Naturgeschichte nur eine Entfaltung im Raum zugeschrieben. Alle Veränderung, alle Entwicklung in der Natur wurde verneint. Die anfangs so revolutionäre Naturwissenschaft stand plötzlich vor einer durch und durch konservativen Natur, in der alles noch heute so war, wie es von Anfang an gewesen, und in der – bis zum Ende der Welt oder in Ewigkeit – alles so bleiben sollte, wie es von Anfang an gewesen (...). Vergessen wir nicht, daß diese veraltete Naturanschauung, obwohl an allen Ecken und Enden durchlöchert durch den Fortschritt der Wissenschaft, die ganze erste Hälfte des neunzehnten Jahrhunderts beherrscht hat"[68].

2.3.3 Die gesellschaftlichen Gründe für die Entstehung des mechanistischen Weltbildes

Das mechanistische Weltbild wurde durch den wissenschaftlichen Fortschritt zum Einsturz gebracht. Es ist inzwischen längst überholt. Was heute allerdings noch von Interesse ist, ist die Frage nach den Gründen, die zu dieser Überschreitung der Systemgrenzen einer wissenschaftlichen Theorie, nämlich der Mechanik, führten.
„Im Frankreich des 18. Jahrhunderts stießen die sozialen Ansprüche der Bourgeoisie und der Feudalklasse hart aufeinander. Unfähig zu organisierter politischer Konfrontation, konnten die Bürger ihren Kampf lange Zeit nur ideologisch austragen. Ihre progressivsten Vertreter erkannten, daß bloße Aufklärung über den finsteren Charakter der feudalen Ideologie nicht ausreichte, es bedurfte einer Weltanschauung, die, um der überlieferten Religion ebenbürtig sein zu können, in der Wissenschaft als dem berufenen Antipoden des religiösen Glaubens gegründet sein mußte. Die Wissenschaft stand der überlieferten Religion entgegen, weil sie die Realität als einen nach unaufhebbaren immanenten Gesetzen ablaufenden Mechanismus auffaßte, der keinen außerirdischen Beweger wie überhaupt keine zweite, übersinnliche Welt mehr denkbar erscheinen ließ. (...) Wenn jedoch in der Natur ein strenger,

---

68 Friedrich Engels: Dialektik der Natur. Einleitung. In: Marx/Engels, Werke, Band 20. Berlin: Dietz 1971, S. 314–316.

mechanischer Kausalzusammenhang herrschen sollte, so konnte darin der Mensch, soweit er der Natur angehörte, nicht ausgeschlossen sein. Da die empirische Wissenschaft nur die Auffassung des Menschen als eines von der Natur hervorgebrachten Wesens zuließ, mußte jedes menschliche Individuum mit seinem ganzen Sein, also auch mit seinem Bewußtsein und daher auch mit seinem bewußten Handeln als eingeschlossen in die Naturkausalität gedacht werden. Auch der Mensch konnte nicht anders als die Natur wie eine Maschine, wie ein automatischer Mechanismus angesehen werden. Die konsequenten unter den Aufklärern, die französischen Materialisten des 18. Jahrhunderts, haben sich denn auch nicht gescheut, im Interesse des Klassenkampfes gegen die Feudalität eine dem Stand der Wissenschaft gemäße und insofern wissenschaftliche Weltanschauung zu entwickeln, die auch das menschliche Individuum in die allgemeinen Bestimmungen miteinbezog. Ihre vom Prinzip der Maschine durchherrschte Theorie widersprach jedoch der Erfahrung, die jedes Individuum täglich mit sich selbst machen konnte, wenn es sich auch nur zu irgendeiner Handlung entschloß"[69].

„Dieser Widerspruch war in der Tat nur dadurch zu lösen, daß die Wissenschaft – der gesellschaftlichen Herkunft ihres Weltentwurfs sich nicht bewußt – lediglich die Natur mechanistisch betrachtete und erforschte, darüber hinaus aber einem naiven Denken freie Bahn ließ, dem die Gesellschaft nur in den Blick kam, wie sie sich unmittelbar darstellte, als ein unendliches Getriebe spontaner Einzelaktionen, deren gesellschaftlicher Zusammenhang unter kein Gesetz zu fallen schien. Die Grundauffassung blieb damit für beide, Natur und Gesellschaft, dennoch gleich: Immer galten als die eigentliche und letzte Realität atomare Existenzen – hier die materiellen Körper, dort die menschlichen Individuen, die sich in einem vorgegebenen Raum bewegten und – hier nach Gesetzen, dort nach freiem Willen – Verbindungen eingingen oder wieder lösten"[70].

Auf diese Weise erhielt das Weltbild des aufstrebenden Bürgertums einen dualistischen Charakter. Deutlich kommt er z.B. in der Philosophie von Kant zum Ausdruck: „Aus der gesellschaftlich-sozialen Grundproblematik der Zeit gewinnt Kant die Überzeugung der (bürgerlichen) Freiheit und menschlichen Würde. Für diese gibt er in seiner Philosophie eine den Interessen des deutschen Bürgertums entsprechende, gegen die Privilegien der feudal-klerikalen Klassen gerichtete theoretische Grundlegung (...) aus der Newtonschen Naturwissenschaft gewinnt Kant die Einsicht, daß die objektive Realität von einer durchgängigen Gesetzmäßigkeit (Naturnotwendigkeit) beherrscht ist, die es zu erkennen gilt. Kant bemüht sich, beide Momente – Freiheit und menschliche Würde, Gesetzmäßigkeit und Notwendigkeit – in Übereinstimmung zu bringen (...). In der Tat war Kant mit seiner Philosophie bemüht, neben der objektiven

69 Tomberg 1973, a.a.O. S. 122f.
70 Ebenda, S. 123.

Gesetzmäßigkeit des Naturgeschehens, der der Mensch als Teil der Natur unterliegt, für die Freiheit des menschlichen Willens Raum zu schaffen"[71].
Obgleich dieser Dualismus ursprünglich dazu diente, die Freiheit des (bürgerlichen) Individuums innerhalb des mechanistischen Naturdeterminismus zu begründen und ideologisch gegen die feudale Rechtsordnung gerichtet war, diente er als Grundlage für einen neuen Kompromiß zwischen Religion und Naturwissenschaften, der sich bereits bei Newton angekündigt hatte.
„Zu diesem Zeitpunkt war die destruktive Phase der Renaissance und der Reformation vorüber; ein neuer Kompromiß zwischen Religion und Wissenschaft war ebenso notwendig geworden wie die Kompromisse zwischen Monarchie und Republik und zwischen der Großbourgeoisie und dem Adel. Newtons System des Universums stellt tatsächlich eine ansehnliche Konzession von seiten der religiösen Orthodoxie dar, da auf Grund dieser Theorie die Hand Gottes nicht mehr klar und deutlich in jedem Ereignis am Himmel oder auf Erden erkannt werden konnte, sondern nur noch in der allgemeinen Schöpfung und der Organisation des Ganzen. Gott war, wie auch die gesalbten Häupter auf Erden, zu einem konstitutionellen Monarchen geworden. Die Wissenschaftler ihrerseits verpflichteten sich, sich nicht in die eigentlichen Gebiete der Religion einzumischen, d.h. in das Leben des Menschen mit seinen Hoffnungen und Verantwortungen. Dieser Kompromiß, der von Bischof Sprat weise empfohlen und von dem gestrengen Dr. Benthley in seinen Boyle-Predigten im Jahre 1692 verkündet wurde, sollte bestehen bleiben, bis er im 19. Jahrhundert von Darwin verletzt wurde"[72].
Die Flexibilität des mechanistischen Weltbildes war also erstaunlich groß: teils wurde es zur Begründung des Atheismus herangezogen, teils wurde es mit theologischen und religiösen Vorstellungen (Gott als der große Uhrmacher) verknüpft. Der Pluralismus der bürgerlichen Weltanschauung kündigt sich an.

Der Prozeß gegen Galilei ist exemplarisch dafür, wie auf Grund gesellschaftlicher Interessen neue naturwissenschaftliche Erkenntnisse und Theorien behindert und unterdrückt werden, sobald sie der Stabilität und Glaubwürdigkeit der herrschenden Ideologie und Weltdeutung gefährlich werden.
Die Entwicklung des mechanistischen Weltbildes ist exemplarisch dafür, wie auf Grund gesellschaftlicher Interessen naturwissenschaftliche Erkenntnisse und Theorien über ihre theorieimmanenten Grenzen hinaus zu einer umfassenden Weltanschauung verallgemeinert werden. Da die – wissenschaftlich unzulässige – Überschreitung der Grenzen einer naturwissenschaftlichen Theorie gesellschaftliche Gründe hat, muß ihre Beurteilung auch anhand gesellschaftlicher Kriterien erfolgen. Sie kann fortschrittlichen und sie kann reaktionären Zielen dienen.

---

71 M. Buhr/G. Irrlitz: Der Anspruch der Vernunft. Köln 1976, S. 35f.
72 Bernal 2, S. 457f.

2.3.4 *Rückwirkungen des mechanistischen Weltbildes auf die Entwicklung der Naturwissenschaften*

Die (vor allem gesellschaftlich bedingte) Herausbildung des mechanistischen Weltbildes hatte wichtige Rückwirkungen auf die Entwicklung der Naturwissenschaften selbst.
Einerseits beeinflußte es unmittelbar ihren Theoriebildungsprozeß. Die Verknüpfung anatomischer Studien mit dem neuen Interesse der Renaissance für Maschinen, Blasebälge, Pumpen und Ventile führte Harvey z.B. zu der Annahme des Blutkreislaufs. Im Rahmen des mechanistischen Weltbildes, d.h. auf der Grundlage der Newtonschen Mechanik, wurde die kinetische Gastheorie entwickelt. Sie ermöglichte Interpretation und quantitative Erfassung der Wärme- und Druckphänomene, der Brownschen Bewegung u.ä.
Andererseits fand durch die Überziehung der Mechanik zur theoretischen Grundlage *aller* Naturerkenntnis die Methode, auf der der wissenschaftliche Fortschritt der Mechanik beruhte, Eingang in naturwissenschaftliche Disziplinen, die noch in den Kinderschuhen steckten. Die Methode wissenschaftlicher Theoriebildung in der Mechanik hat zu ihren wesentlichen Bestandteilen:
- den Ersatz von Sinneswahrnehmungen durch Meßvorgänge;
- die theoretische Durchdringung dessen, was der Beobachtung unmittelbar zugänglich ist (d.h. die Erklärung der ‚Erscheinung' aus den ihnen zugrunde liegenden, nur theoretisch-gedanklich erfaßbaren Bewegungsgesetzen);
- Praxis (Experiment) bzw. Bestätigung von Prognosen als Kriterium für die Wahrheit einer Theorie.

So lag dem geozentrischen Weltbild die Annahme zugrunde, daß der Mensch durch seine Beobachtungen die Bewegung der Himmelskörper unmittelbar sieht. Die Kopernikanische Revolution in der Astronomie bestand in einer grundlegenden Kritik dieser Annahme: Kopernikus erklärt die Bewegung der Sonne und der Sterne um die Erde als Schein und führt sie auf die Drehung der Erde um ihre eigene Achse zurück. Newton ersetzt die alte, durch Erfahrung bestätigte Auffassung, daß jeder bewegte Körper von sich aus wieder zur Ruhe kommt, also für die Erhaltung gleichförmiger Bewegung ständig Kraft aufgewendet werden muß, durch die Grundannahme seines Systems, daß bewegte Körper, auf die keinerlei Kräfte wirken, sich geradlinig und gleichförmig weiterbewegen. Die Verbreitung dieser Methode der Mechanik durch das mechanistische Weltbild führte zu einem allgemeinen ‚Klima' wissenschaftlichen Denkens, das die Entwicklung der Chemie, Biologie (wie auch der Philosophie) stark beeinflußt hat.

2.3.5 *Biologistische Deutung der Gesellschaft im 19. und 20. Jahrhundert*

Das mechanistische Weltbild diente in erster Linie dazu, auf der Grundlage einer einzelnen naturwissenschaftlichen Disziplin (der Mechanik) ein Bild von der *Natur* im Ganzen zu entwerfen. Auf Grund einer gewandelten gesellschaftlichen Interessenlage dienen in der zweiten Hälfte des 19. und im 20. Jahrhundert Überschreitungen der Systemgrenzen naturwissenschaftlicher Theorien in erster Linie dazu, *Gesellschaftsmodelle* zu entwerfen, um bestehende gesellschaftliche Verhältnisse als naturgegeben zu rechtfertigen. Exemplarisch dafür ist das Schicksal der Darwinschen Theorie, die zunächst entscheidend zum Sturz des mechanistischen Weltbilds beigetragen hatte. „Darwins ‚Entstehung der Arten' kam in jenem Augenblick, als seine Botschaft dringend benötigt wurde: Sie wurde von dem radikalen, antiklerikalen Flügel der Wirtschaftler und Politiker aufgegriffen, da sie vorzüglich in den Rahmen ihrer eigenen Theorien des ‚laisser faire' und des ‚Hilf dir selbst' paßte. Mit Hilfe dieser neuen Lehre konnte alles, was sich in der kapitalistischen Welt abspielte, die unbarmherzige Ausbeutung des Menschen durch den Menschen, die Eroberung unterentwikkelter Länder durch ‚höherstehende', gerechtfertigt werden; ja selbst der Krieg fand durch Vergleich mit der ‚in Zähnen und Klauen blutigroten Natur' seine Rechtfertigung. Die alte Entschuldigung für die Vorherrschaft von Klassen und Rassen, daß sie das auserwählte Volk oder Söhne der Götter seien, war dahingeschwunden; jetzt waren neue Argumente notwendig, um ihr Weiterbestehen in einer rational und wissenschaftlich denkenden Welt zu begründen. Der Darwinismus lieferte sie, wenn das auch keineswegs in der Absicht Darwins gelegen hatte"[73].

Ähnlich dienen heute Ergebnisse der Vererbungslehre und der Verhaltensforschung dazu, eine (für ideologische Zwecke geeignete) unveränderliche biologische Natur des Menschen zu postulieren, aus der dann die Unveränderbarkeit gesellschaftlicher Verhältnisse abgeleitet wird. So wurden und werden soziale Ungerechtigkeiten – von der Dreigliedrigkeit des Schulsystems bis hin zur Trennung von planender Kopf- und ausführender Handarbeit – mit der Begabungstheorie (also auf genetischer Basis) als naturgegebene und damit als unabänderliche Fakten hingestellt. Moralischer Verfall und Kriminalisierung werden aus biologisch-genetischen Grundlagen menschlichen Verhaltens erklärt. Selbst der Krieg wird als Ergebnis eines dem Menschen angeborenen Aggressionstriebs – und damit als unveränderlich – gedeutet. Die rassistische Ideologie des Faschismus und die der Apartheid-Politik sind wohl die extremsten Beispiele dafür, wie gesellschaftliche Verhältnisse biologistisch gerechtfertigt werden.

---

73 Bernal 2, S. 617.

2.4 Die Überwindung des mechanistischen Weltbildes durch den Erkenntnisfortschritt der Naturwissenschaften als Entstehungsprozeß eines neuen Weltbildes

Heute erscheint uns das mechanistische Weltbild als eng und einseitig. Vielfach wird aber die berechtigte Kritik daran überzogen und dazu benutzt, jeden Versuch, ein wissenschaftlich fundiertes Weltbild anzustreben, als dogmatisch abzutun. Dabei wird übersehen, daß die notwendige Kritik des mechanistischen Weltbildes nicht nur die Relativität und Unabgeschlossenheit alles Wissens erwiesen hat, sondern daß sie auch die Gewißheit vermittelt, daß die historische Entwicklung der Wissenschaften ein Prozeß fortschreitender Erkenntnisgewinnung ist. Denn jene Kritik war nur möglich, weil wir heute mehr wissen. Das heißt, die wissenschaftliche Basis für die Konstruktion eines wissenschaftlich gesicherten Weltbildes hat sich zunehmend verbreitert.
Das mechanistische Weltbild erhob den Anspruch – und zwar gerade auf Grund der gesellschaftlichen Interessen, die zu einer Konstruktion führten –, in gesicherten Erkenntnissen und Theorien der Naturwissenschaften zu gründen. Damit enthielt es bereits den Keim seiner Überwindung. Denn als der wissenschaftliche Fortschritt – zunächst auf den Gebieten der Chemie und Biologie, dann (durch Maxwell, Einstein, Planck usw.) auch in der Physik selbst – die engen Grenzen bewußt machte, innerhalb derer die Newtonsche Theorie gilt, war die Zeit eines Weltbildes vorüber, das die Welt als ein System darstellt, das ausschließlich den Gesetzen mechanischer Kausalität unterliegt.
So führte die historische Entwicklung der Naturwissenschaften notwendig zur Kritik und schließlich zur Überwindung des mechanistischen Weltbildes. In diesem Prozeß kristallisierten sich aber zugleich Kriterien und Prinzipien heraus, denen ein wissenschaftliches Weltbild genügen muß, das die Fehler und Schwächen des alten mechanistischen Denkens vermeiden will.

a) Am mechanistischen Weltbild „war zutreffend und für den Fortschritt der Wissenschaft von höchster Bedeutung, daß mit dem Mechanismus, in dem die Welt sich erschöpfen sollte, auch ein durchgängig in ihr herrschender Determinismus behauptet wurde, ein notwendiger und in dieser seiner Notwendigkeit rational erfaßbarer Zusammenhang. Versuche, in irgendwelche versteckte Ritzen des Weltganzen einen Indeterminismus hineinzugeheimnissen, haben in der Wissenschaft nicht Fuß fassen können, und ebenso wenig haben die Spekulationen über die Grenzen des Weltalls oder über die Ursachen der Weltentstehung der alten Lehre von einer zweiten, zur sogenannten irdischen Existenz wesensverschiedenen Welt wieder Eingang in das wissenschaftliche Denken verschafft. Die materielle Einheit der Welt gilt der praktizierten Wissenschaft gegenwärtig als ebenso wahr wie ihr Determinismus. Es sind dies

Wahrheiten, denen der mechanische Materialismus Geltung verschafft hat. Wahrheiten, ursprünglich in Irrtümer eingebunden. Nur indem die Wissenschaft an dem Wahren des mechanistischen Weltbildes festhielt, vermochte sie in ihrem weiteren Gang das Irrtümliche zu überwinden. Sie hat auch heute noch nicht die absolute Wahrheit erreicht und wird sie wohl auch nie in letzter Vollkommenheit erreichen, aber sie hat allen Grund zu der Erwartung, in Zukunft auch die Grenzen des gegenwärtigen Wissens überschreiten zu können“[74].

Zu den Irrtümern des mechanistischen Weltbildes gehörte, daß es Determinismus und Gesetzmäßigkeit auf mechanische Kausalität reduzierte; daß es – auf Grund des Entwicklungsstands der Wissenschaften – nicht wissen konnte, daß es auch noch andere Formen von Determiniertheit gibt.

b) Die erkenntnistheoretische Grundlage des mechanistischen Weltbildes war die scharfe Trennung von Subjekt (Denken, Bewußtsein, Beobachter) und Objekt (materielle Prozesse in Raum und Zeit), die auf bestimmte philosophische Theorien (Descartes, Kant) zurückging. Die Erkenntnis, daß der naturwissenschaftliche Forschungsprozeß keine Anschauung oder Kontemplation der Natur, sondern eine Form gesellschaftlicher Arbeit, d.h. praktischer Auseinandersetzung des Menschen mit der Natur ist, ermöglicht zugleich eine neue Lösung des Freiheitsproblems. Für Kant, der auf der Grundlage der mechanistischen Trennung von Subjekt und Objekt argumentiert, war Freiheit nur dort möglich, wo die Naturgesetze nicht gelten; Freiheit und Notwendigkeit existieren in getrennten Sphären. Indem der technisch-prognostische Charakter der Naturwissenschaften – auch ihrer abstraktesten Theorien – erkannt wird, öffnet sich der Blick auf eine tiefergehende Definition der Freiheit: „Der Mensch gewinnt dieses Bewußtsein der Freiheit im gleichen Akt, in dem er die Gesetzlichkeit der Natur erfährt. (...) Seine Freiheit ist nicht nur inneres Erlebnis, sie ist freies, folgenträchtiges Handeln“[75]. Denn erst Erkenntnis gibt die Möglichkeit, planmäßig und bewußt Ziele zu verwirklichen, d.h. Freiheit zu realisieren.

Wenn auf die schematische Subjekt-Objekt-Trennung, die dem mechanistischen Weltbild zugrunde liegt, verzichtet wird und die Naturwissenschaft als eine Form von Arbeit bestimmt wird, so heißt das nicht, daß damit das Bestehen der objektiven Realität außerhalb des menschlichen Bewußtseins geleugnet wird. Denn gerade die materielle Arbeit – sowohl im Experiment als auch in der Produktion – vermittelt die Erfahrung, daß die Natur vom menschlichen Bewußtsein unabhängig und durch objektive Gesetze bestimmt ist; zugleich aber auch, daß diese Gesetze erkennbar sind und dadurch eine zielgerichtete, geplante Nutzung der Natur möglich ist.

---

74 Tomberg in: Sandkühler (Hrsg.), Materialismus. Wissenschaft und Weltanschauung im Fortschritt. Köln 1976, S. 69.

75 Sachsse 1967, a.a.O. S. 218f.

c) Der Erkenntnisfortschritt der Naturwissenschaften hat gezeigt, daß es unmöglich ist, das Ganze der Natur durch einen einzigen Typ von Gesetzen zu erklären. Der Biologe Manfred Eigen verweist mit Nachdruck auf die „Vielschichtigkeit im Aufbau der realen Welt“ mit jeweils spezifischen Typen von Gesetzen: „Wenn wir von der ‚Einheit der Natur‘ sprechen, so bedeutet dies nicht, daß wir gleichzeitig auch glauben, die komplexe Wirklichkeit ließe sich in einem Satz von einheitlichen Gleichungen einfangen oder gar auf eine einzige Weltformel reduzieren“[76].

d) Die entscheidende Kritik am mechanistischen Weltbild bestand darin, daß dessen statische Auffassung von der Natur – also die Auffassung, das Sonnensystem, die Erde, die Kontinente, die Pflanzen- und Tierarten hätten von Ewigkeit her (bzw. vom ersten Schöpfungstage an) so bestanden, wie sie heute existieren – überwunden wurde. Neue Erkenntnisse zwangen dazu, anzuerkennen, daß auch die Natur eine Entwicklung, eine ‚Geschichte‘ hat.
„Der geschichtliche Aspekt ist im 19. Jahrhundert in fast allen Wissenschaften und gerade auch in den Naturwissenschaften beherrschend geworden. Die Beobachtungen und Erfahrungen selbst trieben dorthin. (...) Die nunmehr nicht von einer Philosophie, sondern von den empirischen Wissenschaften vollzogene Annäherung gipfelte in der Erkenntnis Charles Darwins, daß die Arten in der Tier- und Pflanzenwelt nicht von Ewigkeit her bestehen, sondern aus einem geschichtlichen Entwicklungszusammenhang heraus zu begreifen sind“[77]. Darwins Evolutionstheorie war einer der großen wissenschaftlichen Durchbrüche, vergleichbar in ihrer Bedeutung mit der Entthronung der Erde als Mittelpunkt des Universums durch Kopernikus und Galilei.
Mit Darwins Theorie und weiteren Fortschritten in den Natur- und Gesellschaftswissenschaften hörte die Frage nach der materiellen Einheit der Natur auf, ein Problem der spekulativen Philosophie zu sein. Die materielle Einheit der Natur – und im Zusammenhang damit auch ihre Entwicklung – zu erforschen und darzustellen, wurde zur Sache der empirischen Wissenschaften. Vor allem wurde es jetzt möglich, die Entstehung des Lebens und des Menschen (von Bewußtsein und Gesellschaft) ebenfalls als mit wissenschaftlichen Methoden erkennbare Prozesse zu verstehen.

---

76 M. Eigen/R. Winkler: Das Spiel. Naturgesetze steuern den Zufall. München: Piper 1975, S. 284.
77 Tomberg 1973, a.a.O. S. 135.

2.5 Zur Vermittlung eines wissenschaftlich fundierten Weltbildes im naturwissenschaftlichen Unterricht

Der theoretisch-systematische Charakter der Naturwissenschaften ermöglicht nicht nur eine immer umfassendere ökonomische Nutzung von Naturstoffen und -kräften. In ihm ist auch die Tendenz zur Herausbildung eines Weltbildes angelegt. Allerdings handelt es sich dabei nicht um dogmatische Weltbetrachtung, wie sie dem alten spekulativen und kontemplativen Erkenntnisideal eigen war; sondern um ein kontinuierlich sich weiterentwickelndes Weltbild. Denn infolge ihres technisch-prognostischen Erkenntnisideals haben die Naturwissenschaften die Überprüfbarkeit durch Praxis (in der Produktion oder im Experiment) zum Wahrheitskriterium. Damit haben sie jeder Verabsolutierung der Resultate von Erkenntnis ein Ende bereitet.

Es kann hier keine Rekonstruktion des wissenschaftlichen Weltbildes, das dem gegenwärtigen Erkenntnisstand von Natur- und Gesellschaftswissenschaften entspricht, versucht werden. Es sollte nur gezeigt werden, daß seine Herausbildung – zunehmende Differenzierung und Vereinheitlichung ineins – der historischen Entwicklung der Naturwissenschaften immanent ist. Und es sollte auf die gesellschaftliche Bedeutung, die der Herausbildung eines wissenschaftlich fundierten Weltbildes zukommt, hingewiesen werden. Seine konkrete Darstellung setzt umfangreichere Untersuchungen zur Theorie und Geschichte der Wissenschaften voraus, als sie im Rahmen eines Projektes möglich sind, das die Entwicklung eines Curriculums zur Aufgabe hat.

Für das spezielle didaktische Ziel, um das es hier geht: Vermittlung eines wissenschaftlichen Weltbildes im Unterricht der Sek. I, ist eine umfassende Rekonstruktion des aktuellen Systems unseres naturwissenschaftlichen Wissens auch nicht notwendig. Denn in der Sek. I können und sollen den Schülern nur die wichtigsten Elemente und Kriterien eines wissenschaftlichen Weltbildes vermittelt werden, und zwar in engem Zusammenhang mit dem wissenschaftlichen Erkenntnisfortschritt. Zur Bestimmung dieser Elemente und Kriterien genügt es, wenn auf der Grundlage der Sachanalyse, die hier im II. Kapitel durchgeführt wurde, Physik, Chemie und Biologie jeweils auf ihren spezifischen Beitrag für das o.g. didaktische Ziel hin untersucht werden. Das geschieht im folgenden Kapitel.

III. Kriterien für Auswahl und Strukturierung der Inhalte des naturwissenschaftlichen Unterrichts

(R. Görgen, D. Riedel, W. Uebach)

1. Vermittlung der Naturwissenschaften als Teil des gesellschaftlichen Arbeitsprozesses

Eine Analyse (Kap. II) der realen gesellschaftlichen Bezüge der Naturwissenschaften macht sowohl die Wechselwirkung zwischen der Entwicklung der Naturwissenschaften und der Entwicklung der Produktion als auch die Wechselwirkung zwischen der Entwicklung der Naturwissenschaften und der Veränderung des gesellschaftlichen Bewußtseins deutlich. Die Grundthese lautet: Wenn die Entwicklung und die Rolle der Naturwissenschaften erst durch die gesellschaftlichen Zusammenhänge verstanden werden können, dann müssen auch im Schulunterricht die Naturwissenschaften als Moment des gesellschaftlichen Arbeitsprozesses dargestellt und unterrichtet werden. Darüber hinaus sind in der Sachanalyse *Inhalte* skizziert worden, die selbst Gegenstand des Unterrichts werden sollen. Die Bestimmungen dieser Inhalte erstreckt sich primär auf den Bereich der Produktion und in Abhängigkeit davon auf den der Reproduktion, also auf die gesellschaftliche und individuelle Lebenssphäre der Menschen. Eine wichtige Rolle spielt dabei die Bedeutung der Naturwissenschaften als Grundlage für die Entwicklung des gesellschaftlichen Bewußtseins in Form eines wissenschaftlichen Weltbildes.

1.1 Naturwissenschaftlich-technische Grundlagen des Produktionsprozesses

Die Sachanalyse zeigt, daß die Entwicklung der Wissenschaften durch die *Entwicklung der Produktion* bedingt war, daß die Fortschritte der Naturwissenschaften zugleich immer stärker auf die materielle Produktion zurückgewirkt und zu einer enormen Entfaltung der Produktivkräfte geführt haben.
Die *technologische Anwendung* der Naturwissenschaften, d.h. die fortschreitende Verwandlung des Produktionsprozesses in einen wissenschaftlichen Prozeß, ist die Grundlage des wachsenden Einflusses, den die Naturwissenschaf-

ten auch in allen übrigen Bereichen der Gesellschaft gewinnen. Daher liegt in einem Verständnis der naturwissenschaftlich-technischen Grundlagen des Produktionsprozesses die Basis für das Verständnis der Rolle der Naturwissenschaften für die gesellschaftliche und individuelle Lebenssphäre. Bei den Schülern der 7. Jahrgangsstufe kann nicht davon ausgegangen werden, daß sie wissen, was materielle Arbeit ist und welche unterschiedlichen Formen sie annimmt. Dieses Wissen ist jedoch die notwendige Voraussetzung zum Verständnis der gesellschaftlichen Produktion. Der naturwissenschaftliche Anfangsunterricht hätte also den Schülern der 7. Jahrgangsstufe zunächst einmal, ausgehend von ihren Erfahrungen, ein grundlegendes und ausbaufähiges Konzept von materieller Arbeit zu vermitteln als Grundlage für weitere Lernschritte. Die didaktische Realisierung dieses Ziels bereitet allerdings einige Schwierigkeiten. Wir haben versucht, dieses Problem folgendermaßen zu lösen: Jeder einzelne materielle Arbeitsprozeß – unabhängig von seiner gesellschaftlichen Form – gliedert sich in:

- Zielbestimmung (auf Grund gesellschaftlicher Bedürfnisse) und Planung (entsprechend dem jeweiligen Entwicklungsstand gesellschaftlicher Erfahrung) sowie
- Durchführung (als Wechselwirkung von Arbeitskraft, Arbeitsmittel und Naturstoff).

In der heutigen industriellen Produktion mit ihrer weit fortgeschrittenen Arbeitsteilung sind diese Bestandteile nur sehr schwer zu erkennen, und ihr Zusammenhang ist nur schwer zu durchschauen. Deshalb ist der grundlegenden Begriffsklärung, d.h. der Analyse des einfachen Arbeitsprozesses, sei es in der Urform bei den Vorfahren des heutigen Menschen (B 7.1.1.), sei es in der Form des handwerklichen (P 7.1.1.) oder eines stoffproduzierenden Arbeitsprozesses (C 7.1.1.), große Bedeutung beizumessen. Der Schüler lernt im naturwissenschaftlichen Anfangsunterricht die Struktur und die Bestandteile des einfachen Arbeitsprozesses, seine Bedeutung in vergangener und gegenwärtiger Produktion und den Übergang zur maschinellen Produktion kennen. Dabei wird an einfachen, vom Schüler nachvollziehbaren Beispielen der Zusammenhang zwischen Produktion und menschlichem Wissen dargestellt. Im Anschluß daran können auch komplexere Formen dieses Zusammenhangs, insbesondere die naturwissenschaftlichen Grundlagen der industriellen Produktion vermittelt werden. Dies geschieht in den verschiedenen Fächern je nach ihrem Gegenstand mit unterschiedlicher Gewichtung. Bis zum Ende der 9. Jahrgangsstufe werden die naturwissenschaftlich-technischen Grundlagen der Produktion bis hin zu den modernsten Formen angesprochen (Erdöl, Kunststoff, Computerindustrie, vollautomatische Produktion). Dies geschieht nicht, indem der Unterricht der Geschichte der naturwissenschaftlichen Erkenntnis und der Geschichte der Produktivkräfte folgt; vielmehr werden entsprechend dem heutigen Stand der

Erkenntnis historisch relevante und aktuelle Lösungen bestimmter Probleme, z.B. die Nutzbarmachung der Naturkräfte (P 8.), dargestellt. Die moderne industrielle Produktion wird erst relativ spät im Unterrichtsgang behandelt, da die Komplexität der fachlichen und gesellschaftlichen Zusammenhänge dies erfordert.
Den Schülern, als den zukünftigen Lohnabhängigen, soll auf diese Weise geholfen werden, Selbstbewußtsein zu entwickeln, indem sie einsehen, daß alle Werte durch menschliche Arbeit geschaffen werden und daß das für alle technischen Entwicklungsstufen gilt.
Selbstbewußtsein und technologisches Grundwissen sind wichtig bei der Verwirklichung von Selbst- und Mitbestimmung: Wenn die Arbeitnehmer in der Lage sind, ihren Arbeitsplatz im Zusammenhang des jeweiligen Produktionsablaufs zu sehen und wenn sie technologische Alternativen kennen, werden sie es leichter durchschauen, wenn man ihnen bestimmte arbeitsorganisatorische Maßnahmen, die in Wirklichkeit aus betriebspolitischen oder finanziellen Gründen getroffen wurden, als „technische Sachzwänge" verkaufen will. Es gibt keine Gefährdungen am Arbeitsplatz (PVC, Lärm usw.) oder der Umwelt, deren Beseitigung unüberwindliche technische Schwierigkeiten machte.

1.2 Auswirkungen der Naturwissenschaften auf die gesellschaftliche und individuelle Lebenssphäre

Naturwissenschaftlicher Unterricht hat die Aufgabe, die Auswirkungen naturwissenschaftlicher Erkenntnisse auf die gesellschaftliche und individuelle Lebenssphäre (Reproduktionssphäre) deutlich zu machen. Wenn wir die individuelle Lebenssphäre gesondert benennen, so deshalb, weil für den Schüler die ihn als Individuum betreffenden Fragen von besonderer Wichtigkeit sind und ihm dabei – auch wenn die Herstellung des gesellschaftlichen Bezugsrahmens nicht immer möglich ist – konkrete Hilfen gegeben werden sollten. Die mit Hilfe der Naturwissenschaften entwickelte Produktion hat für jeden einzelnen wie für die Gesellschaft insgesamt die Lebensbedingungen einschneidend verändert. Dies gilt für nahezu jeden Lebensbereich, ob wir die Wohnbedingungen, die Ernährung, den Freizeitbereich oder die Umwelt betrachten.
Dabei sei nicht übersehen, daß die Mehrzahl der Menschen auf der Welt an diesen Veränderungen nicht oder nur bedingt teilhat, da die Produktion in vielen Ländern noch auf vorindustriellem Niveau stattfindet. Durch vereinzelte Maßnahmen, z.B. im Bereich der medizinischen Versorgung, wurden zwar auch dort Verbesserungen erzielt, die aber, da es sich nicht um einen gesamtgesellschaftlichen Fortschritt handelt, zum Teil andere schwerwiegende Probleme nach sich ziehen (z.B. Bevölkerungszunahme).

Im Unterricht muß primär die Abhängigkeit des gesellschaftlichen und individuellen Lebens von der Art und Weise der Produktion deutlich gemacht werden. Nur so können einerseits kulturpessimistische Einstellungen (zurück zur Natur) bei der Behandlung aktueller Probleme vermieden, andererseits die Ursachen für negative Entwicklungen erkannt werden.
Das bedeutet, daß auch für eine adäquate Beurteilung und Behandlung von Problemen der individuellen und gesellschaftlichen Lebenssphäre entsprechende Grundkenntnisse über den Produktionsbereich vermittelt werden müssen.
So erfordert die Behandlung der Fragen des Umweltschutzes neben einer Vielzahl fachwissenschaftlicher Vorkenntnisse einen Einblick in moderne Formen der Produktion. „Für den Schüler ist es wichtig zu erkennen, daß die Probleme der Erhaltung der natürlichen Umwelt darin ihre Ursache haben, daß einerseits der größte Teil der Menschen an der Produktion teilnimmt und von ihr betroffen ist, daß sich aber andererseits in Konfliktfällen häufig Profitinteressen gegenüber allgemeinen Interessen und Bedürfnissen der Gesellschaft durchsetzen“ (s. Grobplan S. 21).

1.3 Naturwissenschaften und gesellschaftliches Bewußtsein

In der Sachanalyse wurde die Wechselwirkung zwischen dem Erkenntnisfortschritt der Naturwissenschaften und den Veränderungen des gesellschaftlichen Bewußtseins herausgearbeitet. Dies liefert weitere Kriterien zur Auswahl und Strukturierung der Inhalte, und zwar auf zweierlei Weise:
Zum einen ist es Aufgabe des Schulunterrichts, den Entwicklungsstand der naturwissenschaftlichen Erkenntnis auf möglichst aktuellem Niveau zu vermitteln. Dadurch wird – zwangsläufig – ein wissenschaftliches Bild der Welt (ein Weltbild) aufgebaut, ohne daß dieses Faktum für den Schüler eigens herausgestellt würde. Aufgabe des Curriculums ist es, zu allen wesentlichen Fragen die dem aktuellen Erkenntnisstand entsprechenden Antworten zu erarbeiten. Dies bedeutet, zum Beispiel in der Biologie Fragen wie: Was ist Leben? Wie ist es entstanden? Wie ist der Mensch entstanden? zu thematisieren und diejenigen Befunde oder experimentellen Ergebnisse, die eine wissenschaftliche Beantwortung ermöglichen, darzustellen. Eine für alle drei naturwissenschaftlichen Fächer zentrale Aufgabe ist die Vermittlung des Verständnisses für die Materialität der Welt (und damit für ihre prinzipielle Erkennbarkeit). Dazu sind besonders die neueren Ergebnisse der Naturwissenschaften und ihre experimentellen Begründungen von Bedeutung. Der Biologieunterricht hat hier das stärkste Nachholbedürfnis und eine besonders wichtige Funktion.
Zum anderen ist es sinnvoll, bei bestimmten Fragestellungen nicht nur durch Darstellung der naturwissenschaftlichen Ergebnisse zum Aufbau eines Weltbil-

des beizutragen, sondern darüber hinaus die weltanschaulichen Fragen direkt zu thematisieren, d.h. historische und aktuelle Anschauungen und ihre Begründungen zu analysieren. Die beiden Formen der Vermittlung eines wissenschaftlichen Weltbildes lassen sich natürlich nicht streng trennen. So werden z.B. zu den oben genannten Fragen: Was ist Leben?, Wie ist es entstanden? in der 10. Jahrgangsstufe die weltanschaulichen Konsequenzen explizit angesprochen (B 10.2.5). Die Aufnahme anderer Themenkreise wie z.B. der Astronomie in den Grobplan ist hauptsächlich durch ihre weltanschauliche Bedeutung begründet, ohne daß diese explizit thematisiert würde (siehe hierzu Kapitel II).

2. Vermittlung der naturwissenschaftlichen Denk- und Experimentierweise

2.1 Bedeutung des Experiments für Auswahl und Strukturierung der Inhalte

Der naturwissenschaftliche Forschungsprozeß wird von dem Bestreben geleitet, beim Auftreten unverständlicher Erscheinungen nach einer natürlichen, materiellen Ursache zu suchen.
Er geht von der Überzeugung aus, daß die Welt grundsätzlich verstehbar ist. In den Naturwissenschaften wird versucht, jede theoretische Aussage praktisch, d.h. experimentell überprüfbar zu machen und nur solchen zu vertrauen, die einer Prüfung standhalten oder auf gesicherte Aussagen zurückgeführt werden können: Ablehnung freier Spekulation zugunsten der experimentellen Methode.
Experimente sind als „Praxis“, als Einheit von Denken und planvollem Handeln ein Teilbereich gesellschaftlicher Arbeit. Dieser Teilbereich ist in ständiger Entwicklung begriffen. Naturwissenschaften sind daher nicht als Faktenbestand, sondern als Prozeß zu begreifen und zu vermitteln.
Bei der Vermittlung der Naturwissenschaften als einer Übersicht über ihre Ergebnisse, wie sie z.B. in Lehrbüchern und Vorlesungen üblich ist, geht ihr prozessualer Aspekt weitgehend verloren. In der Ausbildung der Naturwissenschaftler an der Universität wird er – teilweise – durch Praktika, insbesondere aber durch die Perioden eigener Forschung wieder eingeholt. In der Schule ist eine derartige Trennung nicht akzeptabel. Hier muß auf jeder Stufe jede Theorie in ihren praktischen Entstehungszusammenhang gestellt werden. Allgemein ausgedrückt bedeutet das, die naturwissenschaftlichen Ergebnisse sollten soweit möglich als Interpretation experimenteller Resultate vermittelt werden. Was dies für Auswahl und Strukturierung der Unterrichtsinhalte

bedeutet, läßt sich besonders gut verdeutlichen, wenn erst einmal klargestellt wird, was damit nicht gemeint sein kann: Experimente im Unterricht haben eine andere Stellung als Experimente im Forschungsprozeß. Die Naturgesetze des Lehrplans sind schon entdeckt, und man sollte in der Regel nicht so tun, als ob man sie wiederentdecken wollte oder könnte. Zudem bedeutet das *eine* Experiment, das in der Schule durchgeführt worden ist, noch nicht viel. Erst seine reproduzierbare Wiederholung, seine jahrzehntelange Bewährung in Wissenschaft und Produktion gibt ihm seinen Rang.

Eng damit verknüpft ist ein weiteres Problem: Die Forderung nach experimentellem Unterricht – und hier ist vor allen Dingen schülerexperimentell gemeint – kann dazu verführen, nur solche Unterrichtsinhalte zu planen und an den Schüler heranzutragen, die „machbar“ sind, zu denen experimentelle Vorschläge vorliegen, zu denen die einschlägigen Firmen die benötigten Geräte in Katalogen anbieten, bei denen auf Erfahrungen aus der Schule zurückgegriffen werden kann. Eine derartige Beschränkung darf keinesfalls dazu verleiten, auf eine gute experimentelle Fundierung des Unterrichts zu verzichten. Wo immer möglich, sollten Schülerexperimente eingesetzt werden, und es gibt weitaus mehr Gebiete, die „machbar“ sind, als bisher für den Schulunterricht erschlossen wurden. Besonders neuere Disziplinen und Ergebnisse werden meist für Jahrzehnte aus Schulexperimenten herausgehalten mit der keineswegs generell stichhaltigen Begründung, sie seien in der Schule nicht möglich auf Grund mangelnder Ausstattung (siehe hierzu im Grobplan: Herstellung von Eisen C 7.1. und Polystyrol C 9.2.). In gut ausgestatteten Schulen, z. B. in vielen Gesamtschulen, könnten dem experimentellen Unterricht noch viele Gebiete erschlossen werden. Hierin liegt eine zentrale Aufgabe weiterer Curriculumarbeit.

Die Forderung nach schülerexperimentellem Unterricht darf jedoch auch nicht zum Fetisch gemacht werden. Bestimmte naturwissenschaftliche Erkenntnisse von hoher wissenschaftlicher und/oder gesellschaftlicher Bedeutung müssen den Schülern vermittelt werden, auch wenn sie von der Sache her nicht experimentell erarbeitet werden können oder eine ausreichende theoretische Begründung die Möglichkeiten der Sekundarstufe I überschreitet (z. B. Entstehungsgeschichte des Menschen).

2.2 Bedeutung des theoretisch-systematischen Charakters der Naturwissenschaften für Auswahl und Strukturierung der Inhalte

Die theoretische Denkweise der Naturwissenschaften wird im allgemeinen, besonders in den Plänen von Haupt- und Realschule nicht angemessen berücksichtigt. Diese Tatsache hat zur Folge, daß die Naturwissenschaften in den Augen vieler Menschen immer noch eine Sonderstellung einnehmen. Wissenschaftliche Denkweise bleibt unzugänglich, weil sie theoretisches Denken ist, das gelernt werden muß, und erhebliche Unterschiede zum alltäglichen Denken aufweist. Theoretisches Denken wird geradezu als Gegensatz gesehen zu anschauungsgebundenem Denken, das äußerlichen, sinnlich wahrnehmbaren Phänomenen verhaftet bleibt und daher vorwiegend auf Grund äußerlicher Merkmale klassifiziert und verallgemeinert. Die hier immer wieder hervorgehobene wissenschaftliche Qualifikation dagegen läßt sich beschreiben als die Fähigkeit zum theoretischen Erfassen naturwissenschaftlicher Phänomene und ihres Zusammenhangs mit Produktion und Gesellschaft. Theoretisches Denken in diesem Zusammenhang bedeutet:

- Aufdecken der hinter den Erscheinungen verborgenen Gesetzmäßigkeiten,
- Fähigkeit, Dinge und Erscheinungen nicht isoliert, sondern zusammenhängend, in Wechselwirkung stehend sehen zu können,
- Verstehen, warum etwas so ist, seine Funktion, die Gesetzmäßigkeit und Notwendigkeit seines Auftretens erkennen können,
- Begreifen, d. h. das Wesentliche einer Erscheinung in Begriffe fassen können.

Natürlich ist wissenschaftliches Denken nicht „rein theoretisch"; empirische und theoretische Elemente müssen vielmehr in Wechselwirkung miteinander gesehen werden. Hier soll lediglich der entscheidende Aspekt der wissenschaftlichen Denkweise betont werden. Dieses theoretische Denken entwickelt sich nicht von selbst, ist auch nicht allein aus der Planung, Durchführung und Interpretation von Schülerexperimenten zu entwickeln. Seine Entwicklung muß vielmehr bereits bei der Erstellung des Curriculums vorbereitet werden.
Der rasante Anstieg experimenteller Daten, die immer schneller fortschreitende Spezialisierung und Entstehung neuer Integrationsdisziplinen kann nun zu der These verführen, unser Wissen veralte so schnell, daß sich die Vermittlung eines bestimmten Wissenskanons an die Schüler nicht lohne; statt dessen solle in der Schule „Lernen des Lernens" an mehr oder weniger beliebigen Inhalten geübt werden. Diese These trifft jedoch in dieser Allgemeinheit nicht zu:
„Die Entfaltung einer Erfahrungswissenschaft führt keineswegs einfach zu einer sich steigernden Kurzlebigkeit ihrer Ergebnisse. In unserem Zusammenhang ist vor allem wichtig, daß wissenschaftliche Aussagen nicht auf gleicher Front altern. Was das wissenschaftliche Grundgerüst angeht, so liegen die Verhältnisse gerade umgekehrt, als allgemein unterstellt wird: in jungen Erfahrungswissenschaften unterliegt es zahlreichen Revisionen, in älteren ist es sehr stabil. Die Lehrbücher der Chemie z. B. veralteten zwischen 1850 und 1880 ganz rapide. Vom begrifflichen Gerüst eines guten Chemiebuches von 1942 ist heute kaum etwas zu revidieren, wir haben im Gegenteil gelernt, dieses Gerüst viel konsequenter anzuwenden. Die lawinenartig anschwellende Flut von chemi-

schen Einzelobjekten korrespondiert mit einem relativ beständigen begrifflichen Grundgefüge, nur mit seiner Hilfe läßt sich diese Fülle strukturieren"[1]. Dieses relativ beständige begriffliche Grundgefüge der einzelnen naturwissenschaftlichen Disziplinen tendiert zu einer zunehmenden Vereinheitlichung. Ein solches Begriffsgefüge, der Umgang mit abstrakten Begriffen, mit den grundlegenden Konzepten der Wissenschaften und den Hauptsäulen naturwissenschaftlicher Weltbetrachtung muß schrittweise entwickelt werden. Dabei handelt es sich keineswegs um eine einzuübende, dogmatische, wie Vokabeln erlernbare Weltbetrachtung, sondern um ein offenes, sich kontinuierlich entwickelndes Theoriegebäude, wobei die Überprüfbarkeit durch Praxis (Produktion und Experiment) das Wahrheitskriterium darstellt (siehe hierzu Kapitel II).

Wir plädieren also für ein Curriculum, das sich an der objektiven Systematik, – d.h. an dem der unbelebten und belebten Natur innewohnenden System – orientiert, und wenden uns damit gegen die wiederholt geäußerte Auffassung von der Beliebigkeit in Auswahl und Aufeinanderfolge von Inhalten. Es gibt z.B. verschiedene Stufen der Komplexität lebender Systeme. Eine dem gegenwärtigen Stand der Erkenntnis angemessene Betrachtungsweise erfordert es, diese Stufen der Komplexität zu berücksichtigen. Die ökologischen Grundlagen des Umweltschutzes sind ohne Kenntnisse von Bau und Funktion der in einem Ökosystem lebenden Organismen nicht sinnvoll zu behandeln; diese müssen *vorher* erarbeitet werden. Dagegen steht die Vorstellung einer ad hoc-Bearbeitung von notwendigen Voraussetzungen. Dies konsequent angewandt, führt zu eine derartigen Verkomplizierung einfacher Zusammenhänge, daß die als Begründung meist angeführten motivationalen Vorteile sich kaum als tragfähig erweisen werden. Näheres zu den hier angedeuteten Problemen wird bei der Darstellung der den Fächern zugrunde gelegten Systematik ausgeführt.

---

1 Storck, H.: Intentionen und Auswirkungen des Projektunterrichts. In: H. Schmidt (Hrsg.), Zur Didaktik der Physik und Chemie. Hannover 1973, S. 241.

3. Anwendung der Kriterien bei der Auswahl und Strukturierung der Inhalte des Biologie-, Chemie- und Physikunterrichts

3.1 Biologieunterricht

3.1.1 Biologie und Produktion

Die Bedeutung der Biologie für die Produktion einer Gesellschaft, für die Sicherstellung der materiellen Basis, wurde und wird im Biologieunterricht im allgemeinen vernachlässigt. Die Betrachtung der Natur, wie sie im traditionellen Schulunterricht betrieben wird, geschieht scheinbar wertfrei, mehr zur Erbauung und individuellen Bereicherung als zur Aneignung des gesellschaftlich erarbeiteten Wissens über die Natur.
Der Grund für die fehlende Bewußtheit bisheriger Biologie und Schulbiologie ihrer gesellschaftlichen Bezogenheit gegenüber ist die Tatsache, daß sich landwirtschaftliche Produktion und Lebensmittelindustrie in der Geschichte eine entwickelte Praxis auf überwiegend empirischer Basis geschaffen haben, die erst heute zunehmend von Wissenschaft durchdrungen wird. Das führte zur isolierten Entwicklung von Medizin, Züchtungsforschung, Biochemie und „Biologie", die sich ihrerseits lange Zeit hindurch als überwiegend morphologisch und systematisch orientierte Zoologie und Botanik an der Hochschule etablierte. Erst heute beginnt man zunehmend, „Biologie" als die Basis aller Biowissenschaften zu begreifen und ein systematisches und theoretisches Gebäude zu entwickeln. Seit ihre Ergebnisse sich in der Produktion verwerten ließen, wurde die Biologie als Wissenschaft etabliert und entsprechend stark gefördert.
Für welche Bereiche der gesellschaftlichen Produktion sind nun die Ergebnisse der Biologie von Bedeutung? An erster Stelle steht zweifellos die Bedeutung biologischer Erkenntnisse für Ackerbau und Viehzucht, für die Fortentwicklung der landwirtschaftlichen Produktion. Dies um so mehr, als eine der zentralen Zukunftsfragen der Menschheit die Erhöhung der Produktivität der Landwirtschaft ist. Die landwirtschaftliche Produktion stellt daher eine der Haupttriebfedern für die Weiterentwicklung und eines der wichtigsten Anwendungsgebiete biologischer Erkenntnisse dar. An zweiter Stelle als Anwendungsgebiete biologischer Erkenntnisse und Ausgangspunkt biologischer Forschung stehen diejenigen Industriezweige, welche pflanzliche und tierische Rohstoffe verarbeiten oder in ihrer Produktion biologische Prozesse einsetzen (Gärungsindustrie, Nahrungsmittelindustrie, Abwasseraufbereitung).

In dem Grobplan wird die landwirtschaftliche Produktion und damit untrennbar verbunden die menschliche Ernährung an verschiedenen Stellen thematisiert: In der ersten Unterrichtseinheit „Wie aus Affen Menschen wurden" (B 7.1) wird die Sonderstellung des Menschen unter den Lebewesen erarbeitet, dadurch, daß die Auseinandersetzung des Menschen mit der Natur in ihrer besonderen Spezifik in den Mittelpunkt der Analyse gerückt wird. In dieser UE soll deutlich werden, daß es des Menschen gesellschaftliche Natur ist – d.h. vor allem die gesellschaftliche Arbeit als Mittel der Naturbeherrschung und Naturerkenntnis –, die ihn von den Tieren unterscheidet. Durch sie kann er die Natur erkennen und in immer besserer Form in seinem Interesse umgestalten. In der anschließenden UE B 7.2 „Die Zelle" wird der begonnene Gedankengang in bezug auf landwirtschaftliche und industrielle Produktion fortgesetzt, indem die spezialisierte Zelle als Grundlage für Nahrungsmittel und Rohstoffe untersucht wird.
Die daran anschließende UE „Landwirtschaftliche Produktion und menschliche Ernährung" (B 8) behandelt vornehmlich die produktive Nutzung biologischer Erkenntnisse. Der pflanzliche und tierische Stoffwechsel wird unter dem Gesichtspunkt der Stoffproduktion im Dienste des Menschen, der Stoffwechsel des Menschen unter besonderer Berücksichtigung ernährungs- und arbeitsphysiologischer Fragestellungen untersucht. Die Behandlung der menschlichen Ernährung im Anschluß daran ermöglicht es, neben dem individuellen Aspekt auch die gesellschaftlichen Bedingungen der menschlichen Ernährung, ihre historische Bestimmtheit und ihre Abhängigkeit von der Art der gesellschaftlichen Produktion zu verstehen. Damit ist eine notwendige Voraussetzung geschaffen für die anschließende UE „Welternährung" (B 9.1), in der die natürlichen und gesellschaftlichen Bedingungen landwirtschaftlicher Produktion auf der Erde untersucht werden und das Welternährungsproblem in naturwissenschaftlich-technischer wie in gesellschaftlich-ökonomischer Hinsicht angesprochen wird.
Von dieser Stelle an wird im Curriculum Biologie die Produktion nicht mehr zum zentralen Thema für ganze Unterrichtseinheiten; dennoch bleibt sie weiterhin ein wesentliches Auswahl- und Strukturierungskriterium und wird zudem immer wieder als Basis für die Analyse komplexer Problemstellungen benutzt. So z.B. in der folgenden UE B 9.2 „Ökologie und Umweltschutz", in der deutlich werden soll, daß der Mensch seit jeher in das bestehende Gleichgewicht der Natur eingegriffen hat, um sie zu seinen Gunsten zu verändern, daß aber heute unter gesellschaftlichen Bedingungen, in denen diese Eingriffe gewaltige Ausmaße angenommen haben und zum Teil allein vom Profitinteresse bestimmt werden, eine existentielle Bedrohung der natürlichen Ressourcen gegeben ist.
In der folgenden UE „Nerv – Sinne – Verhalten" (B 9.3) spielt der produktionsbezogene Aspekt eine zweifache (wenn auch untergeordnete) Rolle. Zum einen wird zum Verständnis der materiellen Grundlagen des

Denkens (B 9.3.1) die Produktion, die gesellschaftliche Praxis als Quelle der Erkenntnis dargestellt. Zum anderen wird tierisches Verhalten und seine Erforschung auch in seiner Bedeutung für die landwirtschaftliche Produktion gesehen (B 9.3.2).
In der UE „Genetik“ (B 10.1) nimmt naturgemäß die Produktion einen bedeutenden Rang ein, da sowohl historisch als auch aktuell genetische Kenntnisse vorwiegend in der Nahrungsmittelproduktion angewandt werden. So wird das Problem der Mutation besonders unter dem Aspekt der Mutation zur Resistenz sowie von deren Bedeutung in Medizin und Landwirtschaft gesehen (B 10.1.3) und die Mendel-Genetik dort, wo ihre Quelle lag und wo sie heute noch von großer Bedeutung ist, nämlich in der Züchtung, behandelt.

3.1.2 Auswirkungen der Biologie auf die gesellschaftliche und individuelle Lebenssphäre

Die Biologie lenkt weit stärker als die Physik und Chemie den Blick auf Auswirkungen naturwissenschaftlicher Erkenntnisse auf die gesellschaftliche Lebenssphäre. Dies liegt darin begründet, daß durch die fortschreitenden Erkenntnisse über Lebensprozesse, über die biologischen Grundlagen der menschlichen Existenz der inhumane Charakter von Maßnahmen, die nur im Profitinteresse, ohne Rücksicht auf die künftige Entwicklung der Menschheit getroffen werden, zutage tritt: Raubbau an der Natur, Monokulturen, Ruinierung der Gesundheit arbeitender Menschen (PVC) u. ä.
Der Biologieunterricht hat in diesem Zusammenhang die Aufgabe, Konsequenzen, die sich aus den Erkenntnissen der Biologie für den einzelnen und für die Gesellschaft insgesamt ergeben, zu thematisieren. Hierzu gehören die Anwendungen biologischer Erkenntnisse, durch die das Leben menschenwürdiger gestaltet werden kann (medizinische Fortschritte, hygienischer Fortschritt usw.), als auch die Information über Gefahren, die eine zunehmend unkontrollierte Zerstörung der natürlichen Grundlagen des Lebens (Umweltzerstörung, Zerstörung der Gesundheit, Militärtechnik) in sich birgt. Derartige Überlegungen reichen von der individuellen Lebensführung bis zu gesamtgesellschaftlichen und sogar weltweiten Problemen und deren Lösungsmöglichkeiten. Wir sehen dabei für die unterrichtliche Behandlung einen medizinischen und einen umweltbezogenen Schwerpunkt.

a) Zum medizinischen Schwerpunkt:
In der 7. Klasse in der UE „Die Zelle“ (B 7.2) wird am Beispiel der Blutzellen die Bedeutung des Zellkonzeptes für die Medizin erarbeitet. Kenntnisse von Bau und Funktion der Blutzellen sind Voraussetzung zur Heilung, sei es bei den Problemen der Wundheilung, der Bluttransfusion oder der Blutkrankheiten.

Krebs wird als Problem der Regulation der Zellteilung angesprochen und schließlich den hygienisch-medizinischen Fragen der krankheitserregenden Einzeller besondere Aufmerksamkeit gewidmet. In der Bekämpfung der Infektionskrankheiten, der Beseitigung der großen Seuchen liegt zweifellos eine der bedeutendsten Anwendungen der Kenntnisse über einzellige Lebewesen. Die experimentelle Arbeit mit Mikroorganismen vertieft das Verständnis der Schüler für die historisch notwendigen Vorbedingungen der Entdeckung von Bakterien und für die Probleme hygienischer Aufklärung.
Anschließend werden medizinische Fragen auf der humanbiologischen Ebene in der UE „Landwirtschaftliche Produktion und menschliche Ernährung" (B 8) behandelt. Neben der Betrachtung ernährungsphysiologischer Fragestellungen wird die Abhängigkeit der Ernährung von den gesellschaftlichen Bedingungen untersucht, werden Überlegungen zu einer gesunden individuellen Lebensführung angestellt (B 8.3). Der Stoffwechsel des Menschen wird unter dem Schwerpunkt Arbeitsmedizin gesehen, dies besonders bei den Erkrankungen der Atmungs- und Kreislauforgane. Dabei ist es wichtig, auch Hilfen für die individuelle Gesunderhaltung zu geben. Eine Fortführung findet die arbeitsmedizinische Betrachtung in der zweiten UE mit humanbiologischem Schwerpunkt „Nerv – Sinne – Verhalten" (B 9.3). Hier werden Erkrankungen des Nervensystems und der Sinnesorgane (Lärmbelästigung, Nervenüberreizung) zum Thema des Unterrichts (B 9.3.1). Den Abschluß im Grobplan finden medizinische Überlegungen in der UE „Genetik" (B 10.1), in der die mutationserzeugende Wirkung von Strahlen und Chemikalien, deren Ausnutzung zu therapeutischen Zwecken und die Resistenzmutationen als medizinisches Problem von zunehmender Bedeutung thematisiert werden. Der humangenetische Anteil in dieser UE (Erbe – Umwelt) befaßt sich ausführlich mit der Diagnose und Behandlung von Erbkrankheiten und hilft, den Begriff des „Ererbten" und den Krankheitsbegriff entsprechend dem heutigen medizinischen Entwicklungsstand zu relativieren.

b) Zum umweltbezogenen Schwerpunkt:
Probleme der Veränderung der natürlichen Umwelt durch den Menschen können erst relativ spät innerhalb eines Biologiecurriculums angesprochen werden; denn zu ihrer Bearbeitung sind eine Reihe von Voraussetzungen erforderlich, die nur schwerlich ad hoc erarbeitet werden können. So steht in dem Grobplan die Umwelt erst in der 9. Klasse in der UE „Ökologie und Umweltschutz" im Mittelpunkt. Vorher sind aber Voraussetzungen geschaffen worden. So in der ersten UE „Wie aus Affen Menschen wurden", indem erst einmal festgestellt wird, warum der Mensch seine natürliche Umwelt in seinem Interesse umgestaltet und wodurch er dazu weit umfassender als alle anderen Lebewesen in der Lage ist. In der anschließenden UE „Die Zelle" werden einzelne Fachprobleme schon vorab geklärt, so z. B. Fragen der Abwässerreinigung bei der Betrachtung von Mikroorganismen im Wasser (B 7.2.5). In der UE

„Landwirtschaftliche Produktion und menschliche Ernährung“ wird immer wieder das Verhältnis einzelner Organismen zur natürlichen Umwelt als stoffliches und energetisches Wechselspiel analysiert. Mit der UE „Welternährung“ wird der Blick auf weitergehende Zusammenhänge gelenkt, wird gelernt, wie natürliche von gesellschaftlichen Bedingungen unterschieden werden müssen und welche Wechselbeziehungen zwischen beiden bestehen. In der folgenden UE „Ökologie und Umweltschutz“ werden neben den ökologischen Grundlagen des Umweltschutzes vor allem auch die Probleme angesprochen, die gesellschaftlicher Natur sind. Dies kann natürlich nicht erschöpfend geschehen, unverzichtbar ist aber die klare Herausarbeitung der gesellschaftlichen Natur vieler Umweltprobleme und der Notwendigkeit gesellschaftlicher Planungen. In den beiden darauf folgenden Unterrichtseinheiten werden Teilaspekte der Umweltproblematik weiter vertieft, einerseits das Verhältnis des Individuums zu seinen Umweltbedingungen, seinem Verhalten und seinen Leistungen (UE „Nerv – Sinne – Verhalten“), andererseits die Auswirkungen der Umweltbedingungen auf das Erbgut (Strahlen, Chemikalien, komplexe Umwelteinflüsse, B 10.1.2 und 3) oder die Art der Ausprägung der Erbinformation (UE „Genetik“).

3.1.3 Biologie und gesellschaftliches Bewußtsein

Der Biologieunterricht hat traditionell weit stärker als die anderen Naturwissenschaften seine Aufgabe darin gesehen, neben oder statt der Vermittlung wissenschaftlicher Erkenntnisse bestimmte Einstellungen und Anschauungen zu vermitteln. Eine Analyse der gebräuchlichsten Schulbücher[2] zeigt, wie erschreckend hoch darin auch heute noch der Anteil von wissenschaftlich nicht begründbaren Meinungen zu bestimmten Themen ist. Sei es die Sicht der Natur als eines wunderbaren, dem menschlichen Verstand letztlich nicht zugänglichen Geheimnisses, sei es die Vorstellung von der Vererbung menschlicher Eigenschaften als Schicksal oder von der Entstehung des Lebens als weithin ungeklärtem Geheimnis, sei es die anthropomorphe Deutung der Tiere und ihrer Verhaltensweisen. Die durch den Schulunterricht vermittelte Anschauung von der Natur wird ergänzt durch eine Vielzahl populärer Darstellungen in den Massenmedien, die der Schüler nicht kritisch hinterfragen gelernt hat. Angesichts dieser Lage der Schulbiologie ist es besonders notwendig, sich in der Planung eines Curriculums möglichst detailliert Rechenschaft abzulegen über die zu vermittelnden Inhalte, über ihren direkten oder indirekten Beitrag zur Herausbildung von Anschauungen und Bewußtseinsinhalten. Das sind in erster Linie:

---

2 Jeske, H.: Zum Weltbild von Biologie-Schulbüchern. In: Das Argument 96, 1976, S. 181.

a) Die Materialität und prinzipielle Erkennbarkeit aller biologischen Strukturen und Prozesse:

Dazu gehört die Kenntnis von der belebten Natur als besonders komplex organisierter Materie, von der Materialität der Entstehung des Lebens und der biologischen Evolution, von der Materialität der ontogenetischen Prozesse und der Struktur lebender Systeme, von den materiellen Grundlagen des Denkens.

b) Die Sonderstellung des Menschen im System der Natur:

Der Mensch gehört zur Klasse der Säugetiere, mit denen er durch alle wesentlichen biologischen Merkmale verbunden ist. Die allgemeinen biologischen Kennzeichen und Gesetzmäßigkeiten des Lebens besitzen auch für den Menschen Gültigkeit. Die Entwicklung des Menschen aus den Tieren läßt sich dennoch nicht allein mit biologischen Gesetzmäßigkeiten erklären. Der Mensch ist vor allem gesellschaftliches Wesen. Durch die gesellschaftliche Arbeit, durch die stetige Entwicklung seiner körperlichen und geistigen Fähigkeiten und seiner Lebensweisen im Prozeß der aktiven Gestaltung der Natur ist der Mensch Schöpfer der menschlichen Gesellschaft und damit Schöpfer seiner selbst geworden. Schlußfolgerungen aus biologischen Erkenntnissen auf das Wesen des Menschen müssen diese seine Sonderstellung stets berücksichtigen.

c) Biologie als Prozeß der Erkenntnis:

Neben Fakten, Begriffen und Theorien müssen auch die Methoden und Verfahren wissenschaftlichen Denkens, die Techniken geistiger und praktischer Tätigkeit Gegenstand des Unterrichts sein. Nur ein Denken in Methoden schafft die Voraussetzung für eine kritische Würdigung von Ideen und Schlußfolgerungen, die angeblich oder tatsächlich auf biologischen Erkenntnissen basieren.

d) Über das bisher Gesagte hinaus muß der Biologieunterricht als Vermittler von Bewußtseinsinhalten aufzeigen, daß die Biologie eine Wissenschaft ist, die wie jede Wissenschaft eine Geschichte hat, und die wie jede andere Wissenschaft eine gesellschaftliche Erscheinung ist:
Das heißt, es muß jedesmal gefragt werden, aus welchen gesellschaftlichen Bedürfnissen heraus Kenntnisse entstanden sind und nutzbar gemacht wurden und mit Hilfe welcher gesellschaftlicher Erfahrung neue Erkenntnisse jeweils möglich waren.

Im folgenden sei kurz dargestellt, wie die (insbesondere unter a) und b)) aufgeführten Überlegungen im Grobplan Eingang gefunden haben. Zu den unter c) und d) angesprochenen Forderungen wird weiter unten (3.1.4) Ausführliches gesagt.

Zu a) Das Bewußtsein von der Materialität aller biologischen Strukturen kann vor allem durch die Betrachtung der verschiedenen Systemebenen der belebten Natur gefördert werden. In der ersten UE „Wie aus Affen Menschen wurden" wird dieser Gedanke vorbereitet, indem der Mensch als Lebewesen charakterisiert wird, für das die gleichen natürlichen Gesetzmäßigkeiten gelten wie für alle anderen Lebewesen. In der folgenden UE „Die Zelle" wird diese natürliche Gemeinsamkeit aller Lebewesen auf die Zelle als Elementareinheit zurückgeführt und ein Verständnis für die materielle Einheite der Welt durch Erarbeitung der Kriterien des Lebens geschaffen. Die Beschäftigung mit dem Grundkonzept der Zelle und seinen Differenzierungen schließlich führt zum Verständnis für das Wechselverhältnis von Einheit und Vielfalt in der belebten Natur. Im folgenden Unterricht wird immer wieder von der materiellen Basis der betrachteten Erscheinung ausgegangen.

Zu b) Die Sonderstellung des Menschen wird gleich zu Beginn des Unterrichts in der ersten UE „Wie aus Affen Menschen wurden" zum zentralen Thema, da für alle weiteren Unterrichtsthemen ein Verständnis für den Unterschied zwischen biologischen und gesellschaftlichen Fragestellungen und Problemen vorhanden sein muß. Sicher können die Probleme in dieser Unterrichtseinheit nur angesprochen und nicht ausreichend erörtert werden. Aber es liegt eine ausbaufähige Grundlage vor, auf die im weiteren Unterricht zurückgegriffen werden kann und soll. So ist z.B. in der UE „Nerv – Sinne – Verhalten", in der zum Verständnis der Denkleistungen des Menschen die menschliche Praxis, die Auseinandersetzung mit der Natur als Voraussetzung zur Entwicklung der Denkfähigkeit (entwicklungsgeschichtlich und ontogenetisch) dargestellt wird.

3.1.4 Die Denk- und Experimentierweise der Biologie

a) Systematik im Biologieunterricht

Die bisherigen Ausführungen haben deutlich gemacht, daß wir einer systematischen Wissensvermittlung eine große Bedeutung beimessen. Was hat dies nun mit der Fachsystematik, der Systematik der Fachwissenschaft Biologie zu tun? Der Schulunterricht in Biologie hat sich bisher, soweit dies den Rahmenplänen zu entnehmen ist[3], recht wenig an einer Systematik orientiert. Er hat sich weitgehend, da er wenig wissenschaftlich betrieben wurde, auf eine Aneinanderreihung von Themen und Fakten beschränkt.
Im Grobplan ist die zugrunde liegende Systematik auch eine Systematik der Biologie selbst. Dabei ist natürlich zu beachten, daß die fachwissenschaftliche

3 Siehe hierzu: Staeck, L.: Synopse der Richtlinien und Lehrpläne für Biologie der Länder der Bundesrepublik und West-Berlins – Eine Bestandsaufnahme des Biologieunterrichts. IPN-Arbeitsbericht 11, Kiel 1974.

Forschung in der Regel einer anderen Logik folgt als die Lehre. Unter Systematik der Fachwissenschaft verstehen wir im Schulunterricht die Beachtung objektiver Zusammenhänge zwischen einzelnen Fragestellungen, Erkenntnissen und Methoden zum Zwecke ihrer didaktischen Strukturierung. Zur genaueren Erklärung ist es notwendig, sich über folgenden Sachverhalt Klarheit zu verschaffen: Wir können lebende Systeme auf verschiedenen Systemebenen betrachten: auf der Ebene der Moleküle, der Zellen, der Gewebe, der Organe, der Organismen, der Populationen usw., wobei die Gesetze, die auf niederen Ebenen Gültigkeit haben, auch auf höheren Ebenen gelten und darüber hinaus spezifische Gesetzmäßigkeiten für jede höhere Systemebene hinzukommen. Weiterhin sind lebende Systeme dadurch gekennzeichnet, daß sie sich in Entwicklung befinden, daß sie eine Geschichte haben; d.h. es gibt neben den Gesetzmäßigkeiten der Struktur und Funktion solche der individuellen und stammesgeschichtlichen Entwicklung. Obwohl wir uns der Problematik einer zweidimensionalen Darstellung dieses Sachverhaltes bewußt sind, soll als Orientierungsgrundlage für eine Strukturierung folgendes Schema dienen:

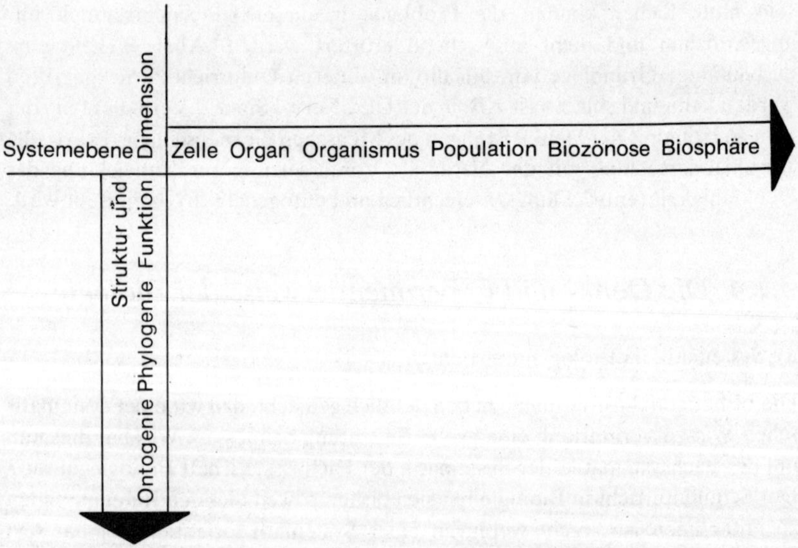

Im Grobplan wird nun hinsichtlich dieser fachlichen Systematik folgendermaßen vorgegangen: auf einer ersten Stufe wird die Zelle als System betrachtet und – soweit in der 7. Klasse möglich – auf dem Hintergrund ihrer physikalischen und chemischen Leistungen beschrieben.

In der 8. Klasse wird im wesentlichen der Organismus (mit seinen Geweben und Organen, mit seinem Bau und seinen Leistungen) in Wechselbeziehung zur jeweiligen Umwelt behandelt.

In der 9. Klasse betrachten wir den Organismus in seinen vielfältigen Beziehungen zu anderen Organismen (in der Population, der Biozönose und Biosphäre) einmal unter ökologischen, einmal unter ethologischen Gesichtspunkten. Neben den energetischen und stofflichen Interdependenzen werden die Interaktionen von Organismen auf Grund von Information – unter ihrem intellektuellen Aspekt – untersucht.
Bis zu diesem Punkt standen Struktur und Funktion im Zentrum der Betrachtung, obgleich der Entwicklungsgedanke in ontogenetischer und phylogenetischer Hinsicht ständig bei der Art der Darstellung mitberücksichtigt werden sollte. Die 10. Klasse stellt dagegen den Entwicklungsgedanken, die Entwicklung der Lebewesen, die Grundlagen und Mechanismen der Informationsweitergabe und Veränderung – d.h. den genetischen Aspekt von Information – in den Mittelpunkt der Betrachtung. Dabei geht es um Informationsweitergabe zum einen von Generation zu Generation, zum anderen innerhalb der Entwicklungsgeschichte der Lebewesen. Im Laufe des Curriculums werden so die verschiedenen Systemebenen in ihren aufeinanderfolgenden und ineinandergeschachtelten Komplexitätsstufen durchlaufen.

b) Experiment und Beobachtung im Biologieunterricht

Die Kompliziertheit der lebenden Systeme, die Komplexität ihrer Beziehungen bringt besondere Probleme für die biologische Forschung und Lehre mit sich. So erfordern biologische Experimente sehr oft komplizierte technische Verfahren nebst fundierten theoretischen Kenntnissen und einem Verständnis für philosophische Problemstellungen. Das Ganze und die Beziehungen seiner Teile sind komplizierter als auf dem Gebiet der unbelebten Natur. So besitzt die Beobachtung als Mittel zur Erkenntnis des Ganzen auch nach wie vor eine weit größere Bedeutung als dies bei chemischen oder physikalischen Untersuchungsgegenständen der Fall ist. Der Beobachtung muß deshalb neben dem Experiment durchaus ein bedeutender Stellenwert eingeräumt werden, sei es als direkte oder als indirekte Beobachtung (mit Hilfe von Geräten). Außerdem ist sie im Rahmen experimenteller Arbeit als vorarbeitende oder auswertende Beobachtung von Bedeutung.
Auch im Hinblick auf den Schulunterricht ist daher die Rolle von Beobachtung und Experiment für das Verständnis einzelner Problemkreise zu klären, und es ist nach geeigneten Wegen der Realisierung zu suchen. Dabei sind im allgemeinen Beobachtungen auf Grund geringerer materiell-technischer Voraussetzungen leichter zu realisieren. Es ist wichtig, daß die Schüler die Beobachtung im Dienste wissenschaftlicher Erkenntnis von der Alltagsbeobachtung unterscheiden lernen. Sie erfordert ebenso wie das Experiment theoretische Voraussetzungen im Sinne einer Hypothese, durch die festgelegt wird, was und auf welchen Zusammenhang hin zu beobachten ist. Sie ist Übergang zum Experiment, indem sie Experimente einleitet bzw. Experimente zu neuen Beobachtungen führt.

Damit sei gesagt, daß im Biologieunterricht die Beobachtung nach wie vor zweifellos ihren Stellenwert hat, aber nur dann, wenn sie als wissenschaftliche Methode eingesetzt wird. Überall dort, wo es die Fragestellung und die materiellen Bedingungen zulassen, sollte das Experiment, und zwar soweit möglich, das Schülerexperiment stehen.
Immer wieder muß die Praxis als Wahrheitskriterium und dabei besonders die landwirtschaftliche und medizinische Praxis für den Schüler verdeutlicht werden.

3.2 Chemieunterricht

3.2.1 Chemie und Produktion

Der Grobplan für den Chemieunterricht bezieht sich auf die mit Stoffumwandlungen verbundenen Bereiche der gesellschaftlichen Arbeit. Er soll zu einem systematischen, historisch entwickelten Überblick über die Chemie als Wissenschaft, in ihrer Bedeutung für Produktion und Reproduktion führen.
Das vorrangige Ziel, nämlich die Vermittlung der wissenschaftlichen Grundlagen der heutigen Produktion, dient als hauptsächliches Kriterium für die Auswahl der Unterrichtsinhalte. Diejenigen Produktionsbereiche, welche auf Stoffumwandlungen basieren, liefern die primären Schwerpunkte des Unterrichts. Denn seit es die Chemie als Wissenschaft gibt, ist sie stets stark mit der Produktion verbunden und wurde – im Gegensatz zu Physik und Biologie – schon sehr früh zur unmittelbaren Produktivkraft. Deswegen spiegelt der historische Gang der chemischen Produktion weitgehend die Entwicklung der Wissenschaft Chemie wider und führt auf diese Weise zu einer fachlichen Systematik, die auch einer didaktischen Strukturierung zugrunde gelegt werden kann.
Für die Bedeutsamkeit eines mit Stoffumwandlung verbundenen Produktionsbereichs in der unterrichtlichen Behandlung ist immer der Rang des betreffenden Prozesses in der Gesamtheit der gesellschaftlichen Arbeit maßgebend. Stets muß dabei auch nach den gesellschaftlichen Motiven gefragt werden, eine bestimmte Produktion voranzutreiben oder auf die Lösung einer bestimmten Frage Zeit, Geld und Arbeitskraft zu verwenden. Stets sollte auch für den Schüler die Verflochtenheit verschiedener Bereiche und ihre gegenseitige Abhängigkeit deutlich werden.
Der Anfang der empirischen Untersuchung von Stoffumwandlungen reicht zurück in die Frühzeiten der menschlichen Zivilisation. Mit der Herstellung von Eisen begann eine technologisch völlig neue Epoche, die Eisenzeit. Auch die wissenschaftliche Chemie ist im Zusammenhang mit den Problemen der englischen Hüttenindustrie um 1800 entstanden. Eisen, sicherlich bis heute der

bedeutendste Stoff, der durch Stoffumwandlung gewonnen wird, bildet folgerichtig den ersten thematischen Schwerpunkt in der ersten Unterrichtseinheit *die Herstellung von Eisen und anderen Metallen – Grundlagen der Chemie* (C 7). Dabei gibt sich aber sofort eine Änderung der Sichtweise: nicht – wie allgemein üblich – die Oxidation wird an den Anfang gestellt, sondern die Reduktion der Eisenverbindungen zu Eisen als der gesellschaftlich relevante Prozeß. Anhand der Eisenherstellung kann deutlicher als an allen anderen Prozessen die grundsätzliche Rolle der Chemie im Rahmen der gesellschaftlichen Arbeit verdeutlicht werden: die Herstellung brauchbarer Stoffe aus unbrauchbaren Naturstoffen durch Stoffumwandlung.

Schwerpunkt der 8. Jahrgangsstufe sind die wichtigsten Produkte und Verfahren der klassischen chemischen Großindustrie. Das ist zunächst die Steinsalzelektrolyse und die daraus unmittelbar oder mittelbar gewonnenen Zwischen- bzw. Endprodukte wie Natronlauge, Salzsäure usw. sowie die Sodaherstellung (C 8.1); darauf folgen die Düngemittelproduktion mit ihren wichtigsten Verfahren Ammoniaksynthese, Schwefelsäureherstellung usw. (C 8.2) und schließlich die großtechnisch-chemischen Prozesse zur Herstellung von Baumaterialien und Gefäßen, also hauptsächlich Zement, Glas, Porzellan usw. (C 8.3).

Die 9. Jahrgangsstufe ist der Erdölchemie gewidmet. In der Unterrichtseinheit *Erdöl* (C 9.1) werden das Erdöl, seine Fraktionierung und die daraus gewonnenen Grundchemikalien, Waschmittel usw. behandelt. Am Beispiel der Erdölkonzerne können die gewaltigen internationalen Auswirkungen der wirtschaftlichen Verflochtenheit und Konzentration aufgezeigt werden. Die Unterrichtseinheit *Kunststoffe* (C 9.2) behandelt zum einen die Kunststoffe selbst, ihre wichtigsten Strukturen und einige Synthesen. Zum anderen erfordert aber die Tatsache, daß die moderne chemische Großindustrie immer mehr von stoffbetonten, laborähnlichen Verfahrensweisen zu verfahrensbetonten, kontinuierlich arbeitenden Anlagen übergeht, daß also immer mehr die Verfahrensweisen und nicht die beteiligten Stoffe den Ton angeben, eine ausführliche Behandlung der Reaktionskinetik. In diesem Zusammenhang soll von den Schülern im Unterricht eine kontinuierlich zu betreibende Laboranlage zur Herstellung von Polystyrol aufgebaut werden.

Die Unterrichtseinheit *Biopolymere* (C 10.1) beschäftigt sich mit den kompliziertesten chemischen Strukturen und bildet gleichzeitig eine Grundlage und Ergänzung zur Unterrichtseinheit *Genetik* (B 10.1), in der die materiellen Grundlagen der Vererbung untersucht werden. Es werden zunächst biologische Werkstoffe, dann die Rolle der Biopolymere in Ernährung und Medizin und schließlich die Proteinsynthese als grundlegender Lebensprozeß untersucht. Damit erreicht der Unterricht zugleich die neuesten, immer mehr in den Mittelpunkt der heutigen Forschung, aber auch der öffentlichen Diskussion rückenden Erkenntnis- und Produktionsbereiche. Die letzte Unterrichtseinheit *Metalle* (C 10.2) trägt der heute immer noch überragenden Bedeutung der Metallurgie Rechnung und greift damit die Problematik der ersten Unterrichtseinheit auf höherem Niveau wieder auf. Sie behandelt darüber hinaus in dem Teil Elektrochemie (C 10.2.3) das Galvanisieren sowie die Herstellung und Wirkungsweise von Akkumulatoren.

3.2.2 Auswirkungen der Chemie auf die gesellschaftliche und individuelle Lebenssphäre

Einen oberflächlichen Eindruck von den Auswirkungen der Chemie auf die gesellschaftliche und individuelle Lebenssphäre erhält man, wenn man sich z. B. inmitten einer Großstadt nach Materialien umschaut, die *nicht* durch Stoffumwandlung entstanden sind. Die Diskussion um die Umweltverschmutzung durch verantwortungslose Abfallbeseitigung sowie durch Abwässer und Abgase der chemischen Industrie wird heute breit geführt. Der Chemieunterricht sollte deshalb den Schüler mit Grundkenntnissen ausstatten, die ihn dazu befähigen, die wissenschaftlichen Hintergründe zu verstehen.
Entscheidender sind jedoch die Rückwirkungen, die die chemischen Verfahrensweisen auf wirtschaftliche und gesellschaftliche Verhältnisse haben: Zwischen dem durch Stoffe vermittelten Verbund Kohle – Erz – Eisen – Stahl – Stahlverarbeitung oder dem Verbund Erdöl – Raffinerie – Kunststoff – Kunststoffverarbeitung und den zugehörigen gigantischen Konzernen mit ihrem internationalen Einfluß besteht ein enger innerer Zusammenhang. Daß darüber hinaus die chemische Großproduktion die Tendenz zu möglichst kontinuierlicher Verfahrensweise und damit zum weitgehenden Wegrationalisieren vieler und zur Umgestaltung der restlichen Arbeitsplätze hat, kann z. B. im Rahmen der Behandlung der Kunststoffproduktion (C 9.2) anschaulich diskutiert werden. Es geht bei alledem nicht um eine unhistorische Verteufelung der modernen chemischen Industrie, sondern vielmehr um die Herausarbeitung der entscheidenden Fragestellungen nach Verfügungs- und Entscheidungsgewalt, nach den Interessen, die die Prioritätensetzung bestimmen.

3.2.3 Chemie und gesellschaftliches Bewußtsein

Der Beitrag des Chemieunterrichts zu einem rationalen Weltbild besteht im wesentlichen in der Vermittlung der Tatsache, daß einerseits alle Materie, sei sie biologisch oder mineralisch, irdisch oder kosmisch, aus wenigen, in sich völlig einheitlichen Elementen aufgebaut ist, und daß sich die verschiedenen Formen des Stofflichen in ihrer materiellen Zusammensetzung „nur“ durch einen unterschiedlichen Grad an Komplexität unterscheiden. Andererseits muß gezeigt werden, daß sich dieser Anstieg an Komplexität in qualitativen Sprüngen vollzieht, daß es unwissenschaftlich wäre, biologische Strukturen allein mit Hilfe

der Chemie oder menschliches Verhalten allein mit Hilfe der Biologie erklären zu wollen.
Daß die Materie bei höherer Organisation ganz neue Eigenschaften und Verhaltensweisen aufweist und daß deren Erforschung folglich auch ganz neue Wege gehen muß, wird in der Unterrichtseinheit *Biopolymere* (C 10.1) bei der Behandlung der Enzyme und der Proteinsynthese deutlich. In diesem Zusammenhang soll im Unterricht auch der Prozeß der Entstehung biologischer Makromoleküle aus anorganischen Ausgangsstoffen, also gewissermaßen die Nahtstelle zwischen Nichtleben und Leben, experimentell behandelt und in seiner weltanschaulichen Bedeutung diskutiert werden.
Noch in einer ganz anderen Hinsicht kann der Chemieunterricht zu einem wissenschaftlich begründeten Weltbild beitragen. Zeigt er doch an vielen Stellen eindringlich, wie es dem Menschen durch beharrliches Arbeiten auf dem Hintergrund langer wissenschaftlicher Tradition und getragen von der Überzeugung, daß die Welt erkennbar ist, gelingt, die Materie weitgehend zu beherrschen. Er produziert Stoffe, die in ihren einzelnen oder kombinierten Eigenschaften jeden Naturstoff an gesellschaftlicher Brauchbarkeit weit übertreffen. Schon das Eisen – Schwerpunkt des Anfangsunterrichts – das bekanntlich auf der Erdoberfläche praktisch nicht gediegen vorkommt, doch besonders die Kunststoffe, deren Herstellung zum Teil heute schon gezielt auf bestimmte Eigenschaften hin betrieben wird, sind hervorragende Beispiele dafür.

3.2.4 Die Denk- und Experimentierweise der Chemie

Auch die Chemie versucht, die Gesamtheit ihrer Aussagen auf möglichst wenige einfache Konzepte zu reduzieren, um mittels Deduktion, d.h. durch Prognose für den Einzelfall aus einem übergreifenden Konzept heraus, die relevanten chemischen Prozesse besser beherrschen zu können. Gerade heute ist die didaktische Diskussion durch neue Beiträge zur „Strukturchemie“ gekennzeichnet, wie etwa der Erfolg der Lehrbücher von Christen[4] zeigt.
Die Reduktion auf wenige Prinzipien ist bei der Chemie zunächst problematisch, gleichwohl münden alle chemischen Probleme in wenige fundamentale Fragen ein, zu deren Lösung wiederum physikalische Grundlagen benötigt werden. Die Frage nach den bei Reaktionen beteiligten Massen ist mit dem Konzept des Atoms als eines Masseteilchens verbunden. Die Frage nach der Kraft, die der Bindung der Masseteilchen zugrunde liegt, führt auf die Vorstellung von

---

4 Christen, H. R.: Grundlagen der organischen Chemie. Frankfurt/Main 1970. – Christen, H. R.: Grundlagen der allgemeinen und anorganischen Chemie. Frankfurt/Main 1971. – Christen, H. R.: Struktur Stoff Reaktion, allgemeine und anorganische Chemie. Frankfurt/Main 1974.

geladenen Partikeln und damit zur Theorie der chemischen Bindung und der Struktur der Stoffe. Beide, das Masseteilchen- und das Ladungsträgerkonzept, sind zusammen erst in der Lage, der beobachteten Periodizität der Eigenschaften der Elemente bei steigender Masse einen theoretischen Hintergrund zu liefern. In der organischen Chemie tritt die Frage nach der räumlichen Anordnung der Atome im Molekül in den Vordergrund: nicht mehr allein die Bruttoformel, sondern erst die Strukturformel eines Moleküls gestattet genaue Aussagen über dessen chemisches Verhalten. All dies bildet zusammengenommen den Strukturaspekt der Materie. Demgegenüber führt die Frage nach der Energie, also nach der Reaktionswärme, nach der Triebkraft der Reaktion, auf den Funktionsaspekt der Materie, auf das Konzept von der chemischen Reaktion, von Massenwirkung, Gleichgewicht, Kinetik, Reaktionsbedingungen und so weiter. Diese fundamentalen Konzepte der Chemie dienen der Prognose in der gesellschaftlichen Praxis und dem Ziel, neues Wissen zu erarbeiten und einzuordnen.

Der Grobplan ist in hohem Maße an einer solchen wissenschaftlichen Struktur orientiert: Im Mittelpunkt stehen in der 7. Jahrgangsstufe das Konzept des Masseteilchens, in der 8. Jahrgangsstufe das geladene Teilchen, die chemische Bindung und das Periodensystem, in der 9. Jahrgangsstufe die räumliche Mikrostruktur der Stoffe sowie die Reaktionkinetik, in der 10. Jahrgangsstufe das Makromolekül als Informationsträger und die Energetik chemischer Reaktionen. Stets werden dabei frühere, eher umrißhafte Kenntnisse auf höherer Stufe aufgegriffen und erweitert. Der Stoff wird somit systematisch angeordnet und durch Bezugnahme der Inhalte aufeinander fortschreitend komplexer. Daß diese eher fachsystematische Strukturierung mit der oben geschilderten, eher aus einer historischen Analyse gewonnenen Reihenfolge der Inhalte weitgehend übereinstimmt, ist nicht zufällig: das einfachere Konzept mußte auch zeitlich vor dem komplexeren gefunden werden, war meist sogar dessen Voraussetzung.

Der Grobplan trägt auch der Forderung nach Stoffkenntnis Rechnung. Untersucht man z.B. die 8. Jahrgangsstufe auf die in ihr behandelten Stoffe, so findet man nach Wasserstoff, Na und K die wichtigsten Nichtmetalle und ihre Verbindungen in der Reihenfolge Cl, (Br, J), S, N, P, C, Si. Bei der Behandlung der Erdölchemie in der 9. Jahrgangsstufe treten die wichtigsten organischen Verbindungen auf: Kohlenwasserstoffe, Alkohole, Säuren, Ester usw. bis hin zu den wichtigsten Polymeren.

In der Chemie nimmt außerdem das Experiment eine überragende Rolle ein. Methoden der Chemie, Methoden des Herangehens an Probleme, Probleme des experimentellen und gedanklichen Handelns, des Denkens, Schließens und Entscheidens sollten daher die mehr oder weniger ausführliche Behandlung von Inhalten begleiten und anleiten. Genaueres dazu siehe unter Physikunterricht (Abschnitt 3.3.4).

3.3 Physikunterricht

3.3.1 Physik und Produktion

Die Physik ist als Wissenschaft von den Grundgesetzen der Natur die wissenschaftliche Grundlage prinzipiell aller materiellen Produktion – mit Ausnahme bestimmter Bereiche der chemischen und der landwirtschaftlichen Produktion, die jedoch auch in zunehmendem Maße verfahrens- und gerätetechnische und damit wiederum physikalische Grundkenntnisse ausnutzt. Ausgangspunkt für die Erstellung des Grobplans ist daher nicht ein bestimmtes Teilgebiet der Physik, an das die jeweiligen Anwendungsbereiche angehängt wurden – wenngleich ein solches Vorgehen bei konsequenter Anwendung schon eine erhebliche Verbesserung der Unterrichtsinhalte bewirken würde –, sondern ein Teilgebiet des gesellschaftlichen Produktionsprozesses, und im Zusammenhang damit werden die zu seinem Verständnis notwendigen physikalisch-technischen Sachverhalte und Gesetzmäßigkeiten behandelt. Deswegen war es bei der Curriculumkonstruktion zunächst einmal notwendig, die ziemlich unübersichtliche Vielfalt von Produktions- und Industriezweigen nach übergeordneten Gesichtspunkten zusammenzufassen. Zur Vermittlung der Grundlagen der Produktion geschah die Strukturierung im Grobplan nach den Merkmalen, die sich am materiellen Produktionsprozeß unterscheiden lassen. Es sind dies beim einfachen, eher handwerklichen Arbeitsprozeß die Merkmale: menschliche Arbeitskraft, Werkzeug, Werkstoff und Planung in Richtung auf ein nützliches Produkt. Es sind beim industriellen Produktionsprozeß: Energie, Produktionsmittel, materiell-technische Infrastruktur, Rohstoff sowie Steuerung und Regelung. Die Anordnung der Inhalte zeichnet – auch aus didaktischen Gründen (vgl. Kap. II, 1.4) – in groben Zügen die geschichtliche Entwicklung der Produktionskräfte vom Handwerk über die Industrie zur Automation nach. Eine Einsicht in diese Entwicklung ist notwendig zum Verständnis der heutigen Produktion, weil in ihr noch alle historischen Produktionsformen, wenn auch mit unterschiedlicher Gewichtung und unterschiedlicher Entwicklungstendenz, nebeneinander vorliegen.
Der mit der erläuterten Struktur und unter Beachtung der genannten Fragestellungen entwickelte Grobplan ist trivialerweise schon vom Ansatz her besonders geeignet, den Schüler eine fundierte Einsicht in die naturwissenschaftlich-technischen Grundlagen der heutigen Produktion sowie ein Verständnis für die Wesensmerkmale eines jeden Produktionsprozesses und für die Entwicklung der Produktivkräfte zu vermitteln. Alle Unterrichtseinheiten liefern dazu ihren spezifischen Beitrag:
Die Unterrichtseinheit *Der einfache Arbeitsprozeß* (P 7) befaßt sich nach einer Untersuchung der menschlichen Muskelkraft, ihrer Möglichkeiten und Grenzen, mit den einfachen kraftverstärkenden Werkzeugen und Vorrichtungen:

Hebel, schiefe Ebene, Flaschenzug und Hydraulik, jeweils in den heute relevanten Anwendungsbereichen. Anschließend werden – gewissermaßen als Einblick in das umfangreiche Gebiet der Materialprüfung – die physikalisch-technischen Eigenschaften von Werkstoffen und der Einfluß der Temperatur auf Stoffeigenschaften sowie einige darauf basierende Produktionsverfahren wie Schmieden, Gießen, Schweißen usw. untersucht.
In der Unterrichtseinheit *Nutzbarmachung der Naturkräfte* (P 8.1) werden – als gesellschaftliche Erweiterung der Antriebsfunktion der menschlichen Arbeitskraft – alle großtechnischen Verfahren der Energieumwandlung behandelt, also Wasser- und Windkraftwerke, Dampfmaschinen und -turbinen, Verbrennungsmotoren und schließlich die Starkstromtechnik mit Generator, Transformator und Elektromotor. Die Kernenergie bleibt zunächst außer acht.
Die Unterrichtseinheit *Infrastruktur und Produktionsmittel* (P 8.2) beinhaltet eine zunächst recht heterogen erscheinende Vielfalt von Bereichen, die sich jedoch alle als materieller Rahmen für die moderne Produktion, also als Produktionsmittel im weitesten Sinne auffassen lassen: Transportsysteme, Versorgungseinrichtungen, Bauten, Maschinen und schließlich Beleuchtung und optische Geräte. Mitbestimmend war dabei auch der Wunsch, einerseits wichtige Teilgebiete der gesellschaftlichen Produktion in den Unterricht einzubeziehen und andererseits die Mechanik zu vertiefen und zu erweitern bzw. die Optik überhaupt in angemessenem Rahmen zu behandeln.
Die in der UE P 7 begonnene Untersuchung der Werkstoffe wird weitergeführt in der im Physik- und Chemieunterricht gleichzeitig projektartig durchzuführenden Unterrichtseinheit *Kunststoffe* (P 9.2) mit einer reichen Vielfalt von physikalisch-technischen Materialprüfverfahren an Kunststoffen sowie in der Unterrichtseinheit *Struktur der Materie* (P 10.1) mit den Teilgebieten Atomphysik, Kernphysik und Festkörperphysik, die in ihrem letzten Teil den Materialaspekt aufgreift und vertieft. Außerdem wird mit der Behandlung der Kernenergie die Unterrichtseinheit *Nutzbarmachung der Naturkräfte* (P 8.1) nachträglich vervollständigt und eine wichtige Grundlage für die Behandlung der Quelle der Sonnenenergie in der Unterrichtseinheit *Astronomie* (P 10.2) gelegt. Letztere enthält in ihrem letzten Teil (über Nachrichtensatelliten und neue Technologien unter Weltraumbedingungen) wieder produktionsbezogene Aspekte, die sicherlich bis zur Realisierung des hier vorgelegten Ansatzes noch erheblich an Bedeutung gewonnen haben werden.
Vor der Unterrichtseinheit *Kunststoffe* (P 9.2) wurde die Unterrichtseinheit *Automation, Nachrichtentechnik* (P 9.1) gesetzt, die gewissermaßen die heutige konkrete Ausformung der Steuer- und Kontrollfunktion im Produktionsprozeß darstellt und dabei Meßtechnik, Signalübertragung und -verarbeitung sowie Steuerung und Regelung behandelt. Außerdem sollen die Inhalte dieser UE eine Grundlage für das Verständnis von automatisierter Fertigung, der höchstentwickelten Produktionsform, liefern. Die Ansiedlung dieser UE an jener Stelle des Grobplans ergab sich auch aus den Bedürfnissen der beiden

anderen Fächer, in denen zur Durchführung qualifizierter Experimente der Umgang mit elektronischen Geräten auf der Basis entsprechender Vorkenntnisse erforderlich ist.
Zusammenfassend kann gesagt werden, daß der Grobplan alle wesentlichen Bereiche der modernen Produktion und ihre naturwissenschaftlichen Grundlagen zumindest in den Grundzügen beinhaltet. Es muß in diesem Zusammenhang darauf hingewiesen werden, daß gerade deswegen eine sorgfältige Abstimmung mit den Inhalten des Faches Arbeitslehre zwingend erforderlich ist.

3.3.2 Auswirkungen der Physik auf die gesellschaftliche und individuelle Lebenssphäre

Physikalische Erkenntnisse wirken sich immer erst über etliche Zwischenstufen in der menschlichen Lebenssphäre aus. Von den Maxwellschen Gleichungen des Elektromagnetismus bis zum fertigen Fernsehprogramm führt ein langer Weg, der gekennzeichnet ist durch die Einwirkung privater und öffentlicher Interessen, durch offene oder verdeckte gesellschaftliche Auseinandersetzungen und durch vorgeschobene oder tatsächliche wissenschaftliche, technische und wirtschaftliche Argumente. Diese Zusammenhänge dem Schüler als zukünftigem Lohnabhängigen aufzuhellen, ist eine zwingende Forderung an die Schule, und dazu muß – gerade wegen der sogenannten technischen Sachzwänge – der naturwissenschaftliche Unterricht einen entscheidenden Beitrag leisten.
Die Wechselbeziehungen physikalischer Erkenntnisse mit der gesellschaftlichen und individuellen Lebenssphäre werden im Grobplan im wesentlichen unter zwei Aspekten behandelt: Erstens die Auswirkungen auf die Arbeitswelt, also Fragen wie Grad und Ausprägung körperlicher Arbeit, Qualität und Umfang der Arbeit, Erleichterungen, Belastungen und Gefahren am Arbeitsplatz, aber auch weitergreifende Probleme wie technisch bedingte Betriebsgrößen und Beschäftigtenzahlen, Verflechtung von Produktionszweigen etc. Zweitens die Auswirkungen auf die Gesellschaft allgemein, also etwa Fragen der Umweltbe lastung z.B. bei bestimmten Transport- und Energiesystemen sowie auf die individuelle Lebensführung. Dazu gehören etwa Probleme wie die Verkümmerung eigenschöpferischer Tätigkeit durch ein Überangebot von Unterhaltungselektronik, Bewegungsarmut infolge Motorisierung, Probleme also, deren publizistische und auch wissenschaftliche Behandlung die technische Entwicklung seit ihren Anfängen begleitet hat und die hier nicht weiter ausgeführt werden müssen.
Der erste Fragenkomplex – Auswirkungen auf die Arbeitswelt – wird an einigen Stellen des Grobplans direkt angesprochen. In der Unterrichtseinheit *Der einfache Arbeitsprozeß* (P 7) sollen bei der Untersuchung der menschlichen Arbeitskraft z.B. die meßbaren Auswirkungen körperlicher Arbeit festgestellt und zusammen mit ergometrischen Daten über Höchstbelastbarkeit, Kalorien-

verbrauch etc. diskutiert werden. In der Unterrichtseinheit *Infrastruktur und Produktionsmittel* (P 8.2) können Probleme des Städte- und Fabrikbaus, der Auswirkungen der Maschinenarbeit, in der Unterrichtseinheit *Kunststoffe* (P 9.2) solche der chemischen Arbeitsplatzbelastung oder des Wegrationalisierens von Arbeitsplätzen direkt angesprochen werden. Auswirkungen der Automation auf Arbeitsorganisation und Arbeitsplatzsituation sind ein Teilthema der Unterrichtseinheit *Automation, Nachrichtentechnik* (P 9.1). Schließlich muß in der Unterrichtseinheit *Struktur der Materie* (P 10.1) bei der Behandlung der Kernkraftwerke auch die Strahlenbelastung der Beschäftigten diskutiert werden. Fragen der Betriebsgröße, Konzernbildung und -verflechtung usw. lassen sich überall dort im Unterricht einbringen, wo schon durch das Thema auf ganz bestimmte Industriezweige, oft auf ganz bestimme Konzerne, hingewiesen wird, z. B. unter Starkstromtechnik auf den Siemens-Konzern.
Bezüglich des zweiten Fragenkomplexes – Auswirkungen auf die Gesellschaft – steht für den Physikunterricht die Problematik der Umweltbelastungen im Vordergrund. Zur Diskussion eignen sich besonders Fragen des massenhaften Personen- und Güterverkehrs (Unterrichtseinheit *Infrastruktur und Produktionsmittel*, P 8.2) oder der heutigen und zukünftigen Energieversorgung (Unterrichtseinheit *Nutzbarmachung der Naturkräfte*, P 8.1, und Unterrichtseinheit *Struktur der Materie*, P 10.1). Hier sollte der Unterricht versuchen, die Vor- und Nachteile sowohl von bestehenden Systemen als auch von erprobten und vorgeschlagenen Alternativen herauszuarbeiten. Hier muß dann aber auch auf die unterschiedlichen Interessenlagen der beteiligten gesellschaftlichen Gruppen eingegangen werden; die geschichtliche Entwicklung, die militärische Bedeutung, die Rolle von Staat und Bürgerinitiativen gehören dazu. Da gerade die Umweltproblematik im höchsten Grade interdisziplinär ist, sind hier Absprachen der beteiligten Fachlehrer zur Themenabgrenzung – auch mit Arbeitslehre und Gesellschaftskunde – unerläßlich.

3.3.3 Physik und gesellschaftliches Bewußtsein

Es ist ein Irrtum anzunehmen, daß die elementaren Grundtatsachen unseres heutigen physikalischen Weltbildes im allgemeinen Bewußtsein verankert seien, obwohl doch die Mehrzahl der Menschen in ihrer täglichen produktiven Praxis die Materie als beherrschbar und die technischen Vorgänge als reproduzierbar, als gesetzmäßig erfährt, obwohl ständig durch die Forschung dem Aberglauben, der utopischen Phantasterei weiter der Boden entzogen wird. Es ist aber auch ein Irrtum anzunehmen, daß dies allein auf Unzulänglichkeiten des Schulunterrichts zurückzuführen sei. Der Grund dafür ist vielmehr ein gewaltiger Komplex von psychologischen, religiösen, pseudowissenschaftlichen, politischen Ursachen.

Der Physikunterricht muß gerade aus diesen Gründen alle seine Möglichkeiten ausschöpfen, um das rationale Denken der Schüler zu fördern. Er kann dies in dreierlei Weise: einmal durch Vermittlung der wissenschaftlichen Ergebnisse selbst, zum anderen durch Vermittlung der wissenschaftlichen Forschungsmethode, nicht zuletzt aber auch durch zumindest exemplarische Aufdeckung derjenigen gesellschaftlichen Ursachen, die der Verbreitung eines wissenschaftlichen Weltbildes entgegenstehen.

Zum ersten Punkt hat die bisherige Schulphysik schon immer einen Beitrag geleistet. Wir meinen jedoch, daß dies in noch breiterer und noch besser fundierter Weise geschehen sollte. Beispiele:

- Jeder, der die Schule verläßt, sollte eine solide Vorstellung vom Bau der Atome haben. Eine solche Vorstellung wird nach unserem Grobplan schon in der Unterrichtseinheit *Der einfache Arbeitsprozeß* (P 7) in Zusammenarbeit mit der Unterrichtseinheit *Herstellung von Eisen und anderen Metallen – Grundlagen der Chemie* (C 7) angelegt; sie wird im folgenden Unterricht immer wieder angewendet, in der Unterrichtseinheit *Struktur der Materie* (P 10.1) als besondere Atom- und Kernphysik vervollständigt und endlich in der Unterrichtseinheit *Astronomie* (P 10.2) aufgegriffen.
- Der Begriff der elektromagnetischen Welle und des Spektrums sowie das elektrische und magnetische Feld müssen in ihren Wesenszügen bekannt sein. Siehe dazu in Physik die Abschnitte 7.3.3, 8.1.3, 8.2.3, 9.1.4 und 10.1.1.
- Schließlich – und hier haben die bisherigen Lehrpläne schwere Mängel – sollte jeder in der Schule wenigstens in groben Zügen die Struktur des Weltalls kennenlernen. Würde jeder Schüler die Inhalte der Unterrichtseinheit *Astronomie* (P 10.2) lernen, so bestünde eine gewisse Chance, dem ganzen Hokuspokus der Horoskopiers und Ufologen den geistigen Nährboden zu entziehen.

Zum zweiten Punkt – Vermittlung der wissenschaftlichen Forschungsmethode – muß hier gesagt werden, daß experimentelles Arbeiten – auch durch die Schüler selbst – nicht ausreicht, die Forschungsmethode der Physik in ihrem komplizierten Wechselspiel von Experiment, Theorie und produktiver Realisierung deutlich zu machen. Die Methode muß vielmehr direkt als solche angesprochen und an geeigneten Stellen durch eigenes Erarbeiten von quantitativen Zusammenhängen geübt werden. Zum Beispiel sollen in der Unterrichtseinheit *Kunststoffe* (P 9.2) bei der Materialprüfung an Kunststoffen die einzelnen Schülergruppen üben, die Parameter aufzufinden, systematisch zu variieren und die Meßergebnisse formelhaft zusammenzufassen. Grundsätzlich sollte der Schüler erfahren, daß alle physikalischen Aussagen experimentell überprüfbar sind. Kann dies nicht durch Schulexperimente direkt geschehen, so sollte der Beweis möglichst mittels Medien glaubhaft gemacht werden. Auch Besuche in wissenschaftlichen Instituten, bei denen der Lehrer vorher ein Experiment „bestellt“, wirken in diesem Sinne.

Zum dritten Punkt – gesellschaftliche Auseinandersetzungen um ein wissenschaftliches Weltbild – soll als bekanntestes Beispiel der Streit um die Forschungsergebnisse von Galilei genannt werden, der in der Unterrichtseinheit *Astronomie* (P 10.2) einen besonderen Stellenwert hat. Es wäre falsch, dies den Schülern als ein längst vergangenes Ereignis ohne aktuellen Bezug darzustellen. Die gleichen Tendenzen sind weiterhin vorhanden, und die Rolle der Kirche besonders in rückständigen Gebieten mit geringem Bildungsniveau ist heute etwas weniger offensichtlich, nicht grundsätzlich anders. Untersuchenswert wäre weiterhin jene neue Form von Mystizismus bei Intellektuellen, die sich begierig auf die Evergreens Relativitätstheorie und Unschärferelation, neuerdings auch auf die Schwarzen Löcher, die Signale aus dem All u. ä. stürzen, um in etwas feinerer und dem Zug der Forschungsentwicklung angepaßterer Form die Überzeugung von der Erkennbarkeit der Welt zu erschüttern.

3.3.4 Die Denk- und Experimentierweise der Physik

a) Systematik im Physikunterricht

Physiker sind sich wohl im allgemeinen darin einig, daß es unsinnig wäre, einen Lehrgang der Physik – sei es in der Schule oder an der Universität – entlang der Systematik der Natur selbst zu konstruieren, etwa in der Weise: erst die Elementarteilchen, dann Atom- und Kernphysik bis schließlich hin zur schlichten Wärmelehre oder zum Fallgesetz. Wohl gibt es in der theoretischen Physik Beispiele für ein Vorgehen nach allgemeinen Kategorien wie Teilchen, Wellen, Felder etc. Interessant und bemerkenswert ist auch der Ansatz von Spreckelsen[5], die Physik sich entlang einigen fundamentalen Konzepten – bei ihm heißen sie: Teilchen, Erhaltung, Wechselwirkung – gleichsam emporranken zu lassen. Für den Experimentalphysiker ist jedoch nach wie vor – eben aus experimentellen Gründen – die klassische Einteilung in der Reihenfolge: Mechanik, Wärmelehre, Elektrizitätslehre, Optik, Atom- und Kernphysik am praktischsten.
Die Struktur unseres Physik-Grobplans folgt, wie ausführlich dargestellt, keinem fachspezifischen Prinzip. Doch gelingt es gerade wegen der konsequenzen Anknüpfung an die heutige Produktion, alle klassischen Teilgebiete angemessen zu berücksichtigen und außerdem die beiden wichtigen Konzepte Teilchen und Energie ausführlich und in häufiger Wiederkehr einzubeziehen. Betrachtet man einmal ausschließlich die rein physikalischen Unterrichtsinhalte, so ergibt sich nach der klassischen Einteilung folgendes Bild:

5 Vgl. Spreckelsen, K.: Strukturorientierung in der Didaktik des physikalischen Lernbereichs. Westermanns Pädagogische Beiträge 23 (1971), S. 124.

7. Jahrgangsstufe:	*Mechanik I*: Kraft, Arbeit, Hebel, schiefe Ebene, Hydraulik; Masse, Dichte, Elastizität.
	Atomphysik I: Proton, Neutron, Elektron, Atomradius.
	Wärmelehre I: Temperatur, Ausdehnung, Aggregatzustände, Gasgesetze, Wärmestrahlung.
8. Jahrgangsstufe:	*Mechanik II*: Lage- und Bewegungsenergie.
	Wärmelehre II: Wärmeenergie, Dampfmaschine.
	Elektrik I: Strom, Spannung, Widerstand, Leistung; magnetisches Feld, Induktion, Motor, Generator, Transformator.
	Mechanik III: Beschleunigung, Newtonsche Gesetze; Auftrieb, Druck; Statik, Zentrifugalkraft.
	Optik: Lichtquellen, Lichtstärke, Spektrum, Reflexion, Brechung, Bild.
9. Jahrgangsstufe:	*Elektrik II*: Meßtechnik, Verstärkung, Kodierung, Speicherung, EDV. Elektromagnetische Wellen, Elektroakustik.
	Versuche zu Mechanik, Optik, Elektrik, Wärmelehre.
10. Jahrgangsstufe:	*Atomphysik II*: Gitterspektrometer, Atomspektren, Energiezustände, Fotoeffekt.
	Kernphysik: Systematik der Kerne, Isotope, Kernzerfall, -spaltung und -fusion.
	Festkörperphysik: Kristallgitter, Laser, Transistor, Piezoelektrizität.
	Astronomie: Sonnensystem, Physik der Sterne, Struktur des Weltalls.

Alles in allem kann gesagt werden, daß die rein fachliche Struktur dieses Plans nicht unübersichtlicher, wohl aber wesentlich umfassender und tiefgehender als die der üblichen Stoffpläne ist.

b) Die Rolle des Experiments im Physikunterricht

Was die inhaltlichen Aspekte des Experiments angeht, so erscheinen uns hier hauptsächlich zwei Gesichtspunkte als wichtig:
Erstens: der durch das Experiment realisierte Naturvorgang ist selbst ein anzueignender Sachverhalt. Dies betrifft sowohl das Lehrer- als auch das Schülerexperiment. In vielen Fällen sagt ein Experiment mehr als tausend Worte; die beste Beschreibung und auch moderne Medien können z.B. nur einen schwachen Eindruck vom Spektrum des Sonnenlichtes vermitteln. Einige Beispiele, hauptsächlich aus von uns genauer ausgearbeiteten Unterrichtseinheiten, mögen dies verdeutlichen: So wird in einem Experiment aus der Unterrichtseinheit *Der einfache Arbeitsprozeß* (P 7), bei dem zwei Schüler entweder mittels zweier Sackwaagen einander ziehen oder mittels zweier Badezimmerwaagen gegeneinander drücken und jeweils beide Kräfte gemessen werden, der Tatbestand „Kraft gleich Gegenkraft" unmittelbar erfahren. Die Tatsache, daß bei allen einigermaßen reibungsfreien Mechanismen an jeder Stelle der Verschiebungsweg etwa umgekehrt proportional zur Gleichgewichtskraft ist, wird direkt beobachtet. Materialeigenschaften wie Elastizität und Härte werden durch Messung der Rückprallhöhe bzw. durch Ritzen von

Oberflächen wiederum hauptsächlich über die unmittelbare Sinneswahrnehmung erfaßt. Entsprechendes gilt für die Materialprüfungen in der Unterrichtseinheit *Kunststoffe* (P 9.2), wo z. B. die verschiedenen Phasen beim langsamen Zerreißen von Kunststoffproben beobachtet werden; eine verbale Beschreibung wäre hierbei unzureichend. In der Unterrichtseinheit *Struktur der Materie* (P 10.1) sollen die Brownsche Molekularbewegung sowie Wachstum und Auflösung von Kristallen direkt unter dem Mikroskop beobachtet weerden. Wenn auch in allen genannten Fällen das Beobachtungsergebnis anschließend protokolliert und diskutiert wird, memoriert werden soll und wird wahrscheinlich in erster Linie der Vorgang selbst.
Zweitens: bei der eigenen Durchführung von Experimenten erlernen die Schüler eine Fülle von Fähigkeiten und Fertigkeiten, sowohl handwerkliche als auch experimentelle. Gerade hierbei überschneidet sich der Physikunterricht mit dem Arbeitslehreunterricht sehr weitgehend – zum Nutzen beider. Dazu wieder einige Beispiele: In vielen Experimenten wird es notwendig sein, mit den in der Schule vorhandenen Bausätzen mechanisch stabile Konstruktionen aufzubauen. Die Schüler müssen dazu ein „Gefühl" für die Belastbarkeit der Einzelteile, für Hauptbelastungsrichtungen etc. entwickeln – eine ständige, meist unbewußte Wiederholung und Erweiterung von Kenntnissen aus der Mechanik. Bei fast allen Versuchen, die mit Elektrizität zu tun haben, ist die möglichst übersichtliche Realisierung von Schaltungen und deren Überprüfung sowie das richtige Einstellen und Ablesen verschiedenster Typen von Meßgeräten erforderlich. Auch sollten alle Schüler in der Lage sein, einfache Lötarbeiten durchzuführen. In der Unterrichtseinheit *Automatisierungstechnik, Nachrichtentechnik* (P 9.1) sollen sie den sachgerechten Umgang mit dem Oszillographen lernen. Zum experimentellen Teil der Unterrichtseinheit *Astronomie* (P 10.2) gehört unbedingt die selbständige Fernrohrbeobachtung, die viel Fingerspitzengefühl erfordert.

4. Integration und Koordination der naturwissenschaftlichen Fächer

Die Projektgruppe „Integriertes naturwissenschaftliches Curriculum" hatte den Arbeitsauftrag, ein integriertes naturwissenschaftliches Curriculum für die Sekundarstufe I zu entwickeln. Der ursprüngliche Ansatz und die erste Unterrichtseinheit versuchten, dem Anspruch nach Integration in sehr weitgehender Weise – inhaltlich und organisatorisch – gerecht zu werden. Die ersten Erfahrungen, viele Diskussionen mit Lehrerkollegen, und weitere Überlegungen machten es notwendig, dieses Konzept von Integration zu revidieren.

Vermutlich werden alle didaktischen Planungen, die ähnlich weitgehende inhaltliche und organisatorische Umstrukturierungen vorsehen, einer praktischen Realisierung kaum standhalten. Um das dem Grobplan zugrunde liegende Verständnis von Integration bzw. Koordination transparent zu machen, seien hier einige grundsätzliche Überlegungen angestellt.

4.1 Grundlagen der Integration

4.1.1 Naturgesetze

Die Forderung nach Integration der Fächer, nach Aufhebung der Fächergrenzen zugunsten eines einheitlichen naturwissenschaftlichen Unterrichts kann sich auf eine Reihe objektiver Fakten berufen, die in der Natur des zu behandelnden Gegenstandes liegen.
Die Gesetze der unbelebten und belebten Natur haben ihre Gültigkeit unabhängig davon, in welchem Unterrichtsfach sie thematisiert werden. Dies wird besonders deutlich, betrachtet man den Gültigkeitsbereich physikalischer Gesetzmäßigkeiten. Dieser reicht weit über die im Physikunterricht üblicherweise behandelten Inhalte hinaus. Denn physikalische Gesetzmäßigkeiten sind für das Verständnis einer Reihe von chemischen, ebenso wie biologischen Tatbeständen notwendig. Beispiele:

- Die wesentlichen Aussagen der Chemie zum Atombau, zum Aufbau des Periodensystems, zur Energetik chemischer Reaktionen basieren auf der Grundlage physikalischer Erkenntnisse.
- Der zentrale, nahezu allem Leben auf dieser Erde zugrunde liegende biologische Prozeß, die Fotosynthese, erfordert zu seinem Verständnis die Kenntnis von der Natur des Lichtes. Wird diese nicht im Physikunterricht vermittelt, müßte der Biologieunterricht selber einen Exkurs hierzu einbauen. Dieser Weg wurde auch im Grobplan (B 8.2.1) gewählt.

Die naturwissenschaftlichen Erkenntnisse, die zunehmend in interdisziplinären Bereichen gewonnen werden, sind ein weiterer Hinweis auf die nur bedingte Gültigkeit von Fächergrenzen. Man denke nur an physikalische Chemie, Biochemie, Biophysik, Bionik u. a.

4.1.2 *Naturwissenschaften als Bestandteil des gesellschaftlichen Arbeitsprozesses*

Die Diskussion um eine Integration der naturwissenschaftlichen Unterrichtsfächer ist aber nicht oder allenfalls am Rande im Hinblick auf die naturgesetzlichen Grundlagen der drei Fächer entstanden. Im Zuge der Bildungsreform, die auch die Unterrichtsinhalte und ihre möglichen Veränderungen analysierte (s. Kapitel I), wurde auch für den naturwissenschaftlichen Unterricht die Forderung nach Gesellschaftsbezug erhoben. Die „reine Fachwissenschaft“ und die „starren Fächergrenzen“ wurden als Haupthindernisse gesehen, und ihre Veränderung bzw. Abschaffung erschien vordringlich. Aus dieser Diskussion ist zumindest ein zentraler Aspekt herauszukristallisieren: Den drei Naturwissenschaften ist gemeinsam, daß sie als Teilbereich gesellschaftlicher Arbeit mit den Naturgesetzen und den gesellschaftlichen Bedingungen der Erforschung und Anwendung dieser Gesetze zu tun haben. Eine wertfreie, abstrakte Physik, Chemie und Biologie gibt es nur als Unterrichtsgegenstand; sie entspricht nicht der Wirklichkeit naturwissenschaftlichen Arbeitens. Eine derartige Darstellung bildet sicher eine der Hauptursachen für die „schwere Erlernbarkeit“ naturwissenschaftlicher Sachverhalte und für die geringe Schülermotivation im Unterricht.
Eine Integration der Naturwissenschaften hat eine wesentliche, vielleicht die wichtigste objektive Grundlage in der Tatsache, daß die Naturwissenschaften Teil gesellschaftlicher Arbeit sind und als solche auch im Schulunterricht Eingang finden müssen. Die Fragen: Warum werden bestimmte Forschungen zu bestimmten Zeiten angestellt? Wie haben sie das Leben der Menschen verändert? Wie könnten sie es verändern? Wer hat die Forschungen bezahlt und warum? müssen in bezug auf jeden naturwissenschaftlichen Sachverhalt gestellt werden. In diesem Sinne haben alle drei Fächer die gleiche – gesellschaftliche und didaktische – Grundlage (s. hierzu auch Kapitel II). Darüber besteht auch bei vielen Didaktikern, die einen Gesellschaftsbezug im naturwissenschaftlichen Unterricht fordern, Einigkeit.

4.2 Bedingungen und Konsequenzen der Integration

4.2.1 *Inhaltliche Aspekte*

Obwohl es, wie oben dargestellt, eine Reihe objektiver Grundlagen für eine Integration der drei naturwissenschaftlichen Fächer gibt, muß dennoch gefragt werden, wieweit diese reichen und wieweit demgegenüber eigenständige

Inhalte, Probleme und Fragestellungen existieren, welche getrennte Fächer sinnvoll ja vielleicht sogar notwendig machen.
Zweifellos gibt es eine Vielzahl natürlicher Phänomene, die vorwiegend mit den spezifischen Methoden und mit Hilfe der Gesetzmäßigkeiten nur einer der drei Disziplinen analysiert werden. Die Trennung in Physik, Chemie und Biologie ist ja nicht dem Planungs- und Ordnungsbedürfnis irgendwelcher Schulmeister entsprungen, sondern den spezifischen Gesetzmäßigkeiten der Materie. So hat etwa die belebte Materie mit Erscheinungen und Gesetzmäßigkeiten zu tun, die in dieser Form bei der unbelebten Materie nicht vorkommen. Man denke nur an die Gesetzmäßigkeiten der Evolution der Organismen; diese sind mit dem begrifflichen Instrumentarium und den Methoden der Physik nicht zu verstehen. Die Grenzen zwischen unbelebten und belebten, zwischen biologischen und gesellschaftlichen Systemen sind objektiver Natur. Fächertrennung ist daher nicht (oder nicht primär) ein alter Zopf, sondern in der Natur des Gegenstandes begründet. Deshalb ist es fraglich, ob durch eine weitgehende oder vollständige Aufhebung der Fächergrenzen die jeweils spezifischen Gesetzmäßigkeiten der betrachteten Systeme vermittelt werden können, oder ob nicht vielmehr die auf der Erkenntnis dieser Gesetzmäßigkeiten basierende Abstraktion auch für den Unterricht sinnvoll ist. Die Naturwissenschaften als Teilbereich gesellschaftlicher Arbeit haben neben den gemeinsamen Aspekten durchaus auch eigene Fragestellungen, je nachdem, ob es sich um chemische, physikalische oder biologische Sachverhalte handelt. Diesen spezifischen Problemen muß ein inhaltlicher Grobplan Rechnung tragen.

4.2.2 Organisatorische Aspekte

Integration setzt zumindest eine gute Kooperation der beteiligten Fachlehrer voraus. Noch günstiger und bei einigen Unterrichtsprojekten notwendig wären Formen des „Team-Teaching", d.h. gemeinsames Planen von Unterricht, gemeinsames Erteilen von Unterricht, gemeinsame Bewertung von Unterricht, all dies in arbeitsteiliger Weise. Wichtige Voraussetzungen dazu sind:

- Parallelität des Stundenplans,
- geeignete Räumlichkeiten für die Arbeit mit wechselnden Gruppengrößen,
- Vorhandensein bzw. ständiges Produzieren von Material für individuelles Arbeiten.

Die Praxis selbst an den bestehenden Gesamtschulen hat zum einen wegen der objektiven Bedingungen (räumliche und curriculare Grundlagen) und zum anderen auf Grund subjektiver Faktoren (Überlastung, fehlende Bereitschaft oder Fähigkeit von Lehrern zur Kooperation) eine weitergehende Realisierung derartiger Unterrichtsformen verhindert. Für begrenzte Zeiträume mit geringer

Zahl beteiligter Lehrer bestehen aber sicherlich Möglichkeiten, wenn nicht für Team-Teaching, so doch für eine gute Kooperation, z.B. im Rahmen eines integrierten Unterrichtsprojektes, das gemeinsam geplant und von den beteiligten Lehrern jeweils in ihrem Fach durchgeführt wird.

4.3 Koordination und Integration der Fächer im Grobplan

4.3.1 Inhaltliche Koordinierung auf Grund des Leitprinzips ‚gesellschaftliche Arbeit'

Auf den ersten Blick hat der Grobplan scheinbar die alte Trennung in die drei Unterrichtsfächer beibehalten. Über diese äußerliche Trennung hinaus sind sie jedoch durch gemeinsame Leitprinzipien und Strukturierungskriterien eng miteinander koordiniert. Alle drei Fachcurricula betrachten die Naturwissenschaften als Teilbereich gesellschaftlicher Arbeit und stellen sich die Aufgabe, diesen Teilbereich in seinen Entstehungs- und Verwertungsbedingungen in Vergangenheit und Gegenwart zu untersuchen. Alle drei Fächer gehen aus von einem Verständnis des Menschen als eines kollektiv arbeitenden Wesens und bestimmen empirische Naturerkenntnis und Wissenschaft als eine Form von gesellschaftlicher Arbeit. Als Ausgangspunkt zur Vermittlung des grundlegenden begrifflichen Instrumentariums wird jeweils eine einfache Form des gesellschaftlichen Arbeitsprozesses gewählt: In der Physik der einfache handwerkliche Arbeitsprozeß, in der Chemie der stoffumwandelnde Prozeß der Eisenherstellung und in der Biologie die Arbeitsteilung und Lebensweise in der Urgesellschaft. In jedem Fach wird dann eine spezifische Seite dieses Teilbereiches gesellschaftlicher Arbeit weiterverfolgt. Die Physik beschäftigt sich vornehmlich mit den Arbeitsmitteln und Naturkräften und den ihnen zugrunde liegenden Gesetzmäßigkeiten, die Chemie mit den Werkstoffen (im weitesten Sinne) und ihrer Herstellung, die Biologie mit der Erhaltung des Menschen und seiner Arbeitskraft durch Ernährung (landwirtschaftliche Produktion) und Medizin. Alle drei Fächer sind durch die Art der Darstellung und durch das gemeinsame Suchraster zur Auswahl und Strukturierung der Inhalte eng koordiniert. Über den von uns vorgelegten Plan hinaus bietet sich durch jene Prinzipien eine enge Koordinierung mit Arbeitslehre und Gesellschaftslehre an.

4.3.2 Integration und Projekte

Über den allen drei Fächern gemeinsamen Ansatz hinaus halten wir an einzelnen Stellen im Grobplan eine projektartige Integration für möglich und haben sie in weiteren Ausarbeitungen auch vorgesehen. So bietet sich z. B. bei der Behandlung der landwirtschaftlichen Produktion (B 8) und der gleichzeitig in Chemie geplanten Unterrichtseinheit „Zwischenprodukte der chemischen Industrie“ (C 8) in bezug auf das Problem der Düngung ein gemeinsames Projekt an. Das hieße, daß die Probleme der landwirtschaftlichen Produktion und der menschlichen Ernährung weitergefaßt und die Rolle der Wissenschaft Chemie bzw. der chemischen Großindustrie bei der Lösung von Ernährungsproblemen behandelt werden könnten. Eine weitere projektartige Integration zwischen Biologie und Chemie bietet sich auch zwischen der UE „Genetik“ (B 10.1) und der Untersuchung von biologischen Polymeren (C 10.1) in der Chemie an.

Gründlicher ausgeführt und weiterentwickelt ist ein Projekt „Kunststoffe“, das eine Integration von Physik und Chemie vorsieht. Hier haben wir alle wesentlichen Kennzeichen eines Projektes vorliegen: Die zugrunde liegende Problemstellung „Kunststoffe, ihre Herstellung und Verwendung“ ist derartig komplex, wenn man neben den physikalischen und chemischen auch die technischen und gesellschaftlich-ökonomischen Aspekte heranzieht, daß sich eine Aufgliederung in verschiedene, im Unterricht gruppenteilig zu bearbeitende Problemfelder anbietet. Gruppenteilige Arbeit ist dabei nicht nur wünschenswert, sondern notwendig. Dies gilt einmal für den stärker fachlichen Teil, in dem die Vielfalt der Reaktionen und Kunststoffe untersucht wird (gruppenteilige Durchführung verschiedener Synthesen) und Materialprüfungen durchgeführt werden (gruppenteilige Anwendung verschiedener technischer Prüfverfahren). Zum anderen wird durch den abschließenden Modellbau einer kontinuierlichen Produktionsanlage die Notwendigkeit gemeinsamer Arbeit sinnfällig; kein einzelner Schüler könnte die Anlage als Schülerversuch allein bauen und sich ihre Bedeutung erarbeiten. Eine Ausweitung auf die gesellschaftliche Realität in der Produktion bietet sich an. Für dieses Projekt ist die gemeinsame Planung und Durchführung durch Physik- und Chemielehrer unumgänglich.

4.3.3 Fachliche Koordinierung

Im allgemeinen sind bisher in den gültigen Rahmenplänen die Planungen für die drei naturwissenschaftlichen Fächer unabhängig voneinander gelaufen. Diese unabhängige Planung mit nur geringer oder keiner Bezugnahme auf die übrigen Fächer wird noch unterstützt durch das zum Teil sehr unterschiedliche

Stundenaufkommen pro Fach und Jahr. So wird weder in allen Schulzweigen zur gleichen Zeit mit allen drei Naturwissenschaften begonnen, noch wird ein einmal eingeführtes Fach ohne Unterbrechung durch alle Jahrgangsstufen geführt. Die unserem Entwurf zugrunde liegende Forderung lautet dagegen: In allen Jahrgangsstufen der Sekundarstufe I (7. bis 10. Jahrgangsstufe) sollen alle drei Naturwissenschaften mit einer wöchentlichen Stundenzahl von zwei Stunden (eine Blockstunde) unterrichtet werden. Eine solche Forderung ist unabdingbar für eine koordinierte und zum Teil integrierte Unterrichtsplanung. Nur unter dieser Voraussetzung war es möglich, eine weitgehende fachliche Koordination zu verwirklichen.

Zweiter Teil
Inhalte – Materialien

IV. Grobplan der naturwissenschaftlichen Unterrichtsinhalte

(7. bis 10. Jahrgangsstufe)

1. Übersicht über den Grobplan

	Biologie	Chemie	Physik
7.	B 7.1 Wie aus Affen Menschen wurden (15) B 7.2 Die Zelle (15)	C 7 Herstellung von Eisen und anderen Metallen – Grundlagen der Chemie (30)	P 7 Der einfache Arbeitsprozeß – menschliche Arbeitskraft, Werkzeuge, Werkstoffe (30)
8.	B 8 Landwirtschaftliche Produktion und menschliche Ernährung (30)	C 8 Zwischenprodukte der chemischen Industrie (30)	P 8.1 Nutzbarmachung der Naturkräfte (15) P 8.2 Infrastruktur und Produktionsmittel (15)
9.	B 9.1 Welternährung (3) B 9.2 Ökologie und Umweltschutz (12) B 9.3 Nerv – Sinne – Verten (15)	C 9.1 Erdöl (15) C 9.2 Kunststoffe (15)	P 9.1 Automatisierungstechnik, Nachrichtentechnik (17) P 9.2 Kunststoffe (13)
10.	B 10.1 Genetik (20) B 10.2 Evolution (10)	C 10.1 Biopolymere (15) C 10.2 Metalle (15)	P 10.1 Struktur der Materie (20) P 10.2 Astronomie (10)

Die im Grobplan zu den Einzelthemen vorgeschlagenen Inhalte werden in der Regel in der jeweiligen Fachterminologie ausgedrückt, weil der Grobplan sich an Fachleute richtet. Was sich davon im Unterricht niederschlagen soll, muß unter Berücksichtigung der Jahrgangsstufe und der vorgeschlagenen Stundenzahl sowie vor allem im Hinblick auf die angegebenen Hauptziele nach didaktischen Gesichtspunkten festgelegt werden.

2. Inhalte des Biologieunterrichts

(R. Görgen, P. Wurmbach)

B 7.1 Wie aus Affen Menschen wurden

Dauer der UE: 15 Blockstunden

Kurzgliederung

1. Der Unterschied zwischen Mensch und Tier. Biologische Voraussetzungen der Menschwerdung (9 Blockstunden).
2. Die Entwicklungsgeschichte des Menschen als biologische und gesellschaftliche Entwicklung (6 Blockstunden).

Hauptziele

- Die Abstammung des Menschen von tierischen Vorfahren als Grundaussage der heutigen Wissenschaft zur Herkunft des Menschen kennen.
- Die bewußte Werkzeugproduktion als Unterscheidungsmerkmal von Mensch und Tier erklären können.
- Vorteile des aufrechten Gangs erklären können.
- Anhand eines Beispiels erbliche Veränderungen, Anpassung und Auslese als Faktoren der biologischen Entwicklung erklären können.
- Den Zusammenhang zwischen menschlichen Fähigkeiten und Körperbau am Beispiel der Wirbelsäule, der Hand und des Fußes und des Gesichtssinnes erklären können.
- Aufgabe des Gehirns als des Organs der Steuerung und seine Bedeutung in der Entstehungsgeschichte kennen.
- Merkmale des Menschen nennen können, die für das gesellschaftliche Zusammenleben von Bedeutung sind.

Einführung

Die Biologie hat neben allen anderen Lebewesen auch den Menschen zum Gegenstand; sie beschäftigt sich vorrangig mit der biologischen Natur des Menschen, mußte aber zu allen Zeiten sein gesellschaftliches Wesen mitberücksichtigen, um das Spezifische der Gattung Mensch wissenschaftlich zu begreifen. Sie leistet deshalb eine wichtigen Beitrag zu einem wissenschaftlichen Menschenbild.
Die Frage nach dem Gemeinsamen zwischen Mensch und Tier und nach der Sonderstellung des Menschen hat seit jeher die Menschen beschäftigt. Zur Klärung dieser Frage haben die wissenschaftlichen Erkenntnisse über die Herkunft des Menschen, über seine Entwicklungsgeschichte, Wesentliches beigetragen. Die christlich-jüdische Schöpfungsgeschichte und die Vorstellungen anderer Religionen entsprachen den jeweiligen Kenntnissen von der Natur. Die Einsichten in die Gesetzmäßigkeit der menschlichen Entwicklung traten erst Ende des 18. Jahrhunderts stärker in den Vordergrund. Durch die Arbeiten Darwins wurde gezeigt, daß bei der Entstehung des Menschen die gleichen Faktoren eine Rolle spielten wie bei der Entstehung aller anderer Arten. Darwins Arbeiten zeigten aber in bezug auf den Menschen einseitig den biologischen Aspekt. Die Bedeutung der bewußten Werkzeugproduktion, die Rolle der Arbeit für die Entwicklung des Menschen zu einem Lebewesen, das im Gegensatz zu allen anderen die bewußte Gestaltung der Natur in seinem Interesse übernimmt und dadurch zum erfolgreichsten Lebewesen auf der Erde geworden ist, wurde von ihm nicht berücksichtigt. Dieser Aspekt der Entwicklungsgeschichte des Menschen spielt in der neueren Forschung eine zentrale Rolle.
Beide Aspekte, die Faktoren der biologischen Entwicklung und die bewußte Werkzeugproduktion als Triebkraft der kulturellen Entwicklung des Menschen, sind Bestandteile eines wissenschaftlichen Menschenbildes.
Häufig beschäftigt sich der Biologieunterricht allein mit der biologischen Natur des Menschen und reduziert damit die Problemstellung auf den Menschen als Säugetier, ohne die zum eigenen Selbstverständnis so wichtige Rolle des bewußten Gestalters seiner Lebensbedingungen aufzuzeigen.
Der Biologieunterricht soll alle Fragen der Biologie in den Zusammenhängen bearbeiten, in denen sie im gesellschaftlichen Leben stehen. Der Schüler soll erkennen, aus welchen gesellschaftlichen Bedürfnissen heraus Kenntnisse in der Biologie gewonnen wurden und werden und in welcher Form sie für die menschliche Gesellschaft nutzbar gemacht werden. Es muß in allen zu untersuchenden Aspekten deutlich werden, daß der Mensch als Teil der belebten Materie Gesetzen unterliegt, die für diese gelten, daß er aber andererseits durch Kenntnis und Anwendung dieser Gesetze die Gestaltung seiner Umwelt und die seiner eigenen Zukunft aktiv übernimmt.

Die Antwort auf die Frage nach der Herkunft des Menschen führt zu einem Verständnis für die biologische und gesellschaftliche Natur des Menschen, für das Wechselverhältnis zwischen beiden und für die Sonderstellung des Menschen in der Natur.

1. Der Unterschied zwischen Mensch und Tier. Biologische Voraussetzungen der Menschwerdung (9)

Gilt es, vorgeschichtliche Skelettfunde als Menschen oder „noch nicht Menschen" einzustufen, so gibt das Vorhandensein von den Spuren menschlicher Arbeit das entscheidende Kriterium ab. Durch die bewußte Werkzeugproduktion, d.h. durch Arbeit als zweckgerichtete und geplante Veränderung der Natur, ist der Mensch in eine biologische und kulturelle Entwicklung eingetreten. Auch heute ist Arbeit das entscheidende Kennzeichen, das den Menschen von den Tieren unterscheidet.
Die Entwicklung zum Menschen war ein langwieriger Prozeß, der ganz bestimmter biologischer Voraussetzungen bedurfte. So ist der bei den äffischen Vorfahren des Menschen angelegte zweifüßige Gang und der Besitz einer Greifhand die biologische Voraussetzung des aufrechten Ganges und der damit ermöglichten Entwicklung der

---

Inhalte in ihrer Abfolge

1.1 Arbeit als Kennzeichen des Menschen

- Einstieg: Wie ist der Mensch entstanden? (Vorwissen der Schüler)[1].
- Werkzeuggebrauch beim Tier (Schimpanse) und bewußte Werkzeugproduktion des Menschen.
- Klarstellen des Arbeitsbegriffs: Arbeit als zweckgerichtete und geplante Veränderung der Natur durch die Tätigkeit des Menschen.
- Vergleich der Menschenaffen und ihrer Lebensweisen.

1.2 Biologische Voraussetzungen

- Aufrechter Gang, Bau und Funktion der Wirbelsäule[2].
- Freiwerden der Hand: Hand als Tätigkeitsorgan; anatomischer Bau und Leistungen. Hand als Sinnesorgan, Nachweis von Druck- und Temperatursinn.
- Leistungen der Augen, Versuche zum Sehvermögen des Menschen (sterisches Sehen, Farbfelder, Sehfelder).
  Vergleich mit den Sehleistungen verschiedener Säugetiere.
- Gehirn, Organ der Steuerung:
  Bedeutung der Hand für die Reduzierung des Gesichtsschädels, Hirnregionen des Menschen und ihre Zuordnung zu Körperfunktionen.
  Vergleich des Gehirns von Menschenaffen und Mensch, Entwicklung des Gehirns in der Entstehungsgeschichte des Menschen.

---

1 *Geschichtsunterricht*: Auseinandersetzung um den Darwinismus.
2 *Geschichtsunterricht*: Leben in der Urgesellschaft.

menschlichen Hand als hochentwickeltes Sinnes- und Arbeitsorgan. Die Fähigkeit zum sterischen Sehen – bei den baumlebenden Affen aus der Notwendigkeit zur sicheren Orientierung im dreidimensionalen Astwerk entwickelt – lieferte die Voraussetzung für die Entwicklung des Menschen zu einem „Augenwesen". Die frei gewordene Hand und die dadurch gegebene Möglichkeit zur Aufbereitung von Nahrung verringerten die Bedeutung des Gesichtsschädels und ermöglichten die enormen Zunahmen des Hirnschädels.

2. Entwicklungsgeschichte des Menschen als biologische und gesellschaftliche Entwicklung (6)

Neben den biologischen Faktoren der Entwicklung sind durch den bewußten Werkzeuggebrauch von den frühesten Stadien der Entwicklungsgeschichte des Menschen an gesellschaftliche Faktoren von Bedeutung. Nur als gesellschaftliches Wesen konnte der Mensch überleben. Die Entwicklungsgeschichte, wie sie anhand von Funden rekonstruiert werden kann, gibt Aufschluß über die Entwicklung des Menschen als eines gesellschaftlich lebenden Wesens. Wir finden stetig verbesserte Formen der Produktion und immer weiter entwickelte Formen des gesellschaftlichen Zusammenlebens (Arbeitsteilung, begriffliche Sprache, Wohnung, Bekleidung, Nutzung des Feuers u.a.). Diese gesellschaftlichen Errungenschaften werden kulturell, nicht biologisch weitervererbt.

Inhalte in ihrer Abfolge

2.1 Funde und ihre Deutung

Noch Tier oder schon Mensch?[1] Werkzeugproduktion als Kennzeichen des Menschen, Beurteilung von Funden.

Fundstellen, Probleme und Möglichkeiten der Rekonstruktion des Frühmenschen.

2.2 Exkurs zur biologischen Entwicklung

Lebewesen sind ihrer Umwelt angepaßt, erbliche Veränderungen, Umweltbedingungen als Auslesefaktoren.

2.3 Faktoren der gesellschaftlichen Entwicklung

- Entwicklung der Sprache, anatomische Voraussetzungen der Sprechfähigkeit.
- Notwendigkeit der Arbeitsteilung.
- Bedeutung der langen Kinder- und Jugendzeit für die kulturelle Evolution[2] (Lernen, Informationsweitergabe).

1 *Geschichte und Religion*: Frühgeschichtliche und religiöse Vorstellungen über die Herkunft des Menschen.
2 *Arbeitslehre*: Probleme der Arbeitsphysiologie.

B 7.2 Die Zelle

Dauer der UE: 15 Blockstunden

Kurzgliederung

1. Alle Lebewesen bestehen aus Zellen (2).
2. Die Bedeutung der Kenntnis von Bau und Funktion der Zelle für die Medizin am Beispiel der Blutzellen (3).
3. Zellen vermehren sich durch Teilung, die Kontinuität allen Lebens beruht auf Zellen (3).
4. Die spezialisierte Zelle – ihre Bedeutung für die Produktion (3).
5. Zelle als kleinste Einheit des Lebens – Vorkommen und Bedeutung der Einzeller (4).

Hauptziele

- Wissen, daß alle Lebewesen aus Zellen bestehen, die einen vergleichbaren Grundplan und gleiche Grundfunktionen haben.
- Wissen, daß Zellen je nach ihrer Funktion differenziert sind und dies am Beispiel der Blutzellen erläutern können.
- Beispiele für die Bedeutung der Zelltheorie für die Medizin nennen können.
- Wissen, daß Zellen nur aus Zellen entstehen und Zellvermehrung eine Grundlage des Wachstums ist.
- Einige Mikroorganismen des Wassers und deren Bedeutung für den Menschen nennen können.
- Wissen, daß Lebewesen über Generationen über Keimzellen verbunden sind.
- Zelldifferenzierungen, die für die Ernährungs- und Rohstoffbasis von Bedeutung sind, nennen können.
- Die Bedeutung der Entdeckung von Mikroben für die Medizin erklären können.
- Die Kriterien des Lebens am Einzeller erläutern und belebte von unbelebter Natur abgrenzen können.

Einführung

Die Aufdeckung der Zelle als der Elementareinheit der lebenden Natur ist in ihrer Bedeutung für den Fortschritt der biologischen Wissenschaften vergleichbar dem Nachweis der Elementarteilchen für den Fortschritt von Physik und

Chemie. Ein Großteil unseres Wissens in der modernen Anatomie, Pathologie und Physiologie geht vom Zellbegriff aus. Die Entdeckung der Zelle zeigt besonders offensichtlich den Zusammenhang zwischen wissenschaftlichem und technischem Fortschritt. Erst im 17. Jahrhundert, als die Brechungseigenschaften von Linsen entdeckt waren, gelang es, Fernrohre und Mikroskope zu konstruieren. So wie Galilei mit Hilfe des Fernrohrs das Geheimnis der Planeten enthüllte, so erschlossen eine Reihe von Experimentatoren des 17. Jahrhunderts (Malpihgi, Hooke, Leeuwenhoek u.a.) die Welt des Kleinsten. Die ersten Untersuchungen erstreckten sich auf die verschiedenartigsten Gegenstände: Nadelspitze, Spermatozoen, Pflanzenteile u.a. Im Gegensatz zu dem praktischen Nutzen, den das Fernrohr sehr bald nach seiner Entdeckung brachte, bewies das Mikroskop erst zweihundert Jahre später in der Medizin durch die Arbeiten von Koch und Pasteur seine große Bedeutung.

Durch die im 19. Jahrhundert zunehmend systematischere Untersuchung der einfachsten Tier- und Pflanzenarten entwickelte sich das Verständnis für das Leben und die Funktion der Zellen. Damit ergab sich die Möglichkeit, auf lebende Organismen gezielt einzuwirken. Unsere heutige detaillierte Kenntnis von Struktur und Funktion der Zellen basiert auf der Entwicklung neuer Mikroskope in unserem Jahrhundert (Elektronenmikroskop, Interferenzmikroskop).

Die Zelle konnte so als ein System verschiedener Typen noch kleinerer einzelner Teilchen, der sogenannten Organellen, deren Struktur jetzt bis zu molekularen Dimensionen annähernd bekannt ist, aufgeklärt werden.

Ein Ziel biologisch-medizinischer Forschung besteht heute darin, biologische Probleme auf ihre materielle Grundlage, auf die Funktion von Zellen und deren Zusammenwirken zurückzuführen. Damit werden die Möglichkeiten des Menschen erhöht, gezielt in die Natur einzugreifen.

Eine Hauptaufgabe des Biologieunterrichts ist es, die Materialität biologischer Strukturen und Prozesse nachzuweisen. Alle Lebewesen bestehen aus Zellen, d.h. alle biologischen Wesenszüge der Lebewesen lassen sich auf Besonderheiten der Zellen und ihr Zusammenwirken zurückführen. Die Einsicht in die Bedeutung des Zellkonzeptes erweitert das Problembewußtsein für die Analyse physiologischer und ökologischer Fragestellungen.

Der Anfangsunterricht der 7. Klasse verfolgt zwei Aspekte: Einmal charakterisiert er den Menschen als Lebewesen, für das die gleichen natürlichen Gesetzmäßigkeiten gelten wie für alle anderen Lebewesen, zum anderen zeigt er die aktive Rolle des Menschen als eines gesellschaftlichen Wesens bei der Aufklärung und Veränderung der Natur. In dieser UE wird der erste Aspekt in der Art vertieft, daß die natürliche Gemeinsamkeit aller Lebewesen auf die Zelle als Elementareinheit zurückgeführt wird. Der zweite Aspekt wird in der Fragestellung „Was bedeutet die Kenntnis der Zelle für die Medizin und die Landwirtschaft?“ weiterverfolgt.

1. Alle Lebewesen bestehen aus Zellen (2)

Der einheitliche Grundbauplan aller Zellen, trotz der vielfältigsten Ausprägungen, ermöglicht die Aufklärung von Zellstrukturen und -funktionen an einfachen Objekten. Er ist Voraussetzung für die prinzipielle Übertragbarkeit von Forschungsergebnissen.
Für die pharmazeutische und medizinische Forschung ist die Zelltheorie grundlegend. Zum Verständnis der materiellen Einheit der Welt, des Wechselverhältnisses zwischen Einheit (Grundbauplan) und Vielfalt (Differenzierung) in der belebten Natur sowie zur Vorbereitung des Entwicklungsgedankens sind Kenntnisse aus der Zellenlehre eine wichtige Voraussetzung.

Inhalte in ihrer Abfolge

- Nachweis der zelligen Organisation der Lebewesen (Tier, Pflanze, Mensch).
- Grundbauplan der pflanzlichen und tierischen Zelle.
- Zellen sind je nach Funktion differenziert:
  Wechselverhältnis von Einheit und Vielfalt.

2. Die Bedeutung der Kenntnis von Bau und Funktion der Zelle für die Medizin am Beispiel der Blutzellen (3)

Das Zellkonzept ist für den Fortschritt der Medizin von entscheidender Bedeutung. Die Möglichkeit, Krankheiten als Zellkrankheiten zu identifizieren, erweitert die Möglichkeiten der Forschung, der Diagnose und Therapie.
Blut gehört zu den ersten Geweben des menschlichen Körpers, bei dem – auf Grund der leichten Mikroskopierbarkeit – die zellige Struktur nachgewiesen wurde. Viele Blutkrankheiten sind Zellkrankheiten bzw. Krankheiten der zellbildenden Organe. Blutzellen sind ein Beispiel für mögliche Differenzierungen menschlicher Zellen.

Inhalte in ihrer Abfolge

- Bestandteile des Blutes.
- Bau und Funktion der Blutzellen, Differenzierung nach Funktion: Gastransport, Erregerbeseitigung, Wundheilung.
- Stoffaufnahme und Stoffabgabe (Diffusion, Osmose).
- Blutkrankheiten als Zellkrankheiten.
- Probleme der Blutlagerung und des Bluttransportes.

3. Zellen vermehren sich durch Teilung, die Kontinuität allen Lebens beruht auf Zellen (3)

Die Zelltheorie macht auch das Wachstum und die Entstehung des individuellen Organismus verständlich und zeigt darüber hinaus, wie über Generationen Organismen entwicklungsgeschichtlich zusammenhängen. Die genauere Aufklärung des Ablaufes der Zellteilung liefert möglicherweise in Zukunft Hinweise auf die Prophylaxe bzw. Behandlung des Krebses. Die Kenntnis der Funktion von Ei und Samenzelle ist Voraussetzung für die künstliche Befruchtung.

Inhalte in ihrer Abfolge

- Zellen vermehren sich durch Teilung:
  Strukturen, Ablauf.
  Abhängigkeit der Teilungshäufigkeit von der Funktion des Gewebes.
  Störungen durch Umwelteinflüsse (Mitosegifte u.a.).
- Krebszellen, Verlust der Regulation, Teilung und Organisation der Zelle.
- Ei- und Samenzelle, Befruchtung; Bedeutung für Zeugung, Verhütung, künstliche Befruchtung, Kontrolle des Bevölkerungswachstums.

4. Die spezialisierte Zelle – ihre Bedeutung für die Produktion (3)

Auf Grund der Vielzahl von Differenzierungen des Zellinhaltes, der Zellwand, Zellgröße und Zellexkrete gibt es eine enorme Vielfalt von Rohstoffen und Nahrungsmitteln. Seit altersher hat der Mensch die verschiedensten Methoden zu Gewinnung dieser Stoffe angewandt. Im Zeitalter der zielgerichteten Entwicklung von Lebewesen mit gewünschten Eigenschaften durch Züchtung oder geeignete Auswahl spielt die „Stoffprüfung“ und die Analyse der stofflichen Zusammensetzung der Zellen eine immer größere Rolle.

Inhalte in ihrer Abfolge

4.1 Nahrungsmittel[1]**:**

Stärke (Kartoffelzellen, Getreidekörner), Zucker (Zuckerrüben, Zuckerrohr), Öl (ölhaltige Samenzellen), Produkte von Drüsenzellen (Milch, Insulin u.a.).

Beispiele für Anbau und Gewinnung.

4.2 Rohstoffe

Textilien: Baumwollfaser, Wollfaser, Hanf, Flachs; Papier; Holz.

Untersuchung von Produkten: Papier, Textil, Holz usw.

Beispiele für Produktion[2].

1 *Arbeitslehre*: Hauswirtschaft, Ernährungslehre.
2 *Gesellschaftskunde*: Probleme der Rohstoffexportländer.

5. Die Zelle als kleinste Einheit des Lebens – Vorkommen und Bedeutung der Einzeller (4)

Die Kenntnis von Gärungs- und Fäulnisbakterien und die Analyse ihres chemischen Verhaltens bildet die Grundlage für fast alle Verfahren der Haltbarmachung von

Nahrungsmitteln. Die Entdeckung krankheitserregender Bakterien, die Aufstellung der Keimtheorie der Krankheiten liefert die wissenschaftliche Voraussetzung für die Antisepsis und Impfung.
Mikroorganismen im Wasser sind in zweierlei Hinsicht von Bedeutung: Einmal liefert ihr Studium die notwendigen Kenntnisse zur biologischen Abwässerreinigung, zum anderen stellen die pflanzlichen Einzeller durch ihre Zahl und Vermehrungsrate ein enormes Potential zur Produktion von Biomasse für die tierische und menschliche Ernährung dar.

Inhalte in ihrer Abfolge

5.1 Kriterien des Lebens

Einzeller als kleinste Einheit, Möglichkeit der Lebensfähigkeit isolierter Zellen.

5.2 Bakterien in Luft, Wasser und Boden

– Krankheitserregende Bakterien: Seuchen, Ausrottung von Krankheiten[1].

– Fäulnisbakterien: Humusbildung, Verderben von Nahrungsmitteln.

– Gärungsbakterien: Quark, Käse, Silos, Bier.

5.3 Mikroorganismen im Wasser (tierische Einzeller, Algen, Bakterien)

– Abwässerreinigung.

– Produktion von Biomasse (menschliche und tierische Ernährung).

---

1 *Gesellschaftskunde*: Verbot biologischer Waffen.

B 8 Landwirtschaftliche Produktion und menschliche Ernährung

Dauer der UE: 30 Blockstunden

Kurzgliederung

1. Pflanzen als Basis der landwirtschaftlichen Produktion und der menschlichen Ernährung (2).
2. Stoffwechsel der Pflanzen. Anwendung der wissenschaftlichen Kenntnisse in der Produktion (13).
3. Menschliche Ernährung (5).
4. Stoffwechsel des Menschen unter besonderer Berücksichtigung ernährungs- und arbeitsphysiologischer Fragestellungen (10).

Hauptziele

- Bedeutung der pflanzlichen Stoffproduktion als Grundlage allen tierischen und menschlichen Lebens kennen.
- Wissen, daß jegliche Nahrung auf der Erde auf der fotosynthetischen Leistung der Pflanze beruht.
- Die grundlegenden pflanzlichen Stoffwechselprozesse kennen.
- Verschiedene pflanzenphysiologische Nachweismethoden kennen.
- Die umwälzende Wirkung der Anwendung der Kenntnisse vom pflanzlichen Stoffwechsel in der landwirtschaftlichen Produktion (Bewässerung, Düngung) verstehen.
- Das Verhältnis von Industrie und Agrikultur anhand von Beispielen erläutern können.
- Bau und Funktion der Verdauungs-, Ausscheidungs- und Atmungsorgane des Menschen kennen.
- Den Zusammenhang zwischen gesellschaftlichen Verhältnissen und Ernährungskrankheiten anhand von Beispielen verstehen.
- Die Bedeutung tierischen Eiweißes für die menschliche Ernährung kennen.

Einführung

Die Landwirtschaft war zu allen Zeiten eine bedeutende Quelle biologischer Erkenntnisse. Antworten auf das zentrale Problem der Landwirtschaft: Wie entwickeln sich die Pflanzen im Boden, und was macht die Nahrung für Mensch und Tier aus? bedeuteten enorme Fortschritte in der Menschheitsgeschichte. Beobachtungen über den Entstehungsprozeß pflanzlicher Nahrung in der Frühgeschichte waren die Voraussetzung der Seßhaftigkeit. Der seßhaft gewordene Mensch machte ganz neue Beobachtungen. Er verfolgte die Entwicklung der Pflanzen über die ganze Wachstumsperiode und gewann wichtige Erkenntnisse über die Aussaat, die Bodenbearbeitung und die Ernte. Damit vollzog sich ein gewaltiger Fortschritt in der Entwicklung der Produktivkräfte. Der Mensch begann mit stetig verbesseren Werkzeugen auf die Natur cinzuwirken und sie seinen Bedürfnissen anzupassen. Bis zur zweiten Hälfte des 1. Jahrtausends wurde die Landwirtschaft ausschließlich extensiv betrieben. Die wachsende Bevölkerungsdichte machte eine Intensivierung des Ackerbaus notwendig. In Form der Dreifelderwirtschaft wurde die erste natürliche Düngung betrieben. Im 12./13. Jahrhundert zeigt die Entwicklung der Landwirtschaft in Europa deutliche Fortschritte: neue Geräte werden verbreitet. Das System der Dreifelderwirtschaft hatte sich durchgesetzt. Der Bodenertrag und die Arbeitsproduktivität stiegen. Insgesamt war eine starke Spezialisierung der landwirtschaftlichen Produktion zu verzeichnen. Ende des 15.

Jahrhunderts nahm die Bevölkerung Mitteleuropas jährlich um 0,7 % zu. Große Städte wuchsen empor, und die ausreichende Versorgung der nicht in der Landwirtschaft Tätigen mit Lebensmitteln gewann außerordentlich an Bedeutung.

Das Verhältnis zwischen der Entwicklung des Gewerbes (später der Industrie) und der Landwirtschaft wurde zu einem immer deutlicheren Strukturproblem. Bleibt die Entwicklung der Landwirtschaft hinter der Industrie zurück, so kommt es zur Hemmung der gesellschaftlichen Produktivkräfte. Dieses Problem erreichte einen Höhepunkt zu Beginn des 18. Jahrhunderts überall dort, wo sich die kapitalistische Wirtschaftsform durchgesetzt hatte. Die Aufgabe der Landwirtschaft – Vergrößerung der Bodenerträge – wurde daher zu einer dringenden gesellschaftlichen Aufgabe.

Die Entwicklung der chemischen Wissenschaft lieferte zur Lösung einen entscheidenden Beitrag: Die Arbeiten Priestleys und Lavoisiers hatten gelehrt, daß der tierische Organismus eine Art Wärmemaschine ist, der Nahrungsstoffe als Brennstoffe verbrennt, und daß Pflanzen diesen Prozeß umkehren, indem sie mit Hilfe von Sonnenlicht und Luftbestandteilen lebendes Gewebe erzeugen und Sauerstoff an die Atmosphäre zurückliefern. Diese Erkenntnisse konnten jedoch nicht zu praktischen Folgerungen führen, ehe nicht die Rolle des Bodens geklärt war. Liebigs Untersuchungen lieferten die Grundlage für die heutige wissenschaftliche Einteilung der Nährstoffe in Kohlehydrate, Fette und Eiweiße und zeigten, daß nur die letzte Gruppe Stickstoff enthält und daß zu ihrer Bildung die Mineralsalze des Bodens erforderlich sind. Sobald die chemische Rolle des Bodens geklärt war, hatte man die erste Erklärung für die Wirkung des Stalldüngers und die Möglichkeit, ihn aus anderen Quellen zu ergänzen. Auf diesen Erkenntnissen basiert die sich entwickelnde große Kunstdüngerindustrie (vgl. C 8 (2)).

Die heutige landwirtschaftliche Produktion ist zum einen durch breite Anwendung der künstlichen Düngung, zum anderen durch die Mechanisierung, d.h. durch breite Anwendung landwirtschaftlicher Maschinen (Voraussetzung: leichte Verbrennungsmotoren) gekennzeichnet. Die daraus resultierende Umwälzung der Landwirtschaft von einem arbeitsintensiven zu einem kapitalintensiven Zweig hat in der BRD zu einer Veränderung der sozialökonomischen Struktur der Bauernschaft geführt (Problem der Klein- und Mittelbauern).

Der hier nur kurz angedeutete Zusammenhang zwischen Industrie und Agrikultur und die Bedeutung der Kenntnisse über die Stoffwechselprozesse der Pflanzen für die Sicherung der menschlichen Existenz sind dem Schüler zu vermitteln. Diese Kenntnisse sind entscheidende Voraussetzungen für die Sicherung der Ernährungsgrundlage der gesamten Menschheit. Allerdings beinhaltet das Problem der Welternährung in entscheidendem Maße auch gesellschaftliche Fragestellungen (s. B 9.1 „Welternährung“).

Die Kenntnis vom Abbau der Nahrung und dem Aufbau körpereigener Stoffe im Menschen zeigt den Wert verschiedener landwirtschaftlicher Produkte für

die menschliche Ernährung, gibt konkrete Hilfe für eine gesunde Lebensweise des einzelnen und ist darüber hinaus Grundlage für das Verständnis von Fragen der Welternährung.
Das Wissen um die biologische Leistung der Pflanze ist nicht nur für die Sicherung der Ernährungsgrundlage von Bedeutung. Alles höher organisierte Leben auf der Erde ist abhängig von der fotosynthetischen Aktivität der Pflanzen. Diese Abhängigkeit zu kennen ist Voraussetzung für das Verständnis ökologischer Fragestellungen (s. B 9.2 „Ökologie"). Die Themen „Sonderstellung des Menschen in der Natur" (B 7.1) und „Materialität aller Lebewesen" (B 7.2) werden in dieser UE fortgeführt: Einerseits werden Kenntnisse über den Stoffwechsel von Pflanzen und Tieren, d.h. über das Zusammenwirken der einzelnen Bausteine (Zellenlehre) vermittelt, andererseits wird die Sonderstellung des Menschen als Gestalter der Natur thematisiert.

1. Einstieg: Pflanzen als Basis der landwirtschaftlichen Produktion und der menschlichen Ernährung (2)

Die Fähigkeit der Pflanzen zur Autotrophie, d.h. zur Herstellung organischer Stoffe aus Mineralien, Wasser und CO_2 mit Hilfe von Lichtenergie liefert die Voraussetzung für jedes Leben.
Jede Form landwirtschaftlicher Produktion – in der Geschichte ebenso wie in der heutigen mechanisierten Landwirtschaft – basiert auf der biologischen Stoffproduktion der Pflanze.

Inhalte in ihrer Abfolge

- Pflanzen als Primärproduzenten: Alle Nahrungsketten gehen auf Pflanzen zurück.
- Landwirtschaftliche Tierproduktion ist abhängig von Pflanzen (an Beispielen).
- Bedeutung des Ackerbaus für die Menschheitsentwicklung[1].

1 *Geschichtsunterricht*: Ackerbauern und Viehzüchter/jüngere Steinzeit.

2. Der Stoffwechsel der Pflanzen und die Anwendung der wissenschaftlichen Kenntnisse in der Produktion (13)

Künstliche Bewässerung ermöglichte schon im Mittelalter die Nutzbarmachung vorher unfruchtbarer Gebiete, die künstliche Düngung war und ist die Voraussetzung der Intensivierung der Landwirtschaft, und die weitgehende Aufklärung der Stoffwechselprozesse der Pflanzen ist die Grundlage für den zukunftsträchtigen wissenschaftlichen Pflanzenbau in Hydrokulturen unter definierten Bedingungen (Nährstoffe, Gase, Temperatur, Licht).
Das Anwachsen der Weltbevölkerung vergrößert den Bedarf an landwirtschaftlichen Produkten und liefert gleichzeitig durch die chemische Industrie und den Maschinenbau

die Möglichkeit, diesen Bedarf zu befriedigen. Die Zusammenhänge zwischen Agrikultur und Industrie aufzuzeigen, ist notwendig, um das heute so akute Bevölkerungsproblem analysieren zu können (s. B 9.1 „Welternährung“).

Inhalte in ihrer Abfolge

2.1 Fotosynthese als stoffproduzierender Prozeß

- Rolle der Gase:
  Nachweis des CO_2-Bedarfs, Optimumkurve, CO_2 als begrenzender Faktor, Begasung in Gewächshäusern,
  Rolle der Spaltöffnungen zur Regulation,
  Experimente zum Nachweis der O_2-Produktion,
  Abhängigkeit von der Lichtintensität (Bläschenversuch).
- Rolle des Lichts:
  Nachweis der lichtabhängigen Entstehung organischer Substanz (Jod – Stärke, Schablonenversuch).
  Nachweis der fotosynthetisch bedeutsamen Lichtanteile (Engelmann-Versuch) hierzu: Zerlegung des weißen Lichts*. Licht als Energieträger.
  Bedeutung des Blattgrüns, Fotosynthesepigmente und ihre Funktion.
  Erarbeitung der Fotosynthesegleichung unter Auswertung der experimentellen Ergebnisse.

2.2 Bedeutung des Wassers für die pflanzliche Stoffproduktion

- Wasser als Ausgangsstoff der Fotosynthese, Wasser als Transportmittel, Diffusion, Osmose, Transpiration.
- Bewässerung und landwirtschaftliche Produktion: Bewässerungssysteme im Altertum[1], Erschließung neuer landwirtschaftlicher Nutzflächen durch Bewässerungssysteme heute (Urbarmachung von Wüsten).

2.3 Rolle des Bodens

- Nachweis der Elemente, die für den Substanzaufbau der Pflanze notwendig sind; Bedeutung der Spurenelemente, Analyse von Pflanzenasche.
- Natürliche und künstliche Düngung, Probleme der Landwirtschaft zu Beginn der Industrialisierung.
- Verhältnis Industrie – Agrikultur[2], Intensivierung der Landwirtschaft durch künstliche Düngung und Mechanisierung, Wert landwirtschaftlicher Produkte.

---

* Dieses Experiment ist das erste aus der Optik. Die Brechung wird erst in P 8.1.3, das elektromagnetische Spektrum erst in 9.1.4.2 behandelt.

1 *Geschichtsunterricht*: Lebens- und Klassenverhältnisse im Altertum (Orient, Ägypten).

2 *Geschichtsunterricht*: Situation der Bauern im Feudalismus (Bauernkriege). Situation der Bauern im Frühkapitalismus. Ernährungslage der Proletarier im Frühkapitalismus.

3. Menschliche Ernährung (5)

Jeder Mensch braucht Nahrung um überleben zu können. Die Ausnutzung der Nahrung ermöglicht den Aufbau der Körperzellen und ihre Erhaltung in gesundem und funktionsfähigem Zustand. Ernährung ist unter stofflichen und Energieaspekten zu analysieren.
Die Art der Ernährung (die Zusammensetzung und Menge der Nahrung, ihre Zubereitung usw.) ist gesellschaftlich bestimmt, ist abhängig von der Entwicklung der Produktion. Eine Beschäftigung mit der Ernährungslage der Bevölkerung in verschiedenen historischen Epochen macht dies deutlich.
Falsche Ernährung führt zu vielfältigen Krankheitserscheinungen: Mangelkrankheiten in Entwicklungsländern, Problemen der Überernährung in hochindustrialisierten Ländern. Die gesellschaftlichen Verhältnisse sind die entscheidende Ursache von Ernährungskrankheiten. Individuelle Verhaltensweisen auf der Grundlage von Kenntnissen über die ernährungsphysiologische Bedeutung verschiedener Nahrungsmittel können zur Gesunderhaltung beitragen.

Inhalte in ihrer Abfolge

3.1 Lebensmittelbestandteile

- Ernährungsphysiologische Bedeutung verschiedener Lebensmittel.
- Einfache Nachweise von Nahrungsbestandteilen in Nahrungsmitteln:
  Kohlenhydrate: z. B. Zucker in Früchten, Stärke in Kartoffeln und Brot, Laktose in Milch.
  Fette: z. B. in Käse, Fleisch, Eigelb.
  Eiweiß: z. B. in Gemüse, Milch, Fleisch,
  Wassergehaltsbestimmungen.

3.2 Energiebedarf und Energieumsatz

Zusammenhang zwischen Art der Tätigkeit und Energiebedarf.

- Begriff der Kalorie,
  Kaloriengehalt verschiedener Nahrungsmittel.
- Unterernährung – Überfettung.

3.3 Bedeutung tierischen Eiweißes für die menschliche Ernährung

- Landwirtschaftliche Tierproduktion als Bindeglied zwischen pflanzlichem und menschlichem Stoffwechsel.

3.4 Ernährung in Vergangenheit und Gegenwart

- Ernährungskrankheiten (historische und aktuelle Beispiele)[1].
- Regeln für eine gesunde individuelle Ernährung.

1 *Gesellschaftskunde*: Probleme der Entwicklungsländer.

4. Stoffwechsel des Menschen unter besonderer Berücksichtigung ernährungs- und arbeitsphysiologischer Fragestellungen (10)

Um den eigenen Körper gesund und leistungsfähig zu erhalten, um sich für Verbesserung des vorbeugenden Gesundheitsschutzes und gesundheitsgerechte Arbeitsbedingungen einsetzen zu können, ist es notwendig, Bau und Funktion des eigenen Körpers zu kennen. Wie bei der Analyse der übrigen Körperfunktionen des Menschen werden auch hier Fragen der Arbeitsphysiologie angesprochen. Die Kenntnisse über Bau und Funktion des menschlichen Körpers können auf die Verhältnisse im Tierreich, hier besonders auf die höherentwickelten Lebewesen, angewandt werden.

Inhalte in ihrer Abfolge

4.1 Bau und Funktion der Verdauungsorgane

- Der Verdauungskanal und seine Anhangsorgane.
- Experimente zur Funktion, z. B. Stärkespaltung durch Ptyalin des Speichels.
- Resorption der Nährstoffe durch die Darmwand.

4.2 Blut- und Lymphgefäße als Transportsystem

- Funktion von Blut und Lymphe, Herz und Blutkreislauf.
- Krankheiten der Kreislauforgane, Ursachen ihrer Zunahme (Arbeits- und Lebensbedingungen, Genußmittel).

4.3 Atmung

- Bau und Funktion der Atmungsorgane, Schädigung der Atmungsorgane (Staublunge, Raucherlunge usw.).

4.4 Ausscheidung

- Bau und Funktion der Niere, Bedeutung des Prinzips der selektiven Rückresorption, Ausscheidung durch andere Organe.

4.5 Möglichkeiten der individuellen Gesunderhaltung der Stoffwechselorgane

---

B 9.1 Welternährung

Dauer der UE: 3 Blockstunden

Kurzgliederung

1. Natürliche Bedingungen der landwirtschaftlichen Produktion auf der Erde (an Beispielen).
2. Gesellschaftliche Bedingungen der landwirtschaftlichen Produktion auf der Erde (an Beispielen).
3. Biologisch-technische und gesellschaftliche Lösungen.

Hauptziele

- Wissen, daß natürliche und gesellschaftliche Bedingungen Auswirkungen auf die landwirtschaftliche Produktion haben und Beispiele hierfür nennen können.
- Erkennen, daß die Lösung des Welternährungsproblems prinzipiell von gesellschaftlich-ökonomischen Bedingungen abhängt.
- Die Rolle von Naturwissenschaft und Technik in diesem Zusammenhang einordnen können.

Einführung

Seit den Theorien des englischen Pfarrers und Volkswirtes Malthus, der schon zu Beginn des 19. Jahrhunderts das baldige Ende der Menschheit durch Hungersnot prophezeite, werden bis zum heutigen Tag immer wieder ähnliche Theorien verbreitet. Malthus' Vorstellungen wurden nicht Wirklichkeit, da er die durch neue Produktionsmittel wie künstliche Düngung und mechanisierte Bodenbearbeitung mögliche Steigerung der Nahrungsmittelproduktion nicht berücksichtigte.
Die Naturwissenschaften und die Technik stellen heute ein großes Potential an Möglichkeiten zur Steigerung der landwirtschaftlichen Produktion auf der Erde bereit.
Von den mit so viel Mühe gewonnenen pflanzlichen Stoffen werden zur Zeit noch vier Fünftel verbrannt und untergepflügt, die durchaus für die menschliche Ernährung nutzbar gemacht werden könnten. Die fotosynthetische Leistung von einzelligen Algen kann in biotechnischen Anbauverfahren nutzbar gemacht werden. Die Urbarmachung von Wüsten ist prinzipiell möglich und in einigen

Ländern realisiert. Die Meere stellen ein enormes Reservoir pflanzlichen und tierischen Eiweißes dar. Es ist möglich, für nahezu alle Klimata Organismen zu finden, die in ihnen leben können. Die geologischen Bedingungen müssen keineswegs mehr als gegeben hingenommen werden. Der Mensch kann sie in seinem Interesse umgestalten.

Diese Beispiele ließen sich beliebig vermehren. Es wäre aber akademisch, darüber zu diskutieren, wie viel Nahrungsmittel sich heute mit Hilfe wissenschaftlicher Methoden erzeugen ließen, da diese Methoden selbst weiterentwikkelt und im Zuge ihrer Anwendung geändert werden.

Für die 10 Millionen jährlich an Hunger sterbenden Menschen ist das alles kein Trost. Die wirklichen Schwierigkeiten liegen weder auf wissenschaftlichem noch auf technischem Gebiet, sondern darin, daß die gesellschaftlichen und wirtschaftlichen Bedingungen geschaffen werden müssen, die eine breite Anwendung der Wissenschaft ermöglichen.

In der vorangegangenen UE B 8 „Landwirtschaftliche Produktion und menschliche Ernährung“ haben die Schüler Informationen über die Möglichkeiten, optimale Bedingungen für den pflanzlichen Stoffwechsel zu schaffen, erhalten. Sie haben Kenntnisse über die Bedeutung verschiedener Nährstoffe für die menschliche Ernährung und besitzen ein Verständnis für die Zusammenhänge zwischen dem Entwicklungsstand der Produktivkräfte und dem Stand der Nahrungsmittelproduktion. Vor diesem Hintergrund können an Beispielen die natürlichen und gesellschaftlichen Bedingungen der landwirtschaftlichen Produktion auf der Erde analysiert und biologisch-technische Lösungen diskutiert werden. Darüber hinaus sollten gesellschaftliche Fragestellungen wie die Korrelation zwischen Bevölkerungswachstum und wirtschaftlicher und kultureller Entwicklung angesprochen werden. In der folgenden UE B 9.2 „Ökologie und Umweltschutz“ werden die angesprochenen Fragen in fachlicher und gesellschaftlicher Hinsicht vertieft; denn die Probleme der Steigerung der Nahrungsressourcen sind erst im ökologischen Rahmen umfassend zu klären. Die Kenntnisse über die Kunstdüngerproduktion (C 8 (2)) und über technische Fortschritte durch leichte Verbrennungsmotoren (P 8.1 (2)) liefern einen guten Hintergrund für die UE „Welternährung“.

Welternährung (3)

Die natürlichen Bedingungen (Klima, Bodenbeschaffenheit) der landwirtschaftlichen Produktion sind in verschiedenen Ländern der Erde sehr unterschiedlich. Die Kenntnisse grundlegender Stoffwechselprozesse der Lebewesen und eine entwickelte Technik ermöglichen es, die natürlichen Bedingungen im Interesse des Menschen zu verändern. Trotz der technischen Möglichkeiten ist die Nahrungsmittelproduktion in einigen Entwicklungsländern auf dem Niveau des Mittelalters, während durch moderne Medizin die Lebenserwartungen deutlich gestiegen sind. Diese Ungleichheit der Entwicklung schafft humanitäre Probleme großen Ausmaßes und erfordert politisch-gesellschaftliche Lösungen.

Inhalte in ihrer Abfolge

1. Natürliche Bedingungen der landwirtschaftlichen Produktion auf der Erde (an Beispielen)[1]

- Klima (Licht, Temperatur, Niederschlag); geologische Bedingungen (Bodenbeschaffenheit, Wasserläufe, Höhen).
- Auswirkungen bestimmter natürlicher Bedingungen auf Pflanzen.

2. Gesellschaftliche Bedingungen der landwirtschaftlichen Produktion auf der Erde (an Beispielen)[2]

- Entwicklungsstand der landwirtschaftlichen Maschinen und der chemischen Produktion verschiedener Länder.
- Vergleich der Arbeitsproduktivität in der Landwirtschaft verschiedener Länder.
- Vergleich des Ernährungsstandes der Bevölkerung verschiedener Länder.

3. Biologisch-technische und gesellschaftliche Lösungen des Ernährungsproblems

- Urbarmachung von Wüsten, Trockenlegung von Sümpfen,
- künstlich hervorgerufener Regen.
- Algenkulturen im großtechnischen Maßstab, Kulturen im Meer (und/oder anderer Beispiele).
- Lösungsvorschläge internationaler Organisationen (UNO, FAO u. a.).

1 *Erdkunde*: Klimazonen.
2 *Erdkunde/Sozialkunde*: Entwicklungsländer.

B 9.2 Ökologie und Umweltschutz

Dauer der UE: 12 Blockstunden

Kurgliederung

1. Wechselwirkungen zwischen Organismen und Umweltfaktoren (2).
2. Zusammenwirken der Umweltfaktoren (2).
3. Stoff- und Energiefluß im Ökosystem (4).
4. Eingriffe des Menschen in das ökologische Gleichgewicht zur Steigerung der biologischen Stoffproduktion (1).
5. Auswirkungen der Industrialisierung auf das ökologische Gleichgewicht – Probleme des Umweltschutzes (3).

Hauptziele

- Wissen, daß eine Vielzahl von Wechselwirkungen von Lebewesen untereinander und mit ihrer Umwelt bestehen und Beispiele hierfür nennen können.
- Anpassungen an Umweltfaktoren in ihrer Bedeutung erkennen.
- Das Zusammenwirken von Umweltfaktoren und die Bedeutung von Begrenzungsfaktoren kennen.
- Wissen, daß Ökosysteme durch Stoff- und Energieflüsse bestimmt sind und daß die Energie des Sonnenlichts die alleinige Quelle darstellt.
- Nahrungsketten in stofflicher und energetischer Hinsicht beschreiben können.
- Wissen, was unter einem biologischen Gleichgewicht verstanden wird.
- Wissen, daß der Mensch seit jeher Eingriffe in das biologische Gleichgewicht in seinem Interesse vorgenommen hat und Beispiele für mißbräuchliche Eingriffe nennen können.
- Verständnis für die Ursachen von Problemen des Umweltschutzes zeigen und die Notwendigkeit gesamtgesellschaftlicher Planung erkennen.
- Ökologische Modellversuche planen und durchführen können.

Einführung

Seit seiner Existenz hat der Mensch in das bestehende Gleichgewicht der Natur eingegriffen, um sie zu seinen Gunsten zu verändern. Diese Eingriffe geschahen zur Zeit der Jäger und Sammler und der frühen Ackerbauern im kleinen Maßstab; sie erfassen heute fast den ganzen Erdball. Wie erfolgreich der Mensch in dieser Veränderung der Natur war, zeigt die Vermehrung und Verbreitung des Menschen, die ständig weiter zunimmt. In den frühen Stadien der Menschheitsgeschichte fehlte dem Menschen ein angemessenes Verständnis für die möglichen Folgen seiner Handlungen, und so kam es gelegentlich zu ganz unerwünschten Ergebnissen: Ausrottung des Wildbestandes und damit der Ernährungsgrundlage, völliges Abweiden des benötigten Weidelandes, Abholzen ganzer Wälder usw. Der geringe Umfang dieser Eingriffe und die geringe Bevölkerungsdichte verhinderte jedoch eine dauernde Beeinträchtigung der natürlichen Gegebenheiten.
Heute hat sich die Situation quantitativ und qualitativ geändert: Die gewaltig gestiegene industrielle Produktion ermöglicht einerseits die Umgestaltung riesiger Landstriche im Dienste des Menschen, bringt aber andererseits eine massenhafte Produktion von Stoffen mit sich, die nicht ohne weiteres in die natürlichen Kreisläufe einzugliedern sind. Zugleich sind die wissenschaftlichen Kenntnisse und die technischen Möglichkeiten zur bewußten Planung von

Eingriffen in das natürliche Gleichgewicht und zur Kontrolle der Auswirkungen enorm gestiegen. Wenn auch in einzelnen Teilgebieten die Forschungen erst in den Anfängen stecken, so gibt es doch keine prinzipiell unlösbaren Probleme im Bereich der Umweltgestaltung. Die Erforschung der einem Ökosystem zugrunde liegenden Gesetzmäßigkeiten findet in weiten Bereichen der landwirtschaftlichen Produktion, der Landschaftsgestaltung und des Landschaftsschutzes ihre Anwendung: So führt die Kenntnis über die negative Wirkung unspezifischer Schädlingsbekämpfungsmittel zu verstärktem Einsatz hochspezifischer Substanzen oder biologischer Bekämpfungsmittel. So wird der Bodenerosion durch bestimmte Pflanzen entgegengewirkt. So führt die Kenntnis über die Bedeutung von Mischkulturen zu einer Reduzierung von Monokulturen usw. In den Bereichen, die die biologische Stoffproduktion betreffen, werden zunehmend ökologische Kenntnisse eingesetzt.

Unter den Problemen des Umweltschutzes werden im wesentlichen die als Folge der Industrialisierung entstandenen negativen Einflüsse auf das ökologische Gleichgewicht verstanden.

Die Fragen des Umweltschutzes können jedoch nicht nur von der Ökologie her untersucht werden, denn sie bergen eine Vielzahl gesellschaftlicher Probleme. Die gesellschaftliche Problematik sei an einem Beispiel verdeutlicht: Die gasförmigen Abfallstoffe eines stahlproduzierenden Industriebetriebes stehen nicht in direktem Zusammenhang mit den Produktionszielen dieses Betriebes und sind aus der Sicht des Verursachers primär nicht von Interesse. Der Schaden, der durch sie angerichtet wird, betrifft die natürliche Basis der Gesellschaft. Gesellschaftlich besteht ein Interesse an der Beseitigung oder Verhinderung dieser Schadstoffemission. In solchen Widersprüchen zwischen Produktionszielen und gesellschaftlichen Interessen liegen die Ursachen von Interessenkollisionen im Bereich des Umweltschutzes.

In der aktuellen Diskussion zum Thema Umweltschutz wird häufig das Verursacherprinzip als Kernpunkt angegeben: jeder, ob Fabrikbesitzer oder Autofahrer, leiste seinen Beitrag zur Umweltverschmutzung und solle durch Aufklärung (oder Verordnungen) zu umweltschützerischem Verhalten angehalten werden.

Hierbei wird übersehen, daß der Umweltschutz nicht auf das Individuum als Verursacher bezogen werden kann. Zum Beispiel liegt die individuelle Produktion von Haushaltsmüll nicht in den Händen des einzelnen Verbrauchers, der Produkte mit der Verpackung erwerben muß, die ihm angeboten wird. Ebenso kann das Problem der Autoabgase nicht vom einzelnen Autofahrer angegangen werden, da erst durch gesellschaftliche Planung und technische Realisierung neuer Verkehrsarten der heutige umweltfeindliche Individualverkehr überwunden werden kann.

Für den Schüler ist es wichtig zu erkennen, daß die Probleme der Erhaltung der natürlichen Umwelt darin ihre Ursache haben, daß einerseits der größte Teil der Menschen an der Produktion teilnimmt und von ihr betroffen ist, daß sich andererseits in Konfliktfällen häufig Profitinteressen gegenüber allgemeinen Interessen und Bedürfnissen der Gesellschaft durchsetzen.

In fachlicher Hinsicht werden in dieser UE – im Sinne aufsteigender Komplexität – die Lebewesen in ihren Wechselwirkungen mit abiotischen und biotischen Umweltfaktoren analysiert, die Gesetzmäßigkeiten der Struktur und Funktion von Ökosystemen untersucht, nachdem die Struktur (B 7.2 „Zellenlehre") und die Funktion (B 8 „Physiologie") einzelner Organismen in früheren Jahrgangsstufen behandelt wurden.

1. Wechselwirkung zwischen Organismus und Umweltfaktoren (2)

Die Analyse der Wechselwirkungen zwischen Organismen und Umweltfaktoren ermöglicht die gezielte Veränderung einzelner Faktoren zur Steigerung der landwirtschaftlichen Produktion (biologische Schädlingsbekämpfung, Düngung); sie ermöglicht darüber hinaus die Nutzbarmachung unfruchtbarer Gebiete durch technische (z. B. Bewässerung) und biologische (z. B. Auswahl von extremen Biotopen angepaßten Pflanzen) Maßnahmen. Sie vertieft das Verständnis für die Komplexität der Anpassungs- und Regulationsmechanismen in der belebten Natur und für die Vielfalt von gegenseitigen Abhängigkeiten innerhalb eines Ökosystems.

Inhalte in ihrer Abfolge

- Abiotische Umweltfaktoren und Mechanismen der Anpassung von Pflanzen und Tieren: Temperatur, Licht, Luft, Wasser, geologische Bedingungen und Beispiele für Anpassungen hieran.
- Bedeutung biotischer Umweltfaktoren: Populationsdynamik (Räuber, Beute), Symbiose, Parasitismus.

2. Zusammenwirken verschiedener Umweltfaktoren (2)

Neben der Analyse der Wirkung einzelner Umweltfaktoren ist die Kenntnis ihres Zusammenwirkens von Bedeutung. Schon Liebig formulierte das Gesetz vom Minimum, das besagte, daß Wachstum und Vermehrung eines Organismus' von dem Umweltfaktor abhängig ist, der sich in bezug auf die Bedürfnisse des Organismus' im Minimum befindet. Heute kann dieses Gesetz weiter gefaßt werden, da außer dem Minimum auch ein Übermaß bestimmter Stoffe als begrenzender Faktor wirkt. Die Kenntnis der Begrenzungsfaktoren ist von Bedeutung, um angestrebte Ziele mit geringst möglichem Aufwand erreichen zu können. Ihre mißbräuchliche Anwendung zur Erreichung militärischer Ziele (Entlaubungsaktion in Vietnam) darf hierbei nicht übersehen werden.

Inhalte in ihrer Abfolge

- Wirkungsgesetz der Umweltfaktoren.
  Gesetz vom Minimum.
- Hemmung durch Überdosierung, z. B. pflanzliche Wuchshormone als stimulierender bzw. entlaubender Faktor.

3. *Stoff- und Energiefluß in Ökosystemen (4)*

Das Zusammenspiel von Energie und Materie im Ökosystem ist für ökologische Fragestellungen von primärem Interesse. Die beiden Prinzipien der Ökologie, vom Einbahnweg der Energie mit dem Sonnenlicht als Quelle und von der Zirkulation der Materie, betreffen alle Organismen einschließlich des Menschen, alle Umwelten und die gesamte Biosphäre. Die Analyse oder Prognose von Folgeprozessen bei Eingriffen in das Ökosystem sollte, soweit möglich, die Interdependenzen in stofflicher und energetischer Hinsicht berücksichtigen.

Inhalte in ihrer Abfolge

- (Wenn möglich experimentell, z. B. Aquarium oder natürliches Ökosystem); Produzenten – Konsumenten – Destruenten.
- Einbahnweg der Energie.
- Zirkulation der Materie.
- Stoff- und Energiehaushalt im Ökosystem, Ökosysteme als Biomasseproduzenten.
- Sukzession und biologisches Gleichgewicht.

4. *Eingriffe des Menschen in das ökologische Gleichgewicht zur Steigerung der biologischen Stoffproduktion (1)*

Seit den Anfängen des Ackerbaus und der Viehzucht hat der Mensch Veränderungen des ökologischen Gleichgewichts in seinem Interesse vorgenommen. Das heutige Ausmaß der Eingriffe und die Anforderungen an die Nahrungsmittelproduktion (Problem der Welternährung) erfordert eine verantwortungsvolle Planung unter Berücksichtigung der biologischen Gesetzmäßigkeiten. Die gesellschaftlichen Verhaltensweisen, die zu mißbräuchlichen Eingriffen (Monokulturen als Folge der Kolonisation, Schädlingsbekämpfung mit umweltschädigenden Mitteln unter Profitinteresse, Zerstörung von Ökosystemen zu Kriegszwecken) führten und führen, sind hier anzusprechen.

Inhalte in ihrer Abfolge

- Düngung und Bodenverbesserung, Monokulturen[1], Schädlingsbekämpfung und Produktionsbiologie des Meeres in ökologischer Hinsicht.

1 *Erdkunde*: Anbau in ehemaligen Kolonien.

5. *Auswirkungen der Industrialisierung auf das ökologische Gleichgewicht – Probleme des Umweltschutzes (3)*

Die massenhafte Produktion von Gütern durch die Industrialisierung führt zu massenhafter Produktion von Abfallprodukten aller Art. Die Analyse der Auswirkungen verschiedener Formen der Abfallbeseitigung etc. und die Planung dieser Vorgänge im Interesse des Menschen sind gesellschaftliche Fragen und nur im Zusammenhang mit den konkreten gesellschaftlichen Verhältnissen zu diskutieren.

Inhalte in ihrer Abfolge

- Pflanzenökologische Experimente zum Umweltschutz, Nachweis der Wirkung von:
  Staubniederschlag,
  Gasen (SO_2, Cl durch Verbrennung, Blei),
  Bodenverunreinigungen,
  Wasserverunreinigungen.
- Probleme der Beseitigung von Abfallstoffen:
  Möglichkeiten biologischen Abbaus (Abwasserreinigung, Problem der Kunststoffbeseitigung).
  Möglichkeiten chemischen Abbaus.
- Private Produktion – gesellschaftliche Beseitigung, Probleme und Konsequenzen[1].

1 *Sozialkunde*: Gesetzgebung zum Umweltschutz.

B 9.3 Nerv – Sinne – Verhalten

Dauer der UE: 15 Blockstunden

Kurzgliederung

1. Sinnes- und Nervenfunktion des Menschen (7).
2. Tierisches Verhalten (5).
3. Vergleichende Verhaltensforschung (3).

Hauptziele

- Bau und Funktion des menschlichen Nervensystems kennen.
- Die materielle Grundlage des Denkens und das Verhältnis von Bewußtsein und objektiver Realität erklären können.
- Den Bau der Sinnesorgane und ihre Funktion in der Auseinandersetzung mit der Natur erläutern können.
- Tierisches Verhalten an Beispielen analysieren und Aussagen zum Einfluß innerer und äußerer Faktoren bei der Verhaltenssteuerung machen können.
- Elemente tierischen Verhaltens beim Menschen nennen können.

– Grundaussagen der vergleichenden Verhaltensforschung kennen und den Bereich, in dem sie gelten, nennen können.

Einführung

Die Vorstellungen von den Funktionen des menschlichen Nervensystems sind sehr alt. Schon im alten Griechenland wurde das Gehirn als Organ der Steuerung interpretiert. Bis zum Ende des 19. Jahrhunderts gelang es, das Nervensystem des Menschen und einer Reihe verschiedener Tierarten anatomisch zu klären und die verschiedenen Teile einzelnen Funktionen zuzuordnen. Dennoch war zu Beginn des 20. Jahrhunderts noch weitgehend unbekannt, wie die Nervenbotschaften weitergeleitet und verarbeitet werden. Erst durch die modernen biophysikalischen und biochemischen Methoden wurde eine Aufklärung der Nervensignale und ihrer Natur möglich. Das erste Elektroencephalogramm eines Menschen wurde von Berger 1928 von der Kopfhaut seines Sohnes abgeleitet. Heute gehört das EEG zu den Standardmethoden der modernen Medizin. Forschungen zur höheren Nerventätigkeit, besonders die Untersuchungen des Gehirns verknüpfen die biologische Forschung immer enger mit der Informatik und der Physik, besonders der Elektronik.
Zum Verständnis der Sinnes- und Nervenleistungen des Menschen gehört neben der Kenntnis von Bau und Funktion der betreffenden Organe das Wissen um die Rolle der menschlichen Praxis im Bewußtseinsprozeß. Die Inhalte des menschlichen Bewußtseins haben in zweifacher Weise eine materielle Grundlage: einmal in der Materialität der Sinnesorgane und des Nervensystems, vergleichbar allen Tieren, zum anderen in der Gewinnung von Bewußtseinsinhalten durch Auseinandersetzung mit der Natur in Form menschlicher Praxis. Die Kenntnisse über die Nerventätigkeit bedeuteten für das wissenschaftliche Studium des Verhaltens der Tiere einen großen Fortschritt. Pawlow und nach ihm viele andere untersuchten den Zusammenhang zwischen Nerventätigkeiten und Verhalten.
Das Verhalten der Tiere wurde von Menschen sicher schon sehr früh studiert. Für die Jäger der Steinzeit war eine möglichst genaue Kenntnis tierischen Verhaltens zur Sicherung ihres Lebensunterhalts unerläßlich. Auch im Mittelalter beschränkte sich die Beschäftigung mit tierischem Verhalten auf Probleme von Jagd, Fischerei und Nutztierhaltung. Erst um die Jahrhundertwende begann die experimentelle Forschung auf diesem Gebiet.
Die Stärke der vergleichenden Verhaltensforschung in bezug auf den Menschen liegt in der Aufdeckung der entwicklungsmäßigen Kontinuität, die uns mit unseren tierischen Vorfahren verbindet. Die Nichtbeachtung der Diskontinuität, der menschlichen Spezifik, führt aber zu einem unwissenschaftlichen „ethologischen Menschenbild", das häufig in der populärwissenschaftlichen Literatur, aber auch bei Lorenz und den Behaviouristen anzutreffen ist.

Ziel dieser UE ist es, die materiellen Grundlagen der Sinnes- und Nervenleistungen und des Denkens deutlich zu machen und hierbei exemplarisch den Stand der Wissenschaft auf diesem Gebiet zu vermitteln. Hierauf aufbauen lassen sich die Ergebnisse der Erforschung tierischen Verhaltens vermitteln und Formen und Ursachen ideologischen Mißbrauchs erkennen.
Das in der 7. Klasse angelegte Menschenbild wird hier vertieft, indem einerseits gezeigt wird, daß dem menschlichen Nervensystem die gleichen Naturgesetze zugrunde liegen wie dem der höheren Tiere, daß aber der Mensch durch die gesellschaftliche Arbeit und durch seine Auseinandersetzung mit der Natur eine Sonderstellung hat.
Die bei der Verhaltensforschung immer wieder auftauchende Frage nach dem Beitrag, den eine bestimmte erbliche Konstitution zur Ausbildung von Verhaltensweisen leistet, wird in der nachfolgenden UE B 10.1 „Genetik" weiterverfolgt. Die UE P 9.1 „Automatisierung und Nachrichtentechnik" bietet für die Analyse der Probleme der Datenerfassung, Speicherung und Impulsgabe brauchbare Analoga.

1. Sinnes- und Nervenfunktion des Menschen (7)

Die Sinnesorgane des Menschen vermitteln den Kontakt zwischen der Umwelt und dem Schaltzentrum, dem Gehirn. Die Kenntnis der Funktion der Sinnesorgane, der Erregerleitung im Nerv, der Anatomie und Funktion des Gehirns ermöglicht es, die materiellen Grundlagen des Denkens zu verstehen. Fragen wie: Woher kommen die Gedanken? Haben sie etwas mit der Wirklichkeit zu tun, oder sind es subjektive Hirngespinste? sind mit der Rolle der menschlichen Praxis im Bewußtseinsprozeß zu beantworten.
Wie bei der Analyse der übrigen Körperfunktionen des Menschen werden auch hier Fragen der Arbeitsphysiologie (Lärmbelästigung, Geruchsbelästigung, Nervenüberreizung etc.) angesprochen.

Inhalte in ihrer Abfolge

1.1 Nervensystem, Bau und Funktion

- Bau der Nervenzellen, Gesetzmäßigkeiten der Erregungsleitung.
- Experimente mit Nerv-Muskel-Präparat, einfache Schaltungen.

1.2 Bau und Funktion der Sinnesorgane

- Zusammenwirken von Sinnesorganen und Nervensystem, d.h. Wechselverhältnis zwischen Sinneswahrnehmung und Bewußtsein.

1.3 Materielle Grundlagen des Denkens

a) materielle Struktur des Denkapparates;
b) menschliche Praxis, Auseinandersetzung mit der Natur als Voraussetzung der Entwicklung von Denkfähigkeit, Lernen, Kurzzeitgedächtnis, Langzeitgedächtnis.

2. *Tierisches Verhalten (5)*

Die Kenntnis der Gesetzmäßigkeiten tierischen Verhaltens gestattet in zunehmendem Maße die Voraussage von bestimmten Verhaltensweisen. Für die Tierhaltung sind die genauen Kenntnisse der äußeren und inneren Faktoren der Verhaltenssteuerung von Bedeutung. Vorwissenschaftlich wurden Kenntnisse typischer Verhaltensweisen bei Jagd, Fischfang und Dressur ausgenutzt. Die wissenschaftliche Analyse verbessert die Möglichkeiten der Mechanisierung und Industrialisierung der Landwirtschaft durch tiergerechte Ausstattungen (Maschinen, Gebäude) einerseits und durch Auslese „maschinengerechter“ Tierarten andererseits.
Für Fragen des Tierschutzes, der Erhaltung bedrohter Tierarten, ist die Kenntnis tierischer Verhaltensweisen wichtig. Der Behaviourismus verabsolutiert Erkenntnisse der Verhaltensanalyse als ausreichend auch zur Erklärung menschlicher Verhaltensweisen.

Inhalte in ihrer Abfolge

- Reflexe (bedingte, unbedingte),
  biologische Regelkreise am Beispiel der Reflexe.
- Innere Faktoren (zentralnervöse, innere Sinnesreize, Hormone), äußere Faktoren.
- Wechselverhältnis innerer und äußerer Faktoren für Steuerung und Entwicklung tierischen Verhaltens (an Beispielen).
- Elemente tierischen Verhaltens beim Menschen.
- Probleme des Behaviourismus.

3. *Vergleichende Verhaltensforschung (3)*

Die vergleichende Verhaltensforschung liefert Erkenntnisse über Gesetzmäßigkeiten komplexer Verhaltensweisen von Tieren, im wesentlichen solcher Verhaltensweisen, die mit physiologischen Begriffen auf Grund ihrer Komplexität noch nicht zu erklären sind, und hat (s. o.) einen Stellenwert für die Tierproduktion, die Tierhaltung und den Tierschutz.
Ihre publizistische Bedeutung geht über diesen objektiven Stellenwert weit hinaus. Da die vergleichende Verhaltensforschung im wesentlichen phänomenologisch arbeitet und zudem ihre Begrifflichkeit (Haßreaktion, Aggression, Drohverhalten etc.) aus der

Inhalte in ihrer Abfolge

- Beispiele zum Territorial-, Sozial-, Aggressionsverhalten bestimmter Tierarten[1].
- Analyse populärwissenschaftlicher Darstellungen der Ergebnisse der vergleichenden Verhaltensforschung hinsichtlich ihrer wissenschaftlichen Korrektheit.

1 *Geschichtsunterricht*: Ursachen der Kolonial- und Eroberungskriege.

umgangssprachlichen Darstellung menschlichen Verhaltens entlehnt, eigent sie sich besonders gut, unwissenschaftliche oder pseudowissenschaftliche Erklärungen menschlichen Verhaltens zu untermauern. Der naturwissenschaftliche Unterricht muß deutlich die wissenschaftliche Unzulässigkeit dieser Vorgehensweise herausarbeiten und den Unterschied zwischen tierischem Verhalten und menschlicher Praxis klären (s. B 7).

B 10.1 Genetik

Dauer der UE: 20 Blockstunden

Kurzgliederung

1. DNS – materielle Grundlage der Vererbung (4).
2. Mutationen – Grundlage biologischer Veränderungen (3).
3. Resistenzausbildung – ein Problem für Medizin und Landwirtschaft (4).
4. Züchtung – das wichtigste Anwendungsgebiet der Kreuzungsgenetik (5).
5. Erbe – Umwelt.

Hauptziele

- Erkennen, daß Merkmale durch das Wirken bestimmter Eiweiße, der Enzyme, zustande kommen.
- Wissen, daß das DNS-Molekül Informationen über den Bau dieser Eiweiße trägt.
- Wissen, daß Mutationen Veränderungen an der Erbsubstanz sind, die durch Umweltfaktoren hervorgerufen werden können.
- Beispiele für die positiven Möglichkeiten durch Mutationserzeugung für Medizin und Landwirtschaft sowie für die negativen Wirkungen ungeplanter Mutationserzeugung durch Strahlen beim Menschen nennen können.
- Wissen, daß die mögliche Resistenzausbildung von Krankheitserregern gegen Antibiotika Konsequenzen für die medizinische Behandlung und den Arzneimittelvertrieb haben muß.
- Wissen, daß Insekten Resistenzen gegen Menschen angewandte Chemikalien entwickeln und daß neue Methoden dies berücksichtigen müssen.
- Bedeutung der Mendel-Gesetze für die Züchtung erkennen.
- Wissen, daß die Vererbung beim Menschen nach den gleichen Gesetzmäßigkeiten abläuft wie bei anderen Organismen.

Einführung

Die älteste Form der Anwendung genetischer Kenntnisse finden wir in der Nahrungsgüterproduktion, anfangs vorwissenschaftlich (daher resultieren die meisten unserer Kulturpflanzen), heute in gezielter Ausnutzung wissenschaftlicher Methoden und Erkenntnisse. Züchtung hat zweifellos mit den Anfängen der Landwirtschaft und Viehzucht begonnen. Neue Bedürfnisse, wie die Erschließung Australiens für die Schafzucht, der westlichen Prärien Nordamerikas für den Weizenanbau und neuer afrikanischer und asiatischer Gebiete für den Anbau tropischer Produkte steigerten das Interesse an der Überwindung rein zufälliger Züchtungsmethoden. Die Arbeiten von Mendel, de Vries und anderen mit Kulturpflanzen begründeten die moderne Gentheorie. Durch die molekulare Genetik in unserem Jahrhundert hat die Aufklärung der Vererbung als eines fundamentalen Lebensprozesses enorme Fortschritte gemacht. Heute wissen wir, daß es vom Virus bis zum Menschen keine Lebenserscheinung gibt – weder einen normal ablaufenden Entwicklungsprozeß noch eine pathologisch veränderte Reaktion –, die nicht in dieser oder jener Weise von dem in Erbanlagen aufgezeichneten Programm beeinflußt wird. Die Aufklärung dieses fundamentalen Lebensprozesses ist Voraussetzung seiner Nutzbarmachung für die Produktion und Reproduktion und hat darüber hinaus hohe wissenschaftstheoretische und philosophische Bedeutung. Neben der Rolle für die Züchtung, die heute zunehmend die Bereitstellung von Lebewesen gewünschter Eigenschaften ansteuert, sind die genetischen Erkenntnisse für die Entwicklung der Medizin und Pharmazie bedeutsam. Die Kenntnis von der Genetik pilzlicher, bakterieller und virologischer Krankheitserreger dient der Beherrschung ihrer Resistenzentwicklung sowie der Frühdiagnose und Therapie humangenetischer Erkrankungen und ermöglichen zunehmend, die durch Erbkrankheiten verursachten Leiden zu verhindern. Ein weiterer Bereich gewinnt an Bedeutung und erfordert die verantwortungsvolle Anwendung wissenschaftlicher Erkenntnisse: Umwelteinflüsse auf das Erbgut des Menschen und anderer Organismen. Außer den Wirkungen auf Keimzellen sind hierbei Auswirkungen auf Körperzellen besonders wichtig (Krebserzeugung durch Chemikalien und Strahlen).

Die Probleme der Genetik wurden stets durch religiöse und politische Zielsetzungen verfälscht. Selbst das Wort „Erblichkeit" oder „Vererbung" ist mit der gesellschaftlichen Vorstellung der Weitergabe von Eigentum an Erben verknüpft. Auch heute noch spielt die Genetik für die ideologische Beeinflussung eine wesentliche Rolle, indem z.B. gesellschaftliche Verhältnisse als naturgesetzlich ausgegeben werden. Ihre Erkenntnisse werden von Futurologen benutzt, entweder indem zukunftspessimistisch der genetische Verfall der Menschheit (Zunahme von Krankheit und Dummheit) oder das „Paradies auf Erden" durch gesteuerte künstliche Befruchtung, gezielte Züchtung neuer Menschen u.ä. propagiert wird.

Wer die Methoden und Ergebnisse genetischer Forschung kennt, wird die enormen Möglichkeiten erkennen, die dem Menschen zur Bewältigung gesellschaftlicher Probleme zur Verfügung stehen. Es gilt aber auch die gesellschaftlichen Kräfte zu erkennen, die einer Realisierung dieser Möglichkeiten entgegenstehen und statt dessen durch ihre Ideologen zukunftspessimistische oder utopisch inhumane Theorien verbreiten. Die genetische Information liefert nur die Reaktionsnorm, innerhalb derer sich Merkmale einprägen. Daher muß ein anderer wesentlicher Aspekt berücksichtigt werden: das Verhältnis von Erbe und Umwelt, d.h. der Einfluß der Umwelt auf die Merkmalausprägung innerhalb der festgelegten Reaktionsnorm. Diese Fragen sind für das Selbstverständnis des Menschen bedeutsam. Zum Beispiel ist es wichtig zu erkennen, daß es sich bei Erbkrankheiten und erblichen Mißbildungen darum handelt, daß in der Population Genotypen vorhanden sind, die in bezug auf die normale Umwelt der Population einen schlecht angepaßten Phänotyp zeigen. Damit ist angedeutet, daß genetische Defekte immer in Hinsicht auf eine gegebene Umwelt zu sehen sind, wie andererseits für jeden Genotypus Umwelten möglich sind, auf die er so reagiert, daß er krank wird oder stirbt. Der Mensch kann als aktiver Gestalter seiner Umwelt zunehmend das Wechselverhältnis Erbe – Umwelt zu seinen Gunsten verändern.
Das für Erbkrankheiten Gesagte gilt im Prinzip auch für die „normale“ Entwicklung menschlicher Individuen. Auch hier sind Erfolg oder Versagen in körperlicher und geistiger Hinsicht als Folge gegebener Umwelten, d.h. gegebener gesellschaftlicher Verhältnisse, zu interpretieren und durch Veränderung der gesellschaftlichen Verhältnisse mit zu verändern.
Bei den vorangegangenen Themen des Grobplanes Biologie stand die Struktur und Funktion einzelner Lebewesen und belebter Systeme im Vordergrund. In dieser UE wird der Frage nach der materiellen Grundlage dieser Strukturen und Funktionen sowie nach dem Mechanismus der unveränderten oder veränderten Weitergabe von einer zur anderen Generation nachgegangen. In der abschließenden UE B 10.2 „Evolution“ dienen die Kenntnisse über Struktur und Funktion, über Informationsweitergabe und -veränderung als Grundlage zur Analyse der Entwicklungsgeschichte der Lebewesen und zur Diskussion der Frage nach der Entstehung des Lebens.

1. DNS – materielle Grundlage der Vererbung (4)

Die Kenntnis von der DNS als materiellem Träger des Vererbungsgeschehens hat für die wissenschaftliche Analyse einen enormen Fortschritt bedeutet. Noch kann nur ein ganz geringer Anteil der bekannten Erbphänomene auf seine tatsächlichen Ursachen, d.h. auf Veränderungen an der DNS zurückgeführt werden. Aber dort, wo dies gelungen ist, z.B. bei der Analyse von Strahlenwirkungen, ergeben sich klare Konsequenzen für menschliches Handeln.

Für die Festigung eines naturwissenschaftlichen Weltbildes trägt die Kenntnis von der Vererbung als materiellem Prozeß bei. Die Beschäftigung mit der DNS liefert wichtige Voraussetzungen für das Verständnis der übrigen Themen der UE „Genetik".

Inhalte in ihrer Abfolge

- Vererbung – Weitergabe von Merkmalen
  Merkmale – Ergebnis von Enzym (Eiweiß-)wirkung.
- Struktur der Eiweiße,
  DNS als Erbsubstanz,
  Chromosomen.
- Struktur der DNS, DNS-Isolierung,
  genetischer Code.

2. Mutationen – Grundlage biologischer Veränderung (3)

Das Interesse des Menschen am Vererbungsprozeß besteht im wesentlichen in der gezielten Ausnutzung von Fehlern, die in diesem Prozeß auftreten, bzw. in der Behandlung oder Verhinderung von solchen Fehlern. Die Erzeugung von Mutationen durch Umweltfaktoren wird zu einem ständig wichtigeren Problem. Einerseits steigt die Strahlenbelastung für Organismen an (Kernkraftwerke etc.) und die Gesellschaft muß hier die Verantwortung für folgende Generationen tragen. Andererseits erweitert die Erzeugung von Mutationen im Bereich der Medizin und Landwirtschaft die Möglichkeiten des Menschen zur erfolgreichen Therapie und zur Sicherung der Ernährungsgrundlage.

Inhalte in ihrer Abfolge

- Mutationen – Veränderungen an der Erbsubstanz und ihre Auswirkungen (an Beispielen), Ursachen von Mutationen (Strahlen, Chemikalien).
- Theorie der Mutationserzeugung am Beispiel der UV-Wirkung auf Bakterien.
- Strahlenwirkungen, gesellschaftliche Bedeutung, Beispiele aus Medizin und Landwirtschaft, Mißbrauch harter Strahlen für Kriegszwecke[1].

1 *Geschichtsunterricht*: Hiroshima.

3. Resistenzausbildung – ein Problem für Medizin und Landwirtschaft (4)

Eine bedeutsame Gruppe von Mutationen sind Mutationen zur Resistenz gegen Chemikalien, die vom Menschen zu medizinischen oder landwirtschaftlichen Zwecken eingesetzt werden. Erst die genaue Kenntnis der Resistenzentwicklung ermöglicht ihre Beherrschung. Wissen über die Resistenzausbildung von Bakterien gegen Antibiotika zeigt die Notwendigkeit gesellschaftlicher Kontrolle zur Verhinderung des Mißbrauchs in der Landwirtschaft bei der Viehfütterung und im Arzneimittelvertrieb und gibt dem einzelnen konkrete Hilfe zur vernünftigen Anwendung von Antibiotika im Krankheitsfalle. Die Resistenzausbildung bei Schadinsekten zeigt die Problematik moderner Schädlingsbekämpfung.

Inhalte in ihrer Abfolge

- Bakterielle Erkrankungen, Geschichte der medizinischen Behandlung, Bedeutung des Penicillins.
- Klinische Erfahrungen mit Resistenzen.
  Bestimmung der spontanen Mutationsrate zur Resistenz;
  Mehrfachresistenz, klinische Bedeutung,
  Konsequenzen für die Anwendung von Antibiotika.
- Resistenz von Schädlingen gegen Schädlingsbekämpfungsmitteln am Beispiel der DDT-Resistenz von Drosophila.

4. Züchtung – das wichtigste Anwendungsgebiet der Kreuzungsgenetik (5)

Das Hauptproblem der Züchtung besteht in der Selektion und Kombination geeigneter Merkmale entsprechend den Bedürfnissen des Menschen. Hierbei ist die Kenntnis der Gesetze der Mendel-Genetik von großer Bedeutung, wenn auch nicht ausreichend, da durch Polygenie, Einfluß des genetischen Milieus u. a. statistische Methoden zunehmend im Vordergrund stehen. Weil einfach zu handhaben und genetisch genau untersucht, eignet sich als Versuchsobjekt am besten die Fruchtfliege Drosophila. Bei den Versuchsergebnissen muß die Analogie zu Züchtungsergebnissen an Nutzpflanzen und Tieren, wenn möglich, ständig hergestellt werden.
Zur Erarbeitung grundlegender Gesetze wird die Vererbung qualitativer Merkmale untersucht. Quantitative Merkmale sind für die landwirtschaftliche Nahrungsgüterproduktion von besonderer Bedeutung (Körpergewicht, Milchmenge, Körpergröße, Ährenzahl u. a.). Die Schwierigkeiten der Zucht auf quantitative Merkmale sollte an Beispielen verdeutlicht werden. Quantitative Merkmale zeigen eine Variabilität, die nur zu einem Teil genetisch, zum anderen umweltbedingt ist. Auch handelt es sich kaum um monogene Merkmale. Diese Problematik ist zu berücksichtigen.

Inhalte in ihrer Abfolge

- Haploide, diploide Organismen.
  Wildtypen und Mutanten von Drosophila.
- Die Mendel-Gesetze, verschiedene Versuche dazu.
- Bedeutung der Testkreuzung für die Züchtung, Erbgänge geschlechtsgebundener Merkmale,
  Bedeutung für die Landwirtschaft,
  Zucht auf quantitative Merkmale.
- Beispiele für Zuchterfolge in der Landwirtschaft.

5. Erbe – Umwelt (4)

Um der Realität des menschlichen Erbvorganges näher zu kommen, müssen Probleme der Humangenetik unter der zentralen Frage nach dem Verhältnis von Erbe und Umwelt betrachtet werden. Auch beim Menschen ist die Vererbung an materielle Träger gebunden, auch bei ihm stecken diese nur die mögliche Reaktionsbreite ab. Der Mensch als aktiver Gestalter seiner Umwelt hat jedoch die Möglichkeit, bewußt Bedingungen zur bestmöglichen Entfaltung von Anlagen zu schaffen.
Von besonderer Bedeutung für das Selbstverständnis ist die Frage „angeboren oder erlernt?" in bezug auf eigene Fähigkeiten und Verhaltensweisen. Hier muß deutlich werden, daß dies eine inadäquate Fragestellung ist, daß vielmehr nach der Labilität bzw. Stabilität eines Merkmals gefragt werden muß, wobei der Begriff Merkmal präzise zu fassen ist (Intelligenz ist kein Merkmal im genetischen Sinne). Die Vererbung der Begabung ist eines der am schwierigsten zu beurteilenden Probleme der Humangenetik, sollte aber wegen seiner ideologischen Bedeutung unbedingt angesprochen werden.
Eine Möglichkeit, der Frage nach dem Verhältnis Erbe – Umwelt näher zu kommen, ist die Analyse von Bedingungen, in denen gleiches Erbgut und gleiche bzw. verschiedene Umwelten vorliegen. Die Schwierigkeit, Umwelten exakt zu beschreiben, muß hierbei berücksichtigt werden.

Inhalte in ihrer Abfolge

- Chromosomen des Menschen, humancytogenetische Experimente.
- Erbkrankheiten, Möglichkeiten der Diagnose und Therapie (Trisomie 21, Sichelzellenanämie, Phenylketonurie).
- Analyse über den Zusammenhang von Ernährungsstand und Körpergröße beim Menschen.
- Labilität und Stabilität von Merkmalen[1], Ergebnisse der Zwillingsforschung.

---

1 *Sozialkunde*: Bildungswesen.

B 10.2 Evolution

Dauer der UE: 10 Blockstunden

Kurzgliederung

1. Kausalanalyse der Evolution (2).
2. Tatsachenanalyse der Evolution (4).
3. Entstehungsgeschichte des Menschen (2).
4. Historische und aktuelle Auseinandersetzung um die Evolutionstheorie (1).
5. Ursprung des Lebens (1).

Hauptziele

- Die Hauptfaktoren des Evolutionsprozesses kennen.
- Vorstellung vom Stammbaum der Lebewesen und seiner Aufklärung besitzen und Kriterien für biologische Verwandtschaft nennen.
- Wissen, daß die Individualentwicklung Elemente der Stammesentwicklung enthält.
- Die Besonderheiten der Evolution zum Menschen erläutern können.
- Am Beispiel der Auseinandersetzung um die Abstammungslehre die gesellschaftliche und ideologische Bedeutung wissenschaftlicher Erkenntnisse erläutern können.
- Wissenschaftliche Theorien zum Ursprung des Lebens auf der Erde kennen und weltanschauliche Konsequenzen erläutern können.

Einführung

Im 18. Jahrhundert, dem Jahrhundert der Entdeckungsreisen und Naturbeobachter, stieg das Interesse an der Naturgeschichte und der Klassifizierung der Lebewesen. Linnés System der Natur legt implizit verwandtschaftliche Beziehungen zwischen den verschiedenen Lebewesen nahe. Eine vernünftige Theorie der Entwicklungsgeschichte der Lebewesen scheitert jedoch einmal an religiösen Vorstellungen, zum anderen an falschen Annahmen zum Alter der Erde. Der sich entwickelnde Bergbau und Kanalbau und die zunehmende Zahl der Weltreisen führte von der spekulativen zu einer wissenschaftlichen Geologie, von der das Alter der Erde nicht wie bis dahin auf einige wenige Jahrtausende, sondern auf viele Millionen Jahre errechnet wurde. Zudem wurde von dem Geologen Lyell die Theorie aufgestellt, daß die gleichen Prozesse, die heute zu meßbaren geologischen Veränderungen führen, auch für die Gestaltung der Erdrinde verantwortlich waren. Auf diesem Hintergrund gelang es Charles Darwin in seinem 1859 veröffentlichten Buch „Die Entstehung der Arten“, die Beobachtungen seiner Züchtungsarbeit und seiner Entdeckungsreisen richtig zu deuten: Die vorhandenen zufälligen Variationen innerhalb einer Art werden je nach ihrer Angepaßtheit an die Umweltbedingungen ausgelesen. Die gleichen Prozesse, die in der vom Menschen betriebenen Züchtungsarbeit eine Rolle spielen, sind für die natürliche Zuchtwahl verantwortlich. Eine zu Darwins Zeiten noch nicht lösbare Schwierigkeit seiner Evolutionstheorie – die Frage, wie solche zufälligen Variationen erhalten bleiben können und nicht durch wiederholte zufällige Paarung vermischt werden und schließlich ganz verschwinden – wurde durch die Entdeckung des Gens, durch die Arbeiten Mendels und seiner Nachfolger beseitigt. Auf die Veröffentlichung von Darwins Werk folgten

langanhaltende erbitterte Auseinandersetzungen. Sie drehten sich jedoch mehr um Fragen theologischer und politischer als rein wissenschaftlicher Natur.
In der Biologie hingegen hatte die darwinistische Evolutionstheorie eine ungemein befreiende Wirkung. Sie lieferte ein vereinheitlichtes Prinzip für die Welt der Lebewesen. Gegen Ende des 19. Jahrhunderts war dann ein Hauptforschungsgebiet der Biologen, Tatsachenmaterial zur Evolutionstheorie zu sammeln und in Stammbäumen der Evolution zu ordnen. Im 20. Jahrhundert verlagerte sich das Interesse auf die Kausalanalyse der Evolution. Deren Fragestellungen und die inzwischen bekannte Fülle biochemischer, anatomischer, embryologischer, tier- und pflanzengeographischer Fakten haben die Evolutionstheorie zu einer der wissenschaftlich unumstrittensten biologischen Theorien gemacht hat.
Sowohl in der Landwirtschaft (gezielte Beeinflussung der biologischen Evolution in Züchtung und Landschaftsgestaltung) als auch in der Medizin (Immunologie, Transplantationen) und besonders in bezug auf ein wissenschaftliches Weltbild haben die Kenntnisse der modernen Evolutionstheorie entscheidende Bedeutung. Im ideologischen Bereich gibt es auch heute noch Auseinandersetzungen über die Tragfähigkeit der Evolutionstheorie, besonders für die Grenzbereiche: Ursprung des Lebens auf der Erde und Zustandekommen großer qualitativer Sprünge in der Entwicklungsgeschichte der Lebewesen.
Bisher haben die wachsenden Erkenntnisse der biologischen Wissenschaften die Position der Kritiker an der Evolutionstheorie ständig verschlechtert, und es gibt bisher keine ernstzunehmenden Hinweise für die Richtigkeit ihrer Einwände.
Für die Entwicklung eines wissenschaftlichen Weltbildes ist ein Verständnis der Fakten und Analysen zur Evolution von großer Bedeutung. Soweit möglich, sollte sich der Evolutionsaspekt durch den gesamten Biologieunterricht hindurchziehen. Direkte Anknüpfungspunkte bieten der Anfangsunterricht der 7. Klasse, dessen Probleme hier wieder aufgegriffen und mit dem jetzt möglichen wissenschaftlichen Fundament versehen werden, und die vorangegangene UE B 10.1 „Genetik“. In ihr wurden die der Evolution zugrunde liegenden Mechanismen gründlich behandelt; es bestehen insofern gute Voraussetzungen für die Kausalanalyse der Evolution. Auch die UE B 9.2 „Ökologie“ ist hier von Bedeutung, da ein Denken in Populationen und ein differenzierter Begriff der natürlichen Umwelt für ein Verständnis der evolutiven Prozesse unerläßlich sind.

1. Kausalanalyse der Evolution (2)

Aus der vorangegangenen UE B 10.1 „Genetik“ sind die zur Analyse der Ursachen der Höherentwicklung notwendigen Begriffe und Prozesse bekannt. Hier besteht nun die Aufgabe, möglichst anhand eines Selektionsexperiments, die Begriffe Mutation und Selektion sowie die Rolle der Umwelt zu klären. Anknüpfend an Themen aus der Ökologie wird der Begriff der Population erarbeitet und die Bedeutung der Rekombination und Isolation für die Entstehung neuer Typen diskutiert.

Inhalte in ihrer Abfolge

- Demonstration des Selektionsprinzips. Würfelspiele zu Mutation und Selektion.
- Hauptfaktoren des Evolutionsprozesses: Mutation, Rekombination, Selektion, genetische Verhältnisse in Populationen, Isolation und Artneubildung.

2. Tatsachenanalyse der Evolution (4)

Die Kenntnis von Fakten, die die Entwicklungsgeschichte der Lebewesen belegen, ist äußerst reich: von fossilen Funden und ihrer Deutung in Stammbäumen, über morphologische Tatsachen der vergleichenden Anatomie und Embryologie, über biochemische Nachweise der Verwandtschaftsbeziehungen bis zu Ergebnissen der Tier- und Pflanzengeographie. Da in einem an den wichtigsten biologischen Konzepten orientierten Biologieunterricht die systematischen Formenkunde zurückgedrängt werden muß, erscheint es sinnvoll, dort, wo die Kenntnis der Formen essentiell ist, ausreichend Zeit zur Verfügung zu stellen. Das heißt, eine vergleichende Anatomie und die Analyse von embryologischen Fakten sollten hier den Schwerpunkt bilden.

Inhalte in ihrer Abfolge

- Stammbaum der Lebewesen;
  Funde und ihre Deutung.
  Die Rolle von Zwischengliedern in der Evolution.
- Vergleichende Anatomie der Wirbeltiere unter besonderer Berücksichtigung homologer und analoger Organe.
- Individual- und Stammesentwicklung, Beobachtungen aus der Embryologie und ihre Deutung durch die Evolutionstheorie.

3. Entstehungsgeschichte des Menschen (2)

Die Evolution des heutigen Menschen ist nicht mit den Begriffen und Gesetzen biologischer Entwicklung allein, sondern nur mit den Faktoren gesellschaftlicher Entwicklung zu erklären. Die Faktoren der biologischen Entwicklung – die gleichen, wie bei anderen höheren Säugetieren – müssen in ihrem Wechselverhältnis mit der gesellschaftlichen Arbeit analysiert werden. Probleme des Anfangsunterrichts (B 7.1) werden hier rekapituliert und mit einem festeren naturwissenschaftlichen Fundament versehen.

Inhalte in ihrer Abfolge

- Biologische Veränderungen von menschlichen Vorfahren bis zum Gegenwartsmenschen, Analyse der Ursachen.
- Wechselverhältnis zwischen biologischen und kulturellen Veränderungen, Rolle der Arbeit für die Menschwerdung.

4. Zur historischen und aktuellen Auseinandersetzung um die Evolutionstheorie (1)

Die erbitterten Kämpfe um die Gültigkeit der Darwinschen Abstammungslehre sind erst vor dem ökonomischen und politischen Hintergrund seiner Zeit voll verständlich. Der Zusammenhang zwischen wissenschaftlicher Erkenntnis, ihrer weltanschaulichen und gesellschaftlichen Bedeutung und den Versuchen, die Verbreitung von Erkenntnis zu verhindern, kann am historischen Beispiel deutlich werden. Ewig Gestrige kämpfen auch heute noch – wenn auch ohne Erfolgsaussichten – gegen die Evolutionstheorie.

Inhalte in ihrer Abfolge

- Reaktionen auf die Darwinsche Abstammungslehre anhand von historischen Dokumenten[1], ökonomische und politische Situation im viktorianischen England.
- „Moderne" Kämpfer gegen die Evolutionstheorie, ihre Argumente und Beweggründe.

1 *Geschichte*: 19. Jahrhundert Rolle der Kirche.

5. Ursprung des Lebens (1)

Die Frage, wie das Leben entstanden ist, beschäftigt die Menschen seit dem Altertum. Die wissenschaftlichen und technischen Voraussetzungen zur Aufstellung wissenschaftlicher Theorien über die Entstehung des Lebens sind erst in unserem Jahrhundert gegeben. Die experimentellen Arbeiten Millers (Molekularhypothese) und Oparins (Koazervathypothese) sind sicherlich ein erster Schritt zur Beantwortung dieser Frage.

Inhalte in ihrer Abfolge

- Kriterien des Lebens
  Unwissenschaftliche Theorien zur Entstehung des Lebens (Urzeugung u.a.), Theorien Millers und Oparins.
- Experiment zum Nachweis der Entstehung von Aminosäuren in einer simulierten Uratmosphäre.
- Weltanschauliche Konsequenzen.

Überlegungen zur Sexualkunde Biologie

Die Fragen, die mit der Sexualität des Menschen in Zusammenhang stehen, betreffen die Persönlichkeit als ganze. Ein positives, von Verantwortung für den Mitmenschen getragenes Verhältnis zur eigenen Sexualität ist für den Heranwachsenden zur Entfaltung seiner Persönlichkeit von großer Bedeutung. In bestimmten Phasen der Entwicklung des Jugendlichen stehen Probleme der Sexualität im Vordergrund, bilden „Thema Nr. 1“, in anderen Phasen sind sie weite stärker in das Gefüge der gesamten Persönlichkeit eingegliedert. Dieses wechselnde Verhältnis zu Fragen der Sexualität einerseits und die Betroffenheit der Persönlichkeit als ganzes andererseits machen für uns zwei Schlußfolgerungen für die curriculare Planung notwendig:

1. Inhaltliche Festlegungen im Sinne einer „Sexualkunde“ sind den Inhalten anderer Themen nicht vergleichbar. Sie ergeben sich nicht im Sinne aufsteigender Komplexität und gesellschaftlicher Relevanz zwingend aus vorangegangenen und zukünftigen Unterrichtsinhalten. Sie sollten vielmehr den Bedürfnissen der Heranwachsenden angepaßt sein; d.h. in Phasen, in denen Probleme der Sexualität für den Jugendlichen absolute Priorität besitzen, muß der Schulunterricht dem verstärkt Rechnung tragen. Diese Phasen sind zeitlich nicht vorher präzise festzulegen. Es erscheint daher sinnvoll, die für eine bestimmte Altersgruppe zu erwartenden Themenschwerpunkte curricular aufzuarbeiten, den Zeitpunkt des Einsatzes im Unterricht aber von der konkreten Situation innerhalb einer Klasse abhängig zu machen. Von den zur Verfügung stehenden 38 Blockstunden pro Jahr sind deshalb jeweils nur 30 inhaltlich verplant, um für derartige, sich aus der konkreten Problemlage der Schüler ergebenden Inhalte Raum zu lassen.

2. Fragen der Sexualität sind nicht ausschließlich oder vorrangig einem Biologiecurriculum zuzuordnen. Da die gesamte Persönlichkeit in ihren vielfältigen Aspekten (eigenes Lustemfinden, partnerschaftliche Beziehung, gesellschaftliche Bindung, Geschlechterrolle etc.) betroffen ist, müßte eine curriculare Planung für die jeweilige Altersstufe einen Katalog der Ziele und Inhalte erstellen, die zum Problemkreis Sexualität gehören. In diesem Katalog müßten biologisch-medizinische, gesellschaftliche, moralische, soziologische u.a. Themenbereiche – der Interessenlage und Auffassungsfähigkeit der Schüler angepaßt, koordiniert sein. Ein weiterer Schritt wäre dann die Zuteilung der Themen zu den verschiedenen Unterrichtsfächern, in denen sie sinnvollerweise angesprochen werden können. So hat, um nur Beispiele zu nennen, der Biologieunterricht seinen Schwerpunkt sicherlich in physiologisch-anatomischen und hygienisch-medizinischen Fragestellungen, der Deutschunterricht die Möglichkeit, an Schicksalen anderer die Probleme der Partnerbeziehung zu diskutieren, der Gesellschaftskundeunterricht die Aufgabe, die Rolle der Geschlechter in verschiedenen Zeiten, bei verschiedenen Völkern und in unserer Gesellschaft in ihren objektiven Bestimmungen zu analysieren, u.a.m. Sicherlich hat nahezu jedes Unterrichtsfach hier seine Aufgabe.
Eine andere, schwerer zu realisierende, aber doch wünschenswerte Form der Behandlung wäre durch Projektunterricht gegeben. So könnten in Projekten für

die verschiedenen Altersstufen in einem gemeinsamen Stundenpool mehrere Fächer die Themen der Sexualkunde in ihrer Vielseitigkeit behandelt werden. Voraussetzungen einer curricularen Planung dieser Art wären empirische Erhebungen über das Sexualverhalten und die sexuellen Probleme der heutigen Jugendlichen und darauf basierend die Erstellung eines Themenkatalogs für alle Jahrgangsstufen und Fächer.

3. Inhalte des Chemieunterrichts

(P. Wurmbach)

C 7 Herstellung von Eisen und anderen Metallen – Grundbegriffe der Chemie

Dauer der UE: 30 Blockstunden

Kurzgliederung

1. Hochofenprozeß (10).
2. Gesetz der konstanten Proportionen, Atommodell (10).
3. Herstellung weiterer Metalle, Veredelung (10).

Hauptziele

- Wissen, daß die Untersuchung der wissenschaftlichen Grundlagen für die Herstellung brauchbarer Stoffe eine Hauptaufgabe der Chemie ist.
- Den Hochofenprozeß, die an ihm beteiligten Stoffe sowie die ihm zugrunde liegenden Reaktionen kennen.
- Das Gesetz von den konstanten Proportionen sowie die chemischen Symbole für Atom, Molekül und Reaktion kennen.
- Wissen, daß die Materie aus Atomen aufgebaut ist und daß diese aus Elektronen, Protonen und Neutronen bestehen.
- Einfache stöchiometrische Rechnungen durchführen können.
- Herstellung weiterer Metalle kennen und die Begriffe Reduktion und Oxidation erklären können.
- Wissen, wie der Gebrauchswert von Metallen mit deren Eigenschaften zusammenhängt und wie solche Eigenschaften verbessert werden können.

Einführung

Im Rahmen der gesellschaftlichen Produktion dient die Chemie der Bereitstellung brauchbarer (Werk-)Stoffe aus unbrauchbaren Rohstoffen. Sie befaßt sich mit den Umwandlungsprozessen und mit den Eigenschaften, auf Grund derer die Stoffe für den Menschen brauchbar werden; ihre Erkenntnisse werden zur Bereitstellung der stofflichen Grundlagen für die Entwicklung der Produktivkräfte angewandt. Die kulturelle Höherentwicklung des Menschen basiert nicht nur auf seiner Verfügung über Naturkräfte, sondern insbesondere auch auf der Qualität seiner Werkstoffe. Gezielte Stoffumwandlungen sind daher entscheidende gesellschaftliche Aufgaben. Frühe Epochen der Menschheitsgeschichte finden ihre treffendste Charakterisierung im Namen ihrer Werkstoffe: Steinzeit, Bronzezeit, Eisenzeit. Der wichtigste Werkstoff der Menschheitsgeschichte ist das Eisen. Eine Reihe von Gründen spricht dafür, den Chemieunterricht mit der Eisenherstellung zu beginnen:

- Der gesellschaftliche Charakter der Roheisenerzeugung ist augenfällig und exemplarisch. Ein „Hochofenversuch" im Unterricht repräsentiert eher die Produktion als das Laborexperiment, die Praxis wird der Theorie gleichrangig zur Seite gestellt; die gesellschaftliche Rolle der Chemie wird von vornherein offenkundig.
- Kein Stoff ist so sehr mit der Produktion verbunden wie das Eisen: Kupfer und Bronze wurden überwiegend für Schmuck und Waffen, Eisen dagegen wurde für die Pflugschar verwendet. Kaum ein anderes Bild verdeutlicht uns „Arbeit" so sehr wie das des Hochöfners. Die industrielle Revolution gründete sich auf Stahl, Stahlerzeugung ist ein primärer Bereich der nationalen Ökonomien aller Industriestaaten.
- An der handgreiflichen Erfahrung mit dem im Unterricht durch Reduktion gewonnenen Eisen läßt sich die ganze Tragweite der neuen Dimension ermessen, die sich mit der Verfügung über einen neuen Werkstoff für die Menschheit auftut.
- Eisen hat die Wissenschaft Chemie geboren: Dalton und viele seiner Kollegen arbeiteten in direktem Zusammenhang mit der englischen Hüttenindustrie. Entstehung und Methode der Wissenschaft kommen also historisch richtig zum Ausdruck; ein verkleinertes Modell des Produktionsvorganges sowie analoge, aber leichter zu handhabende Reduktions- bzw. Oxidationsvorgänge werden anschließend zur systematischen Variation von Parametern und so zum Studium der Reaktionen entwickelt.

Die Orientierung des Chemieunterrichts an der Produktion durch den Beginn mit der Eisenherstellung stellt die wissenschaftliche Argumentation vom Kopf auf die Füße: nicht die Oxidation, sondern die Reduktion ist gesellschaftlich wichtige Arbeit und sollte deshalb bei der wissenschaftlichen Behandlung der Redoxvorgänge vorangestellt werden.

Anwendung von Wissenschaft bei der Gestaltung unserer Welt heißt hier Planung und Steuerung der Erz- und Kohleströme zum Hochofen und Berechnung der Ausbeute auf Grund der Entdeckung und Formulierung des Gesetzes von den konstanten Proportionen bei chemischen Umsetzungen. Dieses Gesetz war die zentrale Aussage der beginnenden Chemie. Im Zusammenhang damit wurden die Grundbegriffe der Chemie gebildet und wurde die Vorstellung vom atomaren Aufbau der Materie entwickelt. Es blieb die Grundlage der Chemie im 19. Jahrhundert. Es ermöglichte darüber hinaus eine fundierte materialistische Interpretation der stofflichen Erscheinungen: Materie wird nicht geschaffen oder zerstört, die stoffliche Vielfalt der Welt erklärt sich aus der Anordnung elementarer Bausteine.

Neben dem Eisen wird noch eine Vielzahl anderer Gebrauchsmetalle durch Reduktion aus oxidischen Erzen, aber auch durch Rösten und Reduktion aus sulfidischen Erzen gewonnen. Die exemplarische Behandlung einiger solcher Reaktionen ermöglicht die Aufstellung des allgemeinen Schemas der Redoxreaktionen sowie Übung im Umgang mit der chemischen Symbolik und im stöchiometrischen Rechnen. Ausgangspunkt sollte jedoch immer die gesellschaftliche Bedeutung des Metalls sein, die sich aus seinen Eigenschaften und dem Aufwand bei seiner Herstellung ergibt.

Kaum ein Metall hat schon in reiner Form die gewünschten Gebrauchseigenschaften. Durch verschiedene Verfahren, etwa Legieren und Härten, müssen die Stoffe veredelt werden. Dabei zeigt sich, daß eine „Verbindung" durch Legieren in kontinuierlichen Massenproportionen möglich ist. Der Begriff des Gebrauchswertes eines Stoffes läßt sich in Zusammenhang mit verschiedenen Materialprüfungsverfahren, die an den reinen und legierten Metallen durchgeführt werden, konkret diskutieren.

Grobplan

1. Hochofenprozeß (10)

Das zentrale Experiment dieses Abschnitts ist ein dem technischen Verhüttungsvorgang nachgebildeter Versuch zur Herstellung eines haselnußgroßen Roheisenregulus, wie er von Gaertner in MNU 5 (1969) 300 beschrieben wurde. Das Experiment wird aus der besonderen gesellschaftlichen Bedeutung der Eisenproduktion heraus entwickelt. Es führt über weitere qualitative Untersuchungen zu ersten Aussagen und Hypothesen über die dem Hochofenprozeß zugrunde liegenden chemischen Vorgänge.

Inhalte in ihrer Abfolge

1.1 Hochofenversuch

- Stoffe in der Produktion: Naturstoffe (Steine, Holz usw.), Stoffe, die durch Stoffumwandlung entstehen (Eisen, sonstige Metalle, Zement, Kunststoffe etc.).
- Stoffumwandlung als wichtiger Bereich menschlicher Arbeit. Hauptaufgabe der Chemie, historische[1] und aktuelle[2] Rolle der Eisenproduktion.
- Planung, Vorbereitung und Durchführung des Hochofenversuchs als Schülerexperiment (Protokoll mit Einwaage, Versuchsverlauf und Ausbeute). Beurteilung des hergestellten Eisens.

1.2 Untersuchung der beteiligten Stoffe, erste Formulierung der Reaktion

- Problem der Herstellung großer Mengen: Notwendigkeit, die Reaktion zu verstehen.
- Ähnlichkeit zwischen Eisenerz und Rost, beim Rosten auftretende Phänomene: Massenzunahme, Temperaturerhöhung, Verbrauch eines Luftbestandteils.
- Verbrennen von anderen Metallen und von Kohle: gleiche Phänomene wie beim Rosten. Metall bzw. Kohle verbindet sich mit Sauerstoff zu Oxid.
- Wiederholung des Hochofenversuchs mit Rost. Die entstehenden Gase enthalten praktisch keinen Sauerstoff.
- Formulierung der Reaktion: Eisenoxid, Kohle und Sauerstoff werden zu Eisen und Kohlendioxid. Umkehrung eines Verbrennungsvorganges.

1 *Geschichte*: Eisenzeit.
2 *Gesellschaftskunde*: eisenschaffende Industrie.

2. Gesetz der konstanten Proportionen, Atommodell (10)

Die Notwendigkeit, immer größere Mengen von Eisen zu erzeugen, machte es zwingend erforderlich, den ursprünglich eher rezeptartig durchgeführten Prozeß zu durchschauen und gesetzmäßig zu erfassen. Das Gesetz der konstanten Massenproportionen und die ihm zugrunde liegende Vorstellung von Atomen gleicher Masse sind Ausgangspunkt für die Wissenschaft Chemie und Grundlage für das naturwissenschaftliche Weltbild.

Inhalte in ihrer Abfolge

2.1 Massenverhältnisse bei Stoffumwandlungen ©

- Untersuchung des „Modells" eines Verbrennungsvorganges, an dem nur Festkörper beteiligt sind (z.B. Bildung von Kupfersulfid aus Kupfer und Schwefel).
- Systematische Variation der Massen: Gesetz der konstanten Proportionen, Vorstellung von Teilchen gleicher Masse.

2.2 Atommodell, Symbolik der Chemie

- Versuche zum Beweis der Teilchenvorstellung und Darstellung des Atomaufbaus (Koordination mit Physikunterricht).
- Begriffe Molekül, Symbol, Formel, chemische „Gleichung", erste stöchiometrische Rechnungen.
- Zum wissenschaftlichen Weltbild: alle Materie besteht aus kleinsten Teilchen, die Vielfalt der Stoffe erklärt sich aus Umlagerung der Atome zu Molekülen.
- Begriffe: Atomgewicht, Molekulargewicht.

2.3 Chemie der Eisenherstellung, Folgerungen

- Rolle der Kohle; Kohlenmonoxid, Kohlendioxid.
- Verhüttungsvorgang, Begriffe Oxidation und Reduktion.
- Statistiken aus verschiedenen Ländern[1] über Rohstoffverbrauch und Produktion, stöchiometrisches Rechnen mit großen Mengen.
- Vorkommen der Rohstoffe, Transportprobleme, Standortfragen, Begriff der gesellschaftlichen Arbeitsteilung.
- Hüttenindustrie: historische Entwicklung, Zahl der Beschäftigten, Arbeitsplatzsituation, Konzernbildung.

---

1 *Erdkunde*: Rohstoffvorkommen.

3. Herstellung weiterer Metalle, Veredelung (10)

Metalle wurden in der Geschichte vermutlich etwa in der Reihenfolge ihrer Stellung in der elektrochemischen Spannungsreihe gefunden: zuerst die gediegen vorkommenden Metalle Gold und Silber (aber auch Eisen aus Meteoriten), dann die schwach gebundenen, z.B. Kupfer und Zinn (Bronzezeit). Ihre Herstellung ist bis heute von großer wirtschaftlicher Bedeutung, Fragen der Verfügungsgewalt über die Lagerstätten sind der Hintergrund vieler politischer (und militärischer) Auseinandersetzungen. Da die chemischen Reaktionen bei der Herstellung meist recht einfach sind, eignen sie sich auch zur weiteren Einübung der chemischen Symbolik und des stöchiometrischen Rechnens.

Inhalte in ihrer Abfolge

3.1 Gewinnung von Metallen durch Reduktion oxidischer und sulfidischer Erze

- Vorkommen, Eigenschaften und Verwendung von Gold, Silber, Kupfer, Blei usw. (exemplarisch). Wert der Metalle[1]. Politische Probleme in Zusammenhang mit den Fundstätten: z.B. Kupfer aus Chile.
- Rösten von diversen Sulfiden. Einleiten von Schwefeldioxid in Wasser. Schwefelsäure als „Nebenprodukt".
- Verschiedene weitere Metalldarstellungen durch Reduktion von Oxiden, Formulierung des allgemeinen Schemas der Reduktion.

3.2 Untersuchung der Metalleigenschaften, Veredelungsverfahren

- Werkstoffprüfungen an verschiedenen käuflichen Metallen und Legierungen, besonders Stahl.
- Legieren und Härten, z.B. verschiedener Bronzen. Kontinuierliche Proportionen, Deutung anhand der kristallinen Struktur.
- Verschiedene Verfahren zur Oberflächenbehandlung. Technische Bedeutung des Korrosionsschutzes.
- Wichtige Materialien für die moderne Produktion[2] Nirosta, Widia, Eloxal u.ä.

---

1 *Arbeitslehre*: Wert des Goldes.
2 *Arbeitslehre*: Werkzeugmaterial.

C 8 Zwischenprodukte der chemischen Industrie

Dauer der UE: 30 Blockstunden

Kurzgliederung

1. Zwischenprodukte der chemischen Industrie: Alkalichlorid-Elektrolyse (12).
2. Düngemittelfabrikation (9).
3. Großtechnisch-chemische Prozesse zur Herstellung von Baumaterial und Gefäßen (9).

Hauptziele

- Die wichtigsten Zwischenprodukte der chemischen Industrie und ihre Bedeutung für die menschliche Gesellschaft kennen.
- Auswirkungen, die die Verflochtenheit chemischer Prozesse vom Rohstoff bis zum Endprodukt für die Struktur der chemischen Indstrie hat, erläutern können.
- Auswirkungen der Verwissenschaftlichung der Produktion auf die Organisation einer chemischen Fabrik nennen können.
- Die Bedeutung der Düngemittelindustrie sowie ihre wichtigsten Produkte kennen.
- Die Modellvorstellungen über das Atom auf die Probleme chemischer Bindungen und chemischer Reaktionen anwenden können.
- Eine Reihe von wichtigen Stoffen und Reaktionen, die Steinsalz als Ausgangsstoff haben, kennen.

– Den prinzipiellen Aufbau des Periodensystems der Elemente kennen.
– Die wichtigsten Baustoffe, Gläser und Keramiken kennen und die ihrer Produktion zugrunde liegenden Prinzipien exemplarisch erläutern können.

Einführung

Obwohl der Roheisenerzeugung eine chemische Reaktion zugrunde liegt, wird sie nicht als ein Teil der chemischen Industrie angesehen. Die – im engeren Sinne – chemische Industrie entstand vielmehr aus dem Gewerbe der Bleich-, Wasch- und Farbstofflieferanten für die Textilindustrie, die in verschiedenen Ländern zu verschiedenen Zeiten Wegbereiter der aufkommenden Industrialisierung war. Der durch das Wachstum der Textilindustrie bedingte Mehrbedarf an Hilfsstoffen (Säuren, Ätznatron, Soda usw.) rief eine rege und systematische Suche nach geeigneten Herstellungsverfahren hervor. Die Notwendigkeit, Soda, das „weiße Gold", rationeller und in größeren Mengen als bisher aus Pflanzenasche zu gewinnen, führte in Frankreich zur Auslobung eines Preises der Académie und dazu, daß viele Handwerker, Chemiker und Erfinder jener Zeit an diesem Problem arbeiteten. Das Verfahren nach dem Chemiker Leblanc (1791) wurde zum Grundstein der chemischen Großindustrie und ermöglichte nicht nur eine Expansion der Textilindustrie, sondern auch die Herstellung preiswerter Seife und Massenherstellung von Glas. Rohstoffe waren Kohle, Kalk und Steinsalz. Auch heute wird Soda (nach Solvay) aus Steinsalz gewonnen. Steinsalz ist damit der wichtigste Rohstoff der klassischen Chemieindustrie, dessen Elektrolyse noch heute in der BRD mit 4 Mrd. KWh im Jahr die größte Menge an Elektrolysestrom erfordert. Neben Wasserstoff und Chlor liefert sie Ätznatron, das zur Herstellung von Seife, Farbstoff, Zellulose, Kunstseide und Baumwolle und zur Abscheidung von Fetten und Ölen dient. Geht man vom Steinsalz aus, so gewinnt man einen Eindruck von der Verflochtenheit der chemischen Produktion, von der Tatsache, daß sie aus den wenigen Rohstoffen Kohle, Kalk und Steinsalz (Erdöl als der heute wichtigste Rohstoff bleibt zunächst außer Betracht) Zwischenprodukte herstellt, die wiederum zur Synthese von weiteren Zwischenprodukten oder zur Herstellung bzw. Bearbeitung eines Endproduktes dienen, das dem Verbraucher aus seiner Umwelt bekannt ist. Die Zwischenprodukte selbst sind lediglich für einen Markt von Weiterverarbeitern bestimmt und deshalb dem Bürger weitgehend nicht vertraut. Dies ist wohl ein Hauptgrund für die Tatsache, daß die Chemie dem allgemeinen Interesse recht schwer zu erschließen ist.
Andere wichtige Zwischenprodukte der chemischen Industrie sind Schwefelsäure und Ammoniak. Sie bilden die Grundlage für die Herstellung von Kunstdünger, ohne den unsere Ernährung nicht mehr sichergestellt werden kann. Bereits zu Beginn des 19. Jahrhunderts waren die europäischen Böden durch jahrhundertelange Nutzung an notwendigen Mineralien verarmt, und es

war das Verdienst der Chemie zu zeigen, daß die Pflanzen den Kohlenstoff ihres Körpers der Luft, die mineralischen Bestandteile, die sich in ihrer Asche finden, dem Boden entnehmen. Die Wegnahme der Pflanzenkörper bei der Ernte ließ auf lange Sicht den Boden an Mineralien verarmen. Fügte man die richtigen anorganischen Stoffe im richtigen Mengenverhältnis hinzu, so kehrte die Fruchtbarkeit zurück. Auf Grund der Arbeiten Liebigs (1840) konnte in wenigen Jahrzehnten die Fruchtbarkeit der Böden auf das Dreifache gesteigert werden. Mit dem Nachweis der Notwendigkeit der anorganischen Faktoren für das Pflanzenwachstum war die alte und naive „Humustheorie" widerlegt, die annahm, die Pflanzen ernährten sich von den Nährstoffen eines im Humus oder Stallmist enthaltenen Substrates. Die Kenntnis der Rolle, welche Luft, Wasser und anorganische Ionen beim Aufbau des Pflanzenkörpers spielen, ist besonders wichtig für ein wissenschaftliches Weltbild.

Schwefelsäure wurde seinerzeit für das Sodaverfahren nach Leblanc und zur Faserveredelung gebraucht, und deshalb ist ihre Produktion (Bleikammerverfahren ab 1750) eng mit der Entwicklung der chemischen Industrie verbunden, ja die Schwefelsäureproduktion war lange Zeit der Indikator für den Entwicklungsstand der chemischen Industrie. Heute dient sie als wichtigste industrielle Säure (50 Mio. t Weltjahresproduktion) zur Herstellung von Düngemitteln, Chemiefasern, Sprengstoffen, Waschmitteln, Farbstoffen und zu vielen anderen Zwecken. Ammoniak dient in großen Mengen (30 Mio. t Weltjahresproduktion) zur Herstellung von Düngemitteln und Kunststoffen (Aminoplaste). Die Hochdrucksynthese nach Haber und Bosch (1903–1930) ist historisch von Bedeutung, weil sich hier die Verwissenschaftlichung der Produktion in der Kooperation von Physikochemikern und Verfahrenstechnikern zum ersten Mal deutlich zeigt und weil es damit zum ersten Mal gelingt, ein neues und unerschöpfliches Rohstoffreservoir, nämlich Wasser und Luft, den Zwecken der menschlichen Ernährung zu erschließen.

Verwissenschaftlichung der Produktion bedeutet nicht nur die Überführung von Laborexperimenten in die Maßstäbe der Großsynthese, sondern auch die leitende Teilnahme des Chemikers an den Überwachungs- und Steuerungsaufgaben der laufenden Produktion und die technisch-wissenschaftliche Qualifizierung weiteren Personals. In der Betriebsstruktur hat dieser Prozeß Auswirkungen auf die Organisation der Arbeit im Sinne ihrer Teilung in Planung und Ausführung und auf die damit zusammenhängende Betriebshierarchie.

Der Zwischenproduktcharakter der Erzeugnisse der chemischen Industrie hat bereits früh den Prozeß der Konzentration in Gang gebracht: Wie der „Wärmeverbund" von Kohlenzeche – Hütte – Stahl- und Walzwerk ist der „Stoffverbund" der chemischen Produktion eine „vertikale" Anordnung technischer Rationalität.

Aus einer lockeren „Interessengemeinschaft (IG) Farben" (1904) wurde eine einzige Firma (6 Unternehmen, 50 Betriebe). In England bildeten sich 1926 die „Imperial Chemical Industries Ltd." und in den USA fusionierten die

„American Chemical and Dye Corporation“ und „DuPont de Nemours“ zu einem der größten Konzerne der Welt.

Ein wichtiger Bereich gesellschaftlicher Produktion, dem Stoffumwandlungen zugrunde liegen, findet – ebenso wie die Roheisenproduktion – keine Entsprechung in dem, was im engeren Sinne unter chemischer Industrie verstanden wird: die Umwandlung von Steinen und Erden zu Baumaterialien und Gefäßen. Hier gilt das, was über die Zwischenprodukte in der chemischen Industrie gesagt wurde, nicht: Verwendung und gesellschaftliche Relevanz sind anschaulich und unmittelbar einsichtig und aus diesem Grund auch allgemein bekannt. Die große gesellschaftliche Bedeutung rechtfertigt die Behandlung dieses Bereiches im Unterricht.

Im Zusammenhang mit der immer stärkeren Einbeziehung in die verschiedenen Produktionszweige entwickelte sich die Chemie zur Wissenschaft:

Ausgehend von konstanten Masseproportionen wurde vor allem von Dalton ein Atommodell entwickelt, bei dem die charakteristische Eigenschaft der Atome ihre unterscheidbare Masse ist. Diese Auffassung vom Atom blieb die leitende wissenschaftliche Idee der Chemie bis in die zweite Hälfte des 19. Jahrhunderts. Erst um die Jahrhundertwende entwickelte sich überwiegend auf Grund physikalischer Argumente eine entscheidende Erweiterung der Auffassung vom Atom, die sich als die Basis für das Verständnis der chemischen Bindung als Wechselwirkung geladener Elementarteilchen erweisen sollte. Hinweise auf die elektrischen Eigenschaften der Atome lagen auch schon im 19. Jahrhundert vor (Faraday 1833) und waren in Gesetzen und Hypothesen formuliert. Das moderne Atommodell aber erklärt viel mehr:

a) die Vielfalt der Elemente und ihre Anordnung im Periodensystem (Mendelejeff, Meyer 1869), das aus der klassischen Atomtheorie, aus der inzwischen akkumulierten Kenntnis der Stoffeigenschaften sowie aus dem daher gewonnenen Begriff der chemischen Ähnlichkeit entwickelt wurde;
b) die Theorie der elektrolytischen Dissoziation und der Elektrolyse;
c) die Prozesse Oxydation und Reduktion;
d) den Charakter der Säuren, Basen und Salze;
e) die chemische Bindung und damit die Vielfalt der Stoffe.

Das didaktische Prinzip, die Vielfalt der Erscheinungen konsequent auf dieses Modell zu beziehen, wird heute als „Strukturchemie“ der mehr induktiv verstandenen Methode, von den Stoffen auszugehen und die Gesetze forschend zu finden, der „Stoffchemie“ gegenübergestellt.

In der Unterrichtseinheit werden verschiedene Prinzipien der Strukturierung berücksichtigt:

- Primäre Struktur liefern die Probleme der gesellschaftlichen Arbeit: Zwischenprodukte der chemischen Industrie, Elektrolyse von Natriumchlorid – Düngemittelproduktion – Bauwesen/Gefäße;

– in zweiter Linie wird die wissenschaftliche Struktur möglichst weitgehend entwickelt:
Das moderne Atommodell erklärt die Dissoziation, Ionenlehre, den Redoxbegriff, die Säure-Base-Beziehung, das Periodensystem der Elemente und die chemische Bindung;
– drittens wird der Forderung nach Stoffkenntnis und induktiv orientiertem, forschendem Lernen Rechnung getragen: Es werden – in dieser Reihenfolge – Wasser-Wasserstoff, Alkalimetalle, Halogene, Salzsäure, Schwefel, Stickstoff, Phosphor, Calzium, Kohlenstoff und Silizium behandelt. Alkalimetalle und Halogene dienen als Grundlage für den Begriff „chemische Ähnlichkeit".

Grobplan

1. Zwischenprodukte der chemischen Industrie: Alkalichlorid-Elektrolyse (12)

In der chemischen Produktion kommen Produkte vor, deren Namen und Verwendung allgemein unbekannt sind. Diese Produkte sind jedoch als Zwischenprodukte in vielen Bereichen der Produktion unentbehrlich. Ein Schwerpunkt chemischer Produktion ist die Elektrolyse wäßriger Steinsalzlösungen. Ihre unmittelbaren Produkte Wasserstoff, Chlor, Ätznatron und Salzsäure werden in vielfacher Weise zu weiteren Stoffumwandlungen verwendet.

Inhalte in ihrer Abfolge

1.1 Stoffwechselketten der chemischen Produktion

– Name, Bedeutung und Verwendung von Zwischenprodukten.

1.2 Alkalichlorid-Elektrolyse

– Zentrale Stellung des Rohstoffes Steinsalz, Vorkommen, Gewinnung.

– Elektrische Leitfähigkeit, Rolle des Wassers: Formel, Funktion als Lösungsmittel.

– Elektrolytische Dissoziation, Begriff des Ions, Einübung der Ionenschreibweise bei chemischen Reaktionen.

– Produkte der Alkalichlorid-Elektrolyse als chemische Zwischenprodukte: Wasserstoff, Natriumhydroxid, Natrium und Alkalimetalle, Chlor und Halogene, Begriff der chemischen Ähnlichkeit, Chlorwasserstoff und Salzsäure.

1.3 Atommodell, PSE

– Wiederholung des Aufbaus der Atome aus Protonen, Neutronen, Elektronen.

– Anwendung des Atommodells zur Klärung des prinzipiellen Aufbaus des Periodensystems der Elemente. Einordnung aller bis dahin behandelten Elemente.

2. *Zwischenprodukte zur Düngemittelfabrikation (9)*

Die menschliche Gesellschaft ist von der Nahrungsmittelproduktion abhängig. Die Produktion aller Nahrungsmittel basiert auf dem Pflanzenwachstum. Die Faktoren für das Pflanzenwachstum sind Licht, Wasser, Kohlendioxid und Mineralien. Die Mineralien müssen in Form anorganischer Ionen in dem Maße dem Boden zugesetzt werden, wie sie ihm in Form der für die menschliche Ernährung benötigten Pflanzenkörper entzogen werden. Einer der wichtigsten Zweige der chemischen Industrie ist deshalb die Düngemittelproduktion.

Inhalte in ihrer Abfolge

Nahrungsmittelproduktion und Düngung[1]

- Düngemittelindustrie.
- Sulfatdünger.
- Schwefelsäure, Herstellung, industrielle Verwendung.
- Ammoniaksynthese:
  Problem der Nutzbarmachung des Luftstickstoffs. Hier exemplarisch: Bedeutung der chemischen Theorie für die Prozeßführung. Nitrat und Ammonium, Stickstoffdünger.
- Phosphatdünger. Phosphor, Phosphat, Hydrogensalze, Systematik der Salzbildung.
- Kalidünger. Analyse der Pflanzenasche.

1 *Geschichte*: Formen der Bewirtschaftung, Dreifelderwirtschaft.

3. *Großtechnisch-chemische Prozesse zur Herstellung von Baumaterial und Gefäßen (9)*

Seit der Seßhaftwerdung benutzen die Menschen zum Häuserbau chemisch veränderte Steine und Erden, um sich und die Produkte ihrer Arbeit vor Tieren und wechselnden Einflüssen der Witterung zu schützen. Das wissenschaftliche Verständnis für die Mineralisationsprozesse hat heute zur Verfügung über neue Baustoffe geführt, die die Bautechnik revolutioniert haben.
Seit den ältesten Zeiten der Menschheitsgeschichte gehören chemisch umgewandelte Mineralien als vielfältig verwendete Gefäße zum Hausrat des Menschen. Nach keramischen Scherbenfunden wurden frühere Kulturen, von denen keine andere Überlieferung zeugt, benannt. Keramische Gefäße ermöglichten einen der großen Fortschritte der frühen Menschheit: zum ersten Mal konnte Nahrung gekocht werden.

Inhalte in ihrer Abfolge

3.1 Baustoffe, Gläser, Keramik

- Rolle in Produktion, Haushalt etc.

– Baustoffindustrie: Standort von Industriebetrieben in der Nähe von Lagerstätten bestimmter Mineralien. – Herstellung von Porzellanen und Gläsern in kleinen bis mittleren bodenständigen Unternehmen.

3.2 Ausgangsstoffe und Produkte

– Soda, Kohlenstoff, Carbonat, Hydrolyse.
Kalk, Wasserhärte und Kalkmörtel.
Gips, Hydratation und Wasserlöslichkeit, schwache Bindung.
Silikate und Tonerden.
Zement und Beton.
Glas, Keramik, Porzellan.

– Tetraederstruktur des Siliziumatoms;
Erklärung dieser Art von Stoffumwandlungen durch Atombindung und Eingehen auf den kristallinen Zustand.

– Industrie der Baustoffe, Keramiken und Gläser. Produktionstechnologie und Organisation, Einfluß der Stoffeigenschaften auf die Bauweise verschiedener historischer Epochen[1].

---

1 *Geschichte*: Keramik in frühen Kulturen, Bautechnik.

C 9.1 Erdöl

Dauer der UE: 15 Blockstunden

Kurzgliederung

1. Erdöl als Grundstoff, Fraktionierung (2).
2. Grundchemikalien aus Erdöl (8).
3. Produkte aus Erdöl: Waschmittel (5).

Hauptziele

– Wichtige Stoffwechselwege und Produkte der organisch-chemischen Industrie kennen.
– Die betrieblichen und überbetrieblichen Auswirkungen des Stoffverbundes (Konzentration, multinationale Verflechtung) der chemischen Produktion kennen.
– Einige wissenschaftliche Schwerpunkte bei der Erdölchemie kennen.
– Stoffgruppen und Strukturformeln wichtiger Verbindungen kennen.
– Wichtige Produktionsverfahren und Bedeutung der Produkte erläutern können.
– Organisch-chemische Reaktionsmechanismen und einige Untersuchungsmethoden kennen.

– Die Modellvorstellungen über das Atom auf die Probleme organisch-chemischer Strukturen und Reaktionen anwenden können.
– Zusammenhang zwischen molekularer Struktur und makroskopischen Eigenschaften an Beispielen erläutern können.

Einführung

In der zweiten Hälfte des 19. Jahrhunderts hat sich die organische Chemie aus dem fundamentalen Interesse der Gesellschaft an der Pflanzenproduktion (Liebig) und aus der Medizin (Pasteur) entwickelt. Die Rohstoffe der organisch-chemischen Produktion waren organismischen Ursprungs (vergärbares Pflanzenmaterial, Holz, pflanzliche und tierische Fette und fossile Pflanzensubstanz, Steinkohle). Aus deren Kohlenstoffanteil wurden und werden zum Teil heute noch über Synthesegas und Karbid wichtige Grundchemikalien und aus ihrem Teer Farben und Pharmazeutika hergestellt. Unser Jahrhundert ist durch den Wechsel der Rohstoffbasis für organische Synthesen gekennzeichnet: Über 90% der organisch-chemischen Produktion entwickelter Industrieländer basiert bereits auf dem Erdöl, um die Jahrhundertwende werden es 99% sein. Sogar bei den klassischen Produkten aus Holz, den durch Holzvergärung gewonnenen Alkoholen überwiegt schon das Erdöl.
Sein Anteil ist bei

– Methanol	99%
– Äthanol	90%
– Benzol	87%
– Phenol	50%
– Acetylen	53%.*

Man kann heute sagen, daß die organische Chemie, wenn man von der Biochemie absieht, die Chemie des Erdöls ist. Ihre Erzeugnisse sind Grundchemikalien („Zwischenprodukte“), Düngemittel, Waschmittel und – mit überwältigendem Abstand an erster Stelle – Kunststoffe aller Art. Lediglich Farben werden noch in nennenswertem Umfang aus Steinkohlenteer hergestellt. Anschaulich wird die Bedeutung dieser Produktion für das Leben der Menschen, wenn wir in unserer Umwelt nach Farben und Kunststoffen Umschau halten. Viele Produkte entsprechen unmittelbaren Grundbedürfnissen der Menschen, andere sind überflüssig, und der Wunsch, sie zu erwerben, ist durch Werbung suggeriert. Manche aber sind neu, sind durch die neuen

* Die Zahlen sind teilweise auf die Weltproduktion, teilweise auf die USA bezogen. Sie beziehen sich auf 1970 und früher und dürften heute noch höher liegen. Sie sollen nicht als exakte statistische Angabe verstanden werden, sondern grob die Situation verdeutlichen.

Stoffeigenschaften erst ermöglicht worden, neue Werkstoffe haben neue Bedürfnisse induziert. Das komplizierte Wechselverhältnis von Bedürfnissen und Verwendungsmöglichkeiten sollte nicht die Erkenntnis für die fundamentale Aufgabe der Chemie im Zusammenhang der gesellschaftlichen Produktion verstellen: Chemie soll den Menschen brauchbare Stoffe zur Verfügung stellen.
Kennzeichnend für die chemische Produktion ist auch hier die starke Verflochtenheit und Konzentration: von den zehn umsatzstärksten Firmen der Welt waren 1974 sieben Erdölkonzerne. Die Umstellung der Rohstoffbasis von Kohle auf Erdöl erfolgte jedoch primär aus Gründen der Energieversorgung. (Nur 3 bis 4 % der in Frage kommenden Erdölfraktionen dienen als petrochemischer Rohstoff, bis zur Jahrhundertwende maximal 12 %.) Die „Ölkrise" machte deutlich, wie leichtfertig diese Umstellung vorgenommen worden war, ohne Berücksichtigung der ökonomischen und politischen Verhältnisse, ohne Sicherung traditioneller oder Erforschung neuer Energiequellen, ohne Rücksicht auf die Erschöpfbarkeit des fossilen Brennstoffes Erdöl. Die Konsequenzen der Umstellung aber waren revolutionär, das Verkehrswesen wurde tiefgreifend geändert, in seiner Folge änderten sich die Wohn- und Siedlungsformen. Die industrielle Produktion und damit die Struktur ganzer Regionen, wie des Ruhrgebietes mußten sich anpassen. Die Umweltbelastung wurde ein vorrangiges gesellschaftliches Problem, der „technische Fortschritt" im Bewußtsein der Menschen fragwürdig.
Aus dem Zusammentreffen von Erdöl und Chemie bildete sich ein völlig neuer Zweig der chemischen Industrie.
Durch die technischen und finanziellen Vorteile des Stoffverbundes und die Möglichkeit der Einwirkung auf die Preise und Märkte wuchsen die Betriebe und Firmen immer stärker bis hin zur multinationalen Organisation. Wurde zunächst noch an der Erdölquelle raffiniert, so verlagerte sich später der Verbund Raffinerie – Petrochemie – Weiterverarbeitung ganz in die Industrieländer. Die neue Industrie ist gekennzeichnet durch ausgedehnte Rohrsysteme, Pipelines, automatische Prozeßsteuerung und kontinuierliche Produktion. Die Grenze für die Größe einer Anlage ist nur noch die Marktkapazität, da die Investitionskosten längst nicht so stark steigen wie die Produktionskapazität. Das technische Ergebnis läßt sich an der durchschnittlichen Größe einer Äthylenanlage ermessen: Sie betrug 1956 30000 Jahrestonnen, 1974 etwa 500000 Jahrestonnen.
Der Charakter der chemischen Synthesen hat sich verändert: Die Prozesse werden möglichst direkt geführt, d.h. unter Ausschaltung vermeidbarer Zwischenstufen und fremder Stoffe und ohne Berücksichtigung anderer, energetisch günstigerer Wege. Man nimmt die Erdölfraktionen sozusagen bis auf die Ebene der Atome auseinander und setzt diese in gewünschter Weise wieder zusammen. Die Verfahrensweisen, nicht die beteiligten Stoffe geben den Ton an. Der Einfluß der neuen Produktion geht über den organisch-chemischen Sektor hinaus und hat die gesamte chemische Produktion verändert. Blühende

traditionelle Verfahren wie die Ammoniaksynthese und die Schwefelsäureproduktion wurden vom Erdöl verändert. Heute wird mehr als 80% des Ammoniak (USA 95%) auf Erdölsbasis produziert.

Die Verfahrensweisen und die Marktlage determinieren die Arbeitsplätze in der Großchemie: Monotone Überwachungstätigkeiten am kontinuierlichen, Schadstoffgefährdung beim diskontinuierlichen Reaktor machen die Forderung nach Humanisierung der Arbeitswelt hier besonders dringlich.

Ein weiteres Merkmal der Chemieproduktion auf Erdölbasis ist die Verwissenschaftlichung aller ihrer Bereiche. Die systematische Suche von Forscherteams nach neuen Synthesen, die physikochemische Erforschung der Reaktionsparameter (Reaktionskinetik und -energetik) zur Optimierung der Reaktion in Pilotanlagen und in der Produktion unter Einsatz von Großrechnern – kein Industriezweig ist so stark von Computern durchdrungen wie die Chemie –, die Interpretation der Werkstoffeigenschaften von Kunststoffen mit Hilfe wissenschaftlicher Modelle und ihre geplante Herstellung, das alles sind Merkmale, die die unmittelbare Wechselwirkung zwischen Wissenschaft und Produktion zeigen. Auch die Marktanalysen und Absatzstrategien bedienen sich eines wissenschaftlichen Instrumentariums, Betriebsstruktur und Produktionsprozeß werden nach wissenschaftlichen Kriterien organisiert. Die globalen Folgen der Umstellung auf die Energie- und Rohstoffbasis Erdöl zeigen die Notwendigkeit einer gesellschaftlichen Planung, des Einsatzes von Wissenschaft im Interesse aller.

Die organische Chemie hat in der Geschichte ihre eigene zweckmäßige Systematik entwickelt. Sie gliedert sich nach Stoffgruppen, die sich durch bestimmte Strukturmerkmale unterscheiden: Funktionelle Gruppen, Ketten- oder Ringstruktur, gleich- oder verschiedenatomige Ringsysteme usw. Selbst eine rationelle Nomenklatur dringt nicht weit vor in die Fülle der Kombinationsmöglichkeiten weniger Elemente, die durch die Spezifik des Kohlenstoffatoms, kovalent zu polymerisieren, hervorgerufen wird. Als ergänzendes Systematisierungskriterium erweist sich deshalb heute die Reaktion als hilfreich. Mechanismen der Reaktion wie Addition, Substitution, Eliminierung oder Radikalreaktion, Reaktionstypen wie Polymerisation, Polykondensation, Polyaddition oder die Reaktionsordnung, über die die Reaktionskinetik Aussagen macht, können zugrunde gelegt werden. So wie sich der Schwerpunkt des Interesses von der Struktur zur Reaktion verschiebt, bereichert sich die Chemie um quantitative Methoden physikalischer Herkunft wie die verschiedenen spektroskopischen Verfahren, Viskositätsmessung, Sedimentationsanalyse u.v.a.m. Die Vorstellung vom Atom und von der chemischen Bindung werden zwar von der organischen Chemie nicht entscheidend erweitert, dafür ist sie ein weites Anwendungsfeld für die Modelle der allgemeinen Chemie, insbesondere bei der Interpretation von molekularer Struktur und Stoffeigenschaften.

Grobplan

1. Erdöl als Grundstoff, Fraktionierung (2)

Erdöl wird zum wichtigsten Grundstoff der gesellschaftlichen Produktion. Die Energieversorgung ist dabei primär. Als Folge ergeben sich tiefgreifende Konsequenzen, wie z. B. das Rohstoffproblem. Die organisch-chemische Produktion mit Erdöl als stofflicher Basis hat verschiedene gesellschaftliche Aspekte, wie Investitionen, Standort, Technologie, Arbeitsplatz, Struktur, Verwissenschaftlichung.

Inhalte in ihrer Abfolge

1.1 Erdöl

- Lagerstätten, Fördertechnik, Transport.
- Verfahren der Fraktionierung des Erdöls, Verwendung der Fraktionen.
- Standort und Versorgung von Raffinerien, Erdölkonzerne[1].

1.2 Petrochemische Fabrik

Lage, Größe, Rohstoffe, Stoffumwandlungsketten und Produkte, Produktionsziffern und Trends.

---

1 *Gesellschaftskunde*: Energieversorgung, Energiebasis Erdöl, Vorkommen, Entstehung, wirtschaftliche Verflechtung.

2. Grundchemikalien aus Erdöl (8)

Die Bestandteile des Erdöls sind Kohlenwasserstoffe. Unser Wissen über das Kohlenstoffatom kann ihre Struktur erklären. Strukturelle Regelmäßigkeiten werden zur Definition einer Nomenklatur benutzt; funktionelle Gruppen bringen Ordnung in die Vielfalt der Stoffe. Die organische Chemie war früher die Chemie der in Organismen enthaltenen Stoffe. Auch heute noch führen Pflanzenproduktion und Medizin zu wichtigen Fragestellungen organischer Chemie.

Inhalte in ihrer Abfolge

2.1 Gesättigte Kohlenwasserstoffe

Ringe, C-Atom, Bindungen C–C, C–H, Nomenklatur.

2.2 Ungesättigte Kohlenwasserstoffe

- Doppel- und Dreifachbindung und ihre Reaktionen.
- Halogenalkane, Substitution.
- Benzol, Mesomerie.

2.3 Funktionelle Gruppen

- Alkohole,
- Aldehyde (Ketone),
- Säuren.

2.4 Grundchemikalien aus Erdöl

- Übersicht über technische Verfahren und Prinzipien, Umfang und Verwendung.
- Bedingungen und Konsequenzen des Stoffverbundes.

3. Produkte aus Erdöl: Waschmittel (5)

Produkte der petrochemischen Fabrik für den Endverbraucher gibt es eigentlich gar nicht. Ihre Produkte sind Zwischenerzeugnisse, die von Weiterverarbeitern zu Gebrauchsgegenständen umgewandelt werden. Am anschaulichsten ist der Gebrauchscharakter bei Kunststoffen, Farbstoffen und Waschmitteln. Synthetische Waschmittel verdrängen die Seife, rufen aber Probleme bei ihrer Beseitigung durch biologischen Abbau hervor.

Inhalte in ihrer Abfolge

3.1 Esterbildung als Gleichgewichtsreaktion

- Analyse der Reaktion,
- Anwendung des Massenwirkungsgesetzes,
- Ester und ihre Verwendung.

3.2 Verseifungsreaktion

- Seife, synthetische Waschmittel, Erklärung ihrer oberflächenaktiven Wirkung.
- Pseudowissenschaftliche Reizworte und ihr wissenschaftlicher Hintergrund am Beispiel der Waschmittelreklame.

C 9.2 Kunststoffe

Dauer der UE: 15 Blockstunden

Kurzgliederung

1. Die Vielfalt der Reaktionen und Kunststoffe (4).
2. Struktur und Eigenschaften (3).
3. Kinetik und Energetik der Polymerisationsreaktion (3).
4. Modellbau einer Anlage zur kontinuierlichen Produktion von Polystyrol (5).

Hauptziele

- Die wachsende Bedeutung der Kunststoffproduktion mit Hilfe einiger Produktionsziffern darstellen können.
- Mindestens eine Kunststoffsynthese nach Rezept durchführen und das Produkt auf Grund seiner Formel und des Reaktionstyps einordnen können.
- Die Haupttypen der Struktur von Makromolekülen und Kunststoffen kennen und daraus die wichtigsten Eigenschaften und Verhaltensweisen der Stoffe plausibel machen können.
- Den Reaktionsmechanismus der Polystyrolsynthese verstehen und daraus Aussagen über Reaktionskinetik und -energetik ableiten können.
- Diese Aussagen auf die Konstruktion einer kontinuierlich arbeitenden Anlage zur Produktion von Polystyrol anwenden können und die Anlage selbst bedienen und erklären können.
- Die Konsequenzen kontinuierlicher Produktion für die Entwicklung der Industrie und für die Arbeitsplätze am Beispiel diskutieren können.

Einführung

Kunststoffe erobern sich immer umfassendere Anwendungsbereiche. Unsere Umwelt wird zunehmend von Kunststoffen durchdrungen und geprägt. Der Kunststoffsektor ist in dynamischem Wachstum begriffen:
Seit 1963 hat sich z.B. die Produktion von Polymerisationsprodukten fast verfünffacht. Bereits 1980 soll die Kunststoffproduktion die Roheisenerzeugung in bezug auf das Produktionsvolumen überholen.
Bei einer naturwissenschaftlich-technischen Betrachtung der Kunststoffproduktion lassen sich zwei Schwerpunkte unterscheiden:
Einmal der Zusammenhang zwischen molekularen Strukturen und makroskopischen Eigenschaften, zum anderen Kinetik und Energetik der Reaktionsverläufe bei der Synthese.
Mit Hilfe von Strukturvorstellungen lassen sich die Eigenschaften der Kunststoffe interpretieren. Der Beginn der Kunststoffchemie war geprägt von dem historischen Streit, ob in kolloiden Lösungen und festen Kondensationsprodukten Assoziate oder Makromoleküle vorlägen, ein Streit, der erst mit den verbesserten Methoden des zwanzigsten Jahrhunderts entschieden werden konnte. Die weitere Entwicklung ist gekennzeichnet durch die systematischen Versuche, bifunktionelle Moleküle durch Polymerisations- und Polykondensationsreaktionen zu kombinieren und die Ergebnisse der Quantenmechanik auf die makromolekulare Bindung anzuwenden. Zu diesem Zweck wurden von der chemischen Industrie (IG-Farben und DuPont) zahlreiche Wissenschaftler zu Teams zusammengestellt: Die Wissenschaft begann, eine Produktivkraft zu werden. Heute wird der strukturelle Aspekt gern mit dem Schlagwort

„Kunststoffe nach Maß" charakterisiert: Gut gesicherte Theorien über das Makromolekül erlauben seine Konstruktion auf vorgegebene Zwecke hin. Die wichtigsten strukturellen Parameter für die makromolekularen Aggregatzustände und damit für Werkstoffeigenschaften sind:

- Die Größe der Moleküle (Molekulargewicht, Polymerisationsgrad) und ihre Verteilung,
- die Molekülegestalt (linear, verzweigt, vernetzt usw.),
- intermolekulare Kräfte zwischen Ketten und Seitengruppen in Verbindung mit der Kettenstruktur (Homo-, Co-, Block- und Pfropfpolymerisate, statistische und alternierende Anordnung von Substituenten, taktische Polymere usw.).

Zu den strukturellen Aspekten gehört aber auch die Kenntnis der Momomeren, ihrer Eigenschaften, der zugrunde liegenden Rohstoffe, ihrer Synthesen bzw. Isolierungsverfahren. Bei der vorgeschlagenen koordinierten Behandlung der Kunststoffe im Chemie- und Physikunterricht übernimmt letzterer die Untersuchung ihrer physikalisch-technischen Eigenschaften.

Kinetik und Energetik der Reaktionsverläufe bei der Synthese makromolekularer Verbindungen beanspruchen aus verschiedenen Gründen heute noch größere Aufmerksamkeit als Fragen der Struktur: nur auf Grund der Kinetik lassen sich die bekannten Reaktionen widerspruchsfrei systematisieren. Das Studium der Kinetik ist für die Bedingungen der Produktionsanlagen von so grundlegender Bedeutung, daß diese heute als Makrokinetik (Reaktorformen, Reaktionsführung, Optimierung) der Mikrokinetik (Untersuchungen im Labormaßstab) gegenübergestellt wird. Auf Grund der energetischen Daten einer Polymerisationsreaktion (Reaktionsenthalpie in Verbindung mit der Reaktionsgeschwindigkeit) wird versucht, stabile (isotherme) Betriebszustände bei kontinuierlicher Reaktionsführung herbeizuführen. Die technische Verwirklichung kontinuierlicher Reaktionsführung besteht in einer Reaktionskaskade von gegen die beiden Grenzwerte – Kessel und Rohr – optimierter Länge. Die technische Realisierung einer Produktionsanlage wird nicht nur von wissenschaftlich-technischen, sondern auch von wirtschaftlichen Daten wie Produktionsvolumen, langfristigen Verträgen (z. B. über Rohstofflieferungen), Kostenstruktur und Arbeitsmarkt determiniert. So steigen z. B. bei einer wachsenden Zahl von Reaktoren in einer Kaskade die Anlagekosten, gleichzeitig sinken die Betriebskosten. Daher wird der Aufbau einer Produktionsanlage von der „Anlage-Betriebskosten-Schere" mitbestimmt.

Nach dem Kriege hat sich in der chemischen Produktionstechnik ein entscheidender Umbruch vollzogen von stoffbetonten, labornachgeahmten Verfahren und Apparaten zu verfahrensbetonten, vollautomatisierten, kontinuierlichen Großanlagen. Die Verfahrensweisen, nicht die beteiligten Stoffe geben den Ton an. Die Vergrößerung der Laboransätze erfolgt heute nicht mehr rein empirisch,

sondern über verkleinerte Modelle (z.B. $^1/_{10}$ des Produktionsansatzes), die auf Grund der Daten aus dem Studium der Reaktionskinetik berechnet werden können. Die Optimierung derartiger Anlagen erfordert einen beträchtlichen mathematischen Aufwand, der heute mit Großrechenanlagen auch nur teilweise bewältigt werden kann. Der Beginn dieser Entwicklung kann in der Bunasynthese durch die Amerikaner während des zweiten Weltkrieges gesehen werden. Energetische Befunde sind die Grundlage für die Interpretation des stabilen Polymerenzustandes und seiner Energiedifferenz zum Monomeren, d.h. zum Verständnis der Doppelbindung der Olefine oder der funktionellen Gruppen. Bei allen makromolekularen Synthesen spielen Katalysatoren eine wichtige Rolle (heute insbesondere stereospezifische Ziegler-Natta-Katalysatoren), deren Wirkungsweise in erster Linie durch energetische Betrachtungen verständlich wird.
Die herausragende Bedeutung der Reaktionskinetik und -energetik für die Produktion macht deren zumindest grundsätzliche Behandlung im Unterricht notwendig. Die wachsende Rolle kontinuierlicher Prozeßabläufe läßt es darüber hinaus als sehr wünschenswert erscheinen, deren Prinzipien und Auswirkungen am Beispiel einer kontinuierlichen Produktion z.B. von Polystyrol zu untersuchen.

Grobplan

1. Die Vielfalt der Reaktionen und Kunststoffe (4)

Eine Unzahl von Handelsnamen und chemischen Bezeichnungen für Kunststoffe läßt sich auf Grund des Reaktionstyps bei der Synthese in vier leicht verständliche Klassen einteilen. Alle diese Reaktionen lassen sich wiederum auf das Prinzip der Bifunktionalität zurückführen. Es stehen etwa vierzig Schulversuche zu Synthesen zur Verfügung. Historisches Äquivalent dieser Unterrichtsphase sind die dreißiger Jahre, als in vielen Chemiekonzernen systematisch alle theoretisch tauglichen Monomere auf ihre Polymerisierbarkeit hin durchprobiert wurden.

Inhalte in ihrer Abfolge

1.1 Einführung

- Gesellschaftliche Bedeutung und historische Entwicklung der Kunststoffproduktion, Produktionsvolumen, Folgeprobleme.
- Gruppenteilige Durchführung von Synthesen und Erarbeitung der zugehörigen Rahmendaten wie Herkunft des Monomeren, Handelsnamen und Verwendung des Produktes.
- Herstellerfirmen, Produktionsvolumen, Beschäftigtenzahl.

1.2 Reaktionstypen

- Polykondensation (Phenoplaste, Aminoplaste, Polyester, Polyamide),
- Polyaddition (Polyurethanschaum),
- oxidative Kupplung (Polyphenylenoxid).

2. Struktur und Eigenschaften (3)

Auch die Wissenschaft hat keine Theorie, mit Hilfe derer aus den Daten der chemischen Synthese die Eigenschaften des Produktes berechnet werden können, wie es das Schlagwort von den „Kunststoffen nach Maß" oder von der „Konstruktion der Kunststoffe am Reißbrett" suggeriert. Mit solchen Schlagworten ist die Summe wissenschaftlicher und praktischer, vor allem aber technischer Erfahrungen gemeint, bei der die theoretischen Konzepte eine eher sekundäre, erklärende und unterstützende Rolle spielen.
Jedenfalls erscheint die Möglichkeit der Konstruktion spezifischer Werkstoffe für spezifische Probleme als eine neue Qualität in der technischen Entwicklung („Kunststoffzeitalter").
(Dieser Teil sollte möglichst in direkter Zusammenarbeit mit P 9.2 durchgeführt werden.)

Inhalte in ihrer Abfolge

2.1 Materialeigenschaften von Kunststoffen

- Problematisierung des Begriffes nützliche Eigenschaften (nützlich für wen, für welchen Verwendungszweck).
- Diskussion der Aussagen: a) die Eigenschaften eines Stoffes werden durch seine Mikrostruktur determiniert, b) eine exakte Berechnung ist (zur Zeit) unmöglich.
- Einteilung der Kunststoffe nach ihrer molekularen Struktur in Thermoplaste, Duroplaste, Elastomere (Vergleich mit 1.2).

2.2 Materialprüfung und -bearbeitung

- Experimente zur Resistenz der selbsthergestellten und käuflichen Kunststoffe gegen Chemikalien.
- Pyrolyse von PVC (Entstehung von Chlor, Arbeitsplatz- und Umweltprobleme).
- Wirkungsweise von Weichmachern.
- Experimente zur Färbbarkeit.
- Interpretation von Versuchen zum Härten, Verstrecken und Schmelzen.

3. Kinetik und Energetik der Polymerisationsreaktion (3)

Im Mittelpunkt des Unterrichts steht von jetzt an die Polymerisation von Styrol. Zentrales Problem ist die Feststellung der Reaktionsgeschwindigkeit. Da eine unmittelbare Messung des Polymerisationsgrades unmöglich ist, können nur makroskopische Auswirkungen der fortschreitenden Reaktion verfolgt werden. Es existiert eine Fülle von Untersuchungsmethoden, von denen einige anschaulich und leicht durchführbar sind. Der energetische Ablauf der Reaktion wird grundsätzlich kalorimetrisch verfolgt, die dabei auftretenden Probleme (z. B. Wärmeverluste) lassen sich häufig durch geschickte Vergleichsmessungen umgehen.

Inhalte in ihrer Abfolge

3.1 Verschiedene Untersuchungen zum Reaktionsablauf

- Viskosität, Volumenkontraktion, Diffusionsgeschwindigkeit, Lichtstreuung, Brechungsindex, osmotischer Druck.
- Ausfällen und Wiegen des Produkts, Bestimmung der Endgruppen.

3.2 Kalorimetrische Messungen zur Energetik der Reaktion

- Reaktionsverlauf in Abhängigkeit von der Anfangstemperatur.
- Beobachtung des „Durchgehens" (bei kleiner Substanzmenge).
- Diskussion von Maßnahmen zur Wärmeabfuhr, technische Realisierungen.
- Abschätzungen der Energie der Doppelbindung aus den Versuchsergebnissen, Vergleich mit Literaturwert.

---

4. Modellbau einer Anlage zur kontinuierlichen Produktion von Polystyrol (5)

Eine solche Anlage wurde bereits erprobt, sie ist mit den Mitteln einer gut ausgestatteten Schule herstellbar und liefert nahezu beliebige Mengen Polystyrol. Sie bietet die Möglichkeit einer fast vollautomatischen Prozeßführung: nur noch das Nachfüllen des Monomeren und das Abnehmen des Fertigproduktes werden „von Hand" gemacht. Alle wesentlichen Aspekte der großtechnischen Fertigung – wissenschaftlich-technische ebenso wie Arbeitsplatzprobleme – lassen sich an der Anlage verdeutlichen. Das gewonnene Produkt ist offensichtlich nützlich; es entspricht auch nahezu technischen Standards.

Inhalte in ihrer Abfolge

4.1 Herstellung von Polystyrol (im Kleinversuch in zwei Stufen)

- Vorpolymerisieren, Nachpolymerisieren, Ermittlung der Abhängigkeit des Reaktionsverlaufs von den beiden Substanztemperaturen und der Initiatorkonzentration,
- Feststellung der günstigsten Versuchsparameter.

4.2 Aufbau der Produktionsanlage (gruppenteilig)

- Entwurf, Planung und Gerätebeschaffung.

– Testen der Anlage, Probeläufe, Übung in Anfahren und Auslaufenlassen mit „automatischer" Reinigung.

– Herstellung einer größeren Menge Polystyrol; Nachbehandlung.

– Verschiedene Verwendungen[1] (Eingießen, Formgießen etc.) und Materialprüfungen.

4.3 Erweiterung der Anlage durch Einbau einer Regelung (nach Vorarbeiten aus dem Physikunterricht)

– Versuche zum (fast) vollautomatischen Prozeßablauf.

– Erörterung von Problemen der industriellen Fließproduktion, z. B. „Wegrationalisieren" von Arbeitsplätzen, Überproduktion, Umweltbelastung etc.

---

1 *Arbeitslehre*: Kunststoffverarbeitung.

C 10.1 Biopolymere

Dauer der UE: 15 Blockstunden

Kurzgliederung

1. Biologische Werkstoffe (4).
2. Rolle der Biopolymere bei der Ernährung (5).
3. Proteinsynthese als grundlegender Lebensprozeß (6).

Hauptziele

– Molekulare Struktur und biologische Funktion einiger wichtiger biologischer Naturstoffe kennen.
– Prinzipielles Verständnis für Eigenarten biochemischer Reaktionen besitzen.
– Einige biochemische Methoden kennen und interpretieren können.
– Wichtige Probleme und Aufgaben der biologischen Chemie bei der Bewältigung von Aufgaben aus Ernährung und Medizin und zur Bereitstellung von Werkstoffen kennen.
– Erkennen, daß die Ergebnisse der Biochemie zu einer materialistischen Interpretation der Welt und der Lebewesen beitragen.

Einführung

Das Interesse der Menschen an der Nutzung und Beherrschung der Lebensprozesse, insbesondere an Fragen der Ernährung und der Heilung des menschlichen Körpers von Krankheiten, war das Motiv für die Entwicklung einer biologischen

Chemie. Wegen der relativ langsamen Entwicklung chemischer Methoden und Theorien konnte sich jedoch im 19. Jahrhundert noch keine eigenständige „Biochemie“ entfalten. Dazu bedurfte es erst einer Vorstellung von Enzym, das als höchst spezifischer Biokatalysator von der Natur eines Proteins ist und im Organismus selbst synthetisiert wird. In den zwanziger Jahren hatte sich in der Chemie überhaupt erst die Auffassung von der Existenz von Makromolekülen durchgesetzt. So kam es erst Jahrzehnte nach dem bedeutungsvollen Nachweis, daß nicht an lebende Zellen gebundene Materie die biologische Testreaktion der Vergärung zu bewirken vermag, zu einer fundierten Auffassung vom Enzym. Auf dem Gebiet der Medizin, der eigentlichen Mutter der „physiologischen Chemie“, gelang der neuen Wissenschaft in der Mitte des 20. Jahrhunderts der Schritt zur allgemeinen Anerkennung ihrer gesellschaftlichen Bedeutung: die Entdeckung der Antibiotika durch Flemming 1928 und die Entwicklung ihrer Herstellung in industriemäßigen Dimensionen im Kriege. Penicillin rettete 1944 hunderttausenden das Leben und gab den Menschen die Kontrolle über die infektiösen Seuchen. Heute wird die Medizin immer mehr von den exakten Wissenschaften durchdrungen und bildet – zusammen mit dem Industriesektor für Feinchemikalien in der pharmazeutischen Industrie und ihren Verteilerorganisationen – einen bedeutenden Wirtschaftsfaktor. Biochemische Schwerpunkte sind dabei die Erforschung der Hormone, die bei Stoffwechselstörungen und zur Geburtenplanung eingesetzt werden können, und der Immunabwehr, die ein Beispiel für den Weg der modernen Medizin von der Heilung zur Vorbeugung bilden. Bedeutungsvoll ist der Bereich der wissenschaftlichen Medizin auch für Arbeitsplätze in einer Fülle neuer und traditioneller Berufe.

Beherrschung der biologischen Umwelt durch den Menschen heißt vor allem Beherrschung des Hungers und periodischer Hungersnöte, heißt Nahrungsmittelerzeugung, -verarbeitung und -verteilung. In der Einführung zur UE „Welternährung“ (B 9.1) wurde darauf hingewiesen, daß das Problem des Hungers nicht in erster Linie ein technisches Problem ist. Heute gibt es auf wissenschaftlicher Grundlage basierende internationale Mindestnormen für eine menschenwürdige Ernährung und in der Folge ausgewogener diätetischer Empfehlungen eine tiefgreifende Änderung der Eßgewohnheiten in den Industrieländern. Heute ist die Erzeugung proteinreicher Nahrung aus neuen Quellen wie Erdöl ein wichtiges wissenschaftliches Programm. Voraussetzung dafür ist die fortschreitende Kenntnis der chemischen Zusammensetzung der Nahrung und ihrer Wirkung im Organismus, z. B. der Rolle und Wirkungsweise der Vitamine. Eine beträchtliche und weitgehend mit chemischen Methoden arbeitende Lebensmittelindustrie dient der Versorgung mit haltbaren und hochwertigen, koch- und tischfertigen Produkten. Sie ist besonders aus wirtschaftlichen Gründen an einer reproduzierbaren Beherrschung biologischer Reaktionen interessiert.

Auch im Zeitalter der Kunststoffe ist eine bedeutende Industrie mit der Gewinnung und Verarbeitung biologischer Rohstoffe beschäftigt. Der Natur entnommen und chemisch nur unbedeutend modifiziert werden Holz, Leder, Rauchware, Wolle, Seide, Baumwolle usw. Stark modifizierte Biopolymere sind Fasern auf Zellulosebasis, Zellstoff und Papier.

Die Biochemie ist heute ein umfangreiches und immer noch wachsendes wissenschaftliches Arbeitsgebiet mit einer gewissen Autonomie ihren Ursprüngen Chemie und Medizin gegenüber geworden. Für die Medizin ist sie eine wesentliche naturwissenschaftliche Grundlage, von der Chemie ist sie durch die Spezifik der enzymatischen Reaktion und durch ein Spektrum relativ eigenständiger Methoden getrennt.

Die enzymatische Reaktion ist charakterisiert durch das Lösungsmittel Wasser, milde Bedingungen (pH und Temperatur) und vor allem durch die Teilnahme großer, Information tragender Moleküle. Diese Information beim Ablaufen chemischer Reaktionen ist gegenüber der anorganischen und organischen Chemie eine neuere und höhere Qualität, sie liegt vor in Form von genau definierten Sequenzen und räumlichen Strukturen.

Untersuchungsmethoden an Biopolymeren müssen sich den Bedingungen der Moleküle und Reaktionen anpassen und sind über die traditionellen chemischen Methoden hinaus meist physikalischer Natur, z.B. Chromatographie und Zentrifugation.

Das wichtigste analytische Gerät ist das Spektralphotometer; ergänzend treten biologische Methoden (z.B. Kreuzungsanalysen) hinzu. Gerade dieses Zusammentreffen verschiedener Traditionen, Denk- und Verfahrensweisen hat zum fortschrittlichen Charakter der biologischen Chemie beigetragen. Es ist deshalb sehr problematisch, die „Biochemie" von ihren Nachbarn, insbesondere von Physik und Biologie abgrenzen zu wollen. Üblicherweise behandelt sie physikalische und physikochemische Aspekte ihres Gegenstandes mit und registriert sorgfältig die Strukturen von Zelle und Organellen.

Sie dringt zunehmend auch in spezifisch biologische Fragen wie z.B. die nach der Evolution oder der Differenzierung ein. „Biochemie" ist der Konvention nach mehr als die Chemie der Biomoleküle. Die auf ihrer Grundlage von der Mitte des 20. Jahrhunderts an systematisch und quantitativ betriebene Biologie hat bis heute zu einer Wissensexplosion geführt, die von Historikern mit der Entwicklung der Physik in den zwanziger Jahren verglichen wird. Durch die Rolle, die die Proteine als Enzyme spielen, erscheint die Proteinsynthese als der fundamentale Lebensprozeß überhaupt. Die Molekularbiologie hat sie als chemische Wechselwirkung zwischen Nucleinsäuren und Proteinen in den Grundzügen aufgeklärt. Auf längere Sicht scheinen auf dieser Basis Probleme von hoher gesellschaftlicher Relevanz, z.B. das Krebsproblem, lösbar; aber es zeigt sich auch der ambivalente Charakter fortgeschrittener Technik, etwa bei den Problemen der genetischen Manipulation und der biologischen Kriegsführung. Die hohe Übereinstimmung aller Lebewesen in ihren Biopolymeren verspricht ein tieferes Verständnis der grundlegenden Lebensprozesse. Die Molekularbiologie ist dabei, die Biowissenschaften (Medizin, Tiermedizin,

Mikrobiologie, land- und forstwirtschaftliche Wissenschaft, Ernährungslehre, Biologie) mit einem soliden Fundament naturwissenschaftlicher Erkenntnis zu versehen. Das hat weitreichende Konsequenzen für unser Verständnis von der Welt und der Wissenschaft. Zunehmend ist es die Biologie, die den Naturwissenschaften heute die Schlüsselprobleme stellt, und zunehmend haben Technik und Wissenschaft die Chance, sich stärker auf die Bedürfnisse der Menschen zu beziehen. Je mehr wir über die Mechanismen des Zellgeschehens wissen, desto besser können wir die Behauptung von der „Materialität aller biologischer Strukturen und Prozesse“ mit Inhalt erfüllen.

Biochemie kann orientiert an den Funktionen (dynamische Biochemie) oder nach der chemischen Systematik der beteiligten Moleküle (deskriptive Biochemie) gelehrt werden. Die Orientierung des Unterrichts an den Problemen der gesellschaftlichen Produktion und Reproduktion und den biologischen Funktionen ist primär. Gerade in einem Anfängerkurs aber ist auch die chemische Systematik für das Verständnis wichtig. Ihr wird deshalb, soweit es nötig erscheint, Rechnung getragen. Einige fundamentale Methoden der Biochemie sind so aufwendig, daß ihre Durchführung in der Schule nicht in Frage kommt (Ultrazentrifugation, Isotopenmarkierung). Sie werden in der Schule nur theoretisch mitbehandelt. Andere sind möglich, aber mit der Anschaffung teurer Geräte (Spektralphotometer) verbunden.

Die Mehrzahl der Methoden jedenfalls ist einfach und teilweise überraschend spezifisch und effizient (Chromatographie). Soweit wie möglich soll sich deshalb der Unterricht auf Experimente stützen. Auf die fundamentalen philosophischen Fragen wird bei der Behandlung der Evolution im Fach Biologie (B 10.2) noch ausdrücklich eingegangen.

1. Biologische Werkstoffe (4)

Seit altersher bedienen sich die Menschen biologischer Werkstoffe. Die tradierten Verfahren der Gewinnung und Bearbeitung sind vorwissenschaftlich. Das Verständnis der chemischen Struktur ermöglicht eine planvollere und effizientere Nutzung biologischer Rohstoffe und die Entwicklung neuer Verbreitungsverfahren.

Inhalte in ihrer Abfolge

1.1 Überblick: Holz, Leder, Pelz, Wolle, Seide Baumwolle[1].
Naturstoffe verarbeitende Industrie.
– Die Eigenschaften legen ähnlich wie bei Kunststoffen die Annahme eines Aufbaus aus Makromolekülen nahe.

1.2 Nachweis der Bausteine durch Hydrolyse: Zucker (Mono- und Disaccharide), Aminosäuren. Alkohole, Säuren und Basen.

1.3 Polysaccharide: Zellulose, modifizierte Zellulose als Grundstoff für die Chemiefaserherstellung.

1.4 Proteine: Sequenz und Raumstruktur der Skleroproteine (Haut, Haare, Horn). Erklärung der Werkstoffeigenschaften aus der Molekülstruktur.

---

1 *Arbeitslehre*: Werkstoff.

2. *Ernährung (5)*

Nahrungsmittel sind ausschließlich biologischen Ursprungs. Das primäre Ziel menschlicher Arbeit war seit jeher die Beschaffung und Aufbereitung der Nahrung. Auch heute ist bei aller gesellschaftlicher Arbeitsteilung die Bereitstellung von Nahrungsmitteln das erste und wichtigste Problem, auf das sich viele andere Industrie- und Arbeitsbereiche beziehen lassen. Eine gesellschaftliche Aufgabe ersten Ranges ist die Überwindung des Hungers im weltweiten Maßstab. Ein wichtiger Faktor des Lebens in hochindustrialisierten Regionen ist eine wissenschaftlich kontrollierte und ausgewogene Ernährungsweise.

Inhalte in ihrer Abfolge

2.1 Biopolymere als Nahrungsmittel

- Kohlenhydrate (Stärke) und Proteine,
- Lebensmittelindustrie (Wiederholung Fette).

2.2 Biologischer Abbau von Biopolymeren

- Verdauung: Hydrolyse durch Enzyme.
- Enzyme: Globuläre Proteine, Struktur als Information, Spezifität, Bedingungen der enzymatischen Reaktion, Kinetik.
- Energetik der enzymatischen Reaktion, Fotosynthese, Atmung, biologische Oxidation, Energiebilanz, Energiefluß und Information.
- Fragen der Ökologie und Welternährung: industriemäßige Produktion von Protein[1].

---

1 *Gesellschaftskunde*: Weltproblem Hunger.

3. *Proteinsynthese als grundlegender Lebensprozeß (6)*

Die Notwendigkeit, Maßnahmen der Medizin in ihren Wirkungen zu verstehen, reproduzierbar zu machen und zu verbessern, hat die Erforschung der chemischen Reaktionen des Organismus vorangetrieben. Heute ist das Gesundheitswesen ein großer und wichtiger gesellschaftlicher Bereich, der sich weitgehend auf wissenschaftliche Grundkonzepte stützt, die von der biologischen Chemie bereitgestellt werden. Die hohe Bedeutung der Enzyme im Organismus läßt uns nach ihrer Herkunft fragen.

Inhalte in ihrer Abfolge

3.1 Enzyme als Träger von Information, gleichbedeutend mit „Eigenschaften“. Frage nach der Bestimmung ihrer Sequenz.
- Enzymatische Diagnose im Gesundheitswesen[2].

3.2 Nucleinsäuren
- Vorkommen, Struktur
- Replikation der DNS

3.3 Proteinbiosynthese
- Leben als Interaktion zwischen DNS und Protein.
- Der genetische Code, Transcription und Translation.
- Veränderungen an der DNS als chemische Grundlage der Mutation.
- Regulation der Proteinsynthese.
- Bedeutung der Molekularbiologie für die Medizin (Immunreaktionen, Krebs).

2 *Gesellschaftskunde*: Gesundheitswesen.

C 10.2 Metalle

Dauer der UE: 15 Blockstunden

Kurzgliederung

1. Metallurgie: Eisen und Stahl (2).
2. Metallurgie: Nichteisenmetalle (3).
3. Elektrochemie (5).
4. Chemische Energetik (5).

Hauptziele

- Verhüttung und Verwendung von Eisen und Stahl sowie Struktur und Umfang der eisenschaffenden Industrie kennen.
- Darstellungs- und Verwendungsweisen sowie die volkswirtschaftliche Bedeutung der wichtigsten Nichteisenmetalle kennen.
- Elektrische Erscheinungen bei chemischen Umsetzungen kennen und auf Verfahren der Metallherstellung, des Galvanisierens und der Konstruktion von Akkumulatoren anwenden können.
- Kenntnisse aus der Atomphysik, insbesondere den Energieaspekt, auf chemische Vorgänge anwenden können.

Einführung

Das Motiv, die organische Chemie im Lehrplan der Schule so früh wie irgend möglich beginnen zu lassen, um damit der modernen Biologie eine angemessene Grundlage zu liefern, hat zu einer Unterbrechung der Behandlung anorganischer und allgemeiner chemischer Probleme nach Durchlaufen der 8. Klasse geführt. Nach der Einheit C 10.1 „Biopolymere", in der die behandelten Stoffe nur teilweise Werkstoffcharakter haben, kehren wir hier mit der Einheit „Metalle" zu der Bestimmung der Chemie, brauchbare Stoffe zu liefern, zurück. In vielen Fällen können Kunststoffe eben doch nicht die Metalle ersetzen, z.B. wenn es auf Temperaturbeständigkeit oder extreme Festigkeit ankommt. Insbesondere die Vielzahl der modernen Stähle ist aus der Produktion nicht wegzudenken.

Die im Zuge der Industrialisierung erforderlichen riesigen Mengen hochwertigen Eisens führten in der zweiten Hälfte des 19. Jahrhunderts zu neuen Verfahren der Roheisenveredelung: Die Massenproduktion von Stahl wurde möglich (Bessemer 1856, Siemens-Martin 1864, Thomas 1877) und neue Legierungen verschafften dem Stahl neue Eigenschaften (Werkzeugstahl 1871). Die Herstellung von Eisen und Stahl nach den modernen Produktionstechniken ist in der Unterrichtseinheit C 7 „Eisen" nicht behandelt worden. Deshalb soll hier im Gesamtzusammenhang der Metalle der Unterricht mit Eisen und Stahl beginnen. Neben das Eisen treten eine ganze Reihe sogenannter Nichteisenmetalle unterschiedlicher Bedeutung, die durch die verschiedenen Methoden der Konzentration, Reduktion und Raffination gekennzeichnet sind. Die überwiegende Anzahl der Elemente des Periodensystems ebenso wie die überwiegende Masse des Erdballs sind Metalle. Die Eigenschaften der Metalle, wie plastische Verformbarkeit, Festigkeit, Härte, Wärmeausdehnung und Korrosionsbeständigkeit variieren mit ihrer Zusammensetzung durch Legierung. Auch die Darstellung reinster Elemente, z.B. des Germaniums für die elektronische Industrie, ist Aufgabe der Metallurgen. Die Wissenschaft versucht, durch Erforschung des Zusammenhangs zwischen den Eigenschaften und der atomaren Ordnung die Verfahren rationell und prognostizierbar zu machen; trotzdem ist gerade die Zusammensetzung von Legierungen auch heute noch überwiegend auf Empirie beruhende gesellschaftliche Erfahrung. Einen wichtigen Beitrag zu den Vorstellungen über die atomare Struktur liefern die Kenntnisse über das elektrische Verhalten der Metalle als Leiter erster Klasse. Elektrizität dient zur Reindarstellung vieler Metalle, z.B. des Aluminiums, mit Hilfe der Elektrolyse und zur Herstellung korrosionsfester und glänzender Überzüge. Auf Grund chemischer Prozesse lassen sich begrenzte Mengen Elektrizität speichern und nach Belieben abrufen. Die Herstellung von Akkumulatoren und Trockenelementen ist technisch und wirtschaftlich von Bedeutung.

Reduktion von Metallen, Katalyse an Metalloberflächen oder Austausch elektrischer Energie führen auf Fragen der Energetik. Energetische Betrachtungen sind im Chemieunterricht bereits an verschiedenen Stellen erfolgt (siehe C 9.2 „Kunststoffe“ und C 10.1 „Biopolymere“). Hier soll dieser wichtige Aspekt chemischer Erscheinungen noch einmal gesondert aufgenommen und systematisch behandelt werden. Die Berücksichtigung energetischer Aspekte der Materie – z. B. bei der chemischen Bindung – hebt die Betrachtung auf eine neue Ebene der Komplexität und erweitert und vertieft damit auch den Begriff der Materialität. Die Inhalte dieser UE sind geeignet, auch das Bild vom Atom und der chemischen Bindung zu erweitern und zu vertiefen. Neue Inhalte (z. B. Metallbindung, Nebengruppen, Oxidationszahl, komplexe Ionen) und eine Zusammenfassung der bisherigen Lernerfahrungen aus den Klassen 7 bis 10 können dazu dienen.

1. Metallurgie: Eisen und Stahl (2)

Überall dort, wo ein Werkstoff in großer Menge extremen Belastungen standhalten muß, ist Stahl unentbehrlich. Für Maschinenteile, als Verbundwerkstoff, z. B. im Beton, als Schneid- und Werkzeugstahl und für Kriegsmaterial wird Stahl verwendet. Die Weltproduktion steigt trotz der Entwicklung der Kunststoffe.

Inhalte in ihrer Abfolge

1.1 Gewinnung des Roheisens (z. T. Wiederholung)

- Lagerstätten und chemische Zusammensetzung von Eisenerzen. Welthandelsbedingungen[1].
- Hochofenprozeß. Gesamtanlage und Hochofen. Moderne Methoden, Produktionsziffern und wirtschaftliche Bedeutung, Standortfragen.

1.2 Stahlerzeugung

- Verfahren und Produkte.
- Rolle des Kohlenstoffs und der Legierungsbestandteile. Stähle und ihre Verwendung. Anordnung der Atome im Festkörper[2].

---

1 *Erdkunde*: Lagerstätten, Welthandel.
2 *Arbeitslehre*: Stahl als Werkstoff.

2. Metallurgie: Nichteisenmetalle (3)

An Menge und Wert stehen die vielen Nichteisenmetalle dem Eisen zwar beträchtlich nach, sie sind aber für viele Spezialzwecke unentbehrlich. Eigenschaften wie elektrische Leitfähigkeit, Festigkeit, Korrosionsbeständigkeit, geringe Dichte, Glanz und Magnetisierbarkeit werden von verschiedenen Metallen verschieden repräsentiert. Die Methoden der Reduktion, deren technische Beschreibung durch viele Einzelheiten verwirrt, lassen sich anhand des chemischen Mechanismus leicht einordnen. Legierungen machen vielfältige Eigenschaftskombinationen möglich.

Inhalte in ihrer Abfolge

- Erze, Lagerstätten und Häufigkeit[3], Aufbereitung.
- Kupfer (Wiederholung), Aluminium, weitere Nichteisenmetalle, Prinzipien der Reduktion, Eigenschaften, Verwendung[4].
- Ionen, Oxidationszahl, komplexe Ionen, Farben und Pigmente, Nebengruppen des PSE.

3 *Erdkunde*: Lagerstätten. – *Gesellschaftskunde*: Internationale Konflikte wegen Rohstoffen.
4 *Arbeitslehre*: NEM als Werkstoffe.

3. Elektrochemie (5)

Die auffälligste Eigenschaft aller Metalle ist ihre elektrische Leitfähigkeit. Mit Hilfe des elektrischen Stromes lassen sich die Metalle aus ihren Verbindungen lösen, unter Abgabe von Elektrizität treten sie in diese Bindungen zurück. Eine genauere und quantitative Untersuchung läßt weitergehende Interpretationen und technische Anwendungen erhoffen.

Inhalte in ihrer Abfolge

3.2 Elektrische Erscheinungen im Zusammenhang mit Metallen und Metallverbindungen: Wiederholung und Präzisierung der Begriffe Dissoziation, Ion, Wanderungsgeschwindigkeit, Leitfähigkeit.

3.2 Strom aus chemischen Reaktionen

- Redoxpotentiale,
- Spannungsreihe,
- galvanische Elemente, Fragen der Energieversorgung und der Elektrizitätsspeicherung, Trockenelemente, Akkumulatoren.
- Korrosion.

3.3 Chemische Reaktionen durch Strom

- Schmelzflußelektrolyse, Metalldarstellungen, Raffination von Metallen, Überzüge, Galvanisieren.
- Gesetze von Faraday.
- Elektrolytgleichgewicht, Massenwirkungsgesetz (exemplarisch).

4. Chemische Energetik (5)

Die Darstellung von Metallen aus Erzen erfolgt stets durch Zufuhr von Wärme oder Elektrizität, also von Energie. Bei der Verbrennung oder Korrosion läßt sich die gleiche Energie wiedergewinnen. Energie als Teil chemischer Reaktionen ist im Verlauf des

Chemieunterrichts zwar immer wieder betrachtet worden (besonders bei UE C 9.2 „Kunststoffe“ und C 10.1 „Biopolymere“), soll hier jedoch noch einmal systematisch zusammengefaßt werden. Energie kann als makroskopische Eigenschaft der Materie betrachtet und behandelt werden. Bezogen auf den atomaren Bereich ergeben sich Einsichten über die chemische Bindung.

Inhalte in ihrer Abfolge

- Energie als Teil der metallurgischen und als Teil aller chemischen Reaktionen. Endotherme und exotherme Reaktionen, Probleme der Kühlung, Umweltbelastung.
- Bildungs-, Zersetzungs- und Verbrennungswärme, kalorimetrische Messungen. Gesetz der konstanten Wärmesumme.
- Bindungsenergien.

4. Inhalte des Physikunterrichts

(E. Herrmann, W. Jörg, W. Uebach)

P 7 Der einfache Arbeitsprozeß – Menschliche Arbeitskraft, Werkzeuge, Werkstoffe

Dauer der UE: 30 Blockstunden

Kurzgliederung

1. Die physische Arbeitskraft des Menschen (4).
2. Werkzeuge, einfache Maschinen (8).
3. Werkstoffe, ihre wichtigsten physikalisch-technischen Eigenschaften (10).
4. Temperaturabhängigkeit der Stoffeigenschaften (8).

Hauptziele

- Die Elemente des einfachen Arbeitsprozesses kennen.
- Einige physische Auswirkungen körperlicher Arbeit sowie Körperkräfte kennen und messen können.
- Die Begriffe Verschiebungsweg, Kraft, physikalische Arbeit, Wirkungsgrad kennen.

- Das für kraftumwandelnde Vorrichtungen geltende Gesetz, die „Goldene Regel der Mechanik“ bzw. das Gesetz von der Erhaltung der mechanischen Arbeit kennen.
- Frühere und heutige technische Ausführung und gesellschaftliche Bedeutung solcher Vorrichtungen an Beispielen erläutern können.
- Die wichtigsten physikalisch-technischen Werkstoffeigenschaften kennen.
- Das (p, n, e) Atommodell und einige experimentelle Belege kennen.
- Das Atommodell zur Erklärung von Verhalten und Eigenschaften von Materie heranziehen können.
- Temperaturabhängigkeit der wichtigsten Stoffeigenschaften kennen und die daraus für die Produktion resultierenden Möglichkeiten und Gefahren erläutern können.
- Die Teilchenvorstellung auf die Eigenschaften von Gasen anwenden und mit dem Begriff Temperatur verknüpfen können.

Einführung

Der Physikunterricht beginnt mit Inhalten, die vom Standpunkt der Fachwissenschaft aus zur elementaren Mechanik und zur Wärmelehre gehören. Insofern entspricht er der traditionellen Vorgehensweise. Die bekannten Argumente, die für einen solchen Beginn sprechen, wurden auch hier berücksichtigt:

- Mechanik ist Grundlage für viele andere physikalische Gebiete;
- Inhalte und Begriffe sind verhältnismäßig elementar;
- die Erfahrungen sind ‚handgreiflich‘ im Gegensatz etwa zu denen der Elektrizitätslehre;
- hinsichtlich der geschichtlichen Entwicklung der Naturwissenschaften steht die Mechanik, sofern man von der Astronomie absieht, an erster Stelle.

Doch schon der Titel der UE weist darauf hin, daß diese Argumente nicht allein ausschlaggebend waren, daß es also nicht in erster Linie darauf ankam, den fachwissenschaftlich oder didaktisch vernünftigsten Anfang eines Physiklehrganges zu finden. Entscheidend und ausgehend vom Gesamtkonzept sogar zwingend war etwas anderes: Wenn im Zentrum des naturwissenschaftlichen Unterrichts die produktive Auseinandersetzung des Menschen mit der Natur steht und der Physikunterricht dabei hauptsächlich die physikalischen Aspekte der modernen gesellschaftlichen Produktion (ohne Stoffumwandlungen) behandelt, so muß die schrittweise Aufdeckung der Zusammenhänge an der heute noch häufigen, historisch frühesten und in ihren Wesenszügen am leichtesten durchschaubaren Produktionsform, nämlich der mechanischen Form- und Lageveränderung erfolgen.
Daß beide Argumentationen zumindest in groben Zügen zum gleichen Resultat führen, ist sicherlich nicht zufällig: der einfache mechanische Arbeitsprozeß war

die Hauptform und damit auch das Hauptproblem früherer Produktion. Eben deswegen steht Mechanik historisch am Anfang der Physik, eben deswegen führen alle anderen Teilgebiete der Physik ihre Begriffsbildungen auf mechanische Begriffe zurück und eben deswegen ermöglicht umgekehrt Mechanik erste ‚handgreifliche' Erfahrungen mit physikalischen Problemen. Daß die Notwendigkeit und die Methode exakter physikalischer Begriffsbildung auf diese Weise historisch richtig zum Ausdruck kommt und wahrscheinlich für den Schüler leicht einzusehen sind, scheint so gesehen fast selbstverständlich. Darüber hinaus kann der Schüler die Relevanz des Unterrichtsgegenstandes sowohl in seiner Umgebung und bei der Tätigkeit der Erwachsenen als auch im Hinblick auf seine eigene spätere Stellung als Berufstätiger ständig überprüfen.
Ziel des Unterrichts ist es, mechanische Form- und Lageveränderungen von einem modernen wissenschaftlichen Standpunkt aus zu betrachten. Die Kenntnisse der Elemente des einfachen Arbeitsprozesses sowie von deren Zusammenwirken soll die Basis sein, auf der den Schülern später vermittelt werden kann, welche Funktion Naturkräfte und entwickelte Arbeitsmittel in der industriellen Produktion haben. Ziel der UE ist es also nicht, die historische Entwicklung der Physik im Unterrichtsverlauf nachzuvollziehen.
Da von Anfang an Physik vom modernen Standpunkt aus getrieben wird, ist es kein Widerspruch, daß bereits in der 7. Klasse ein relativ modernes Atommodell eingeführt wird. Es wird im Rahmen der Untersuchung der Werkstoffeigenschaften entwickelt, und zwar wegen seiner fundamentalen Bedeutung für Physik und Chemie sowie für ein wissenschaftliches Weltbild, durchaus genauer und ausführlicher als es der Problematik „Werkstoffe" auf dieser Stufe entspricht.

Grobplan

1. Physische Arbeitskraft des Menschen (4)

Auch in modernen Industriegesellschaften ist noch ein erheblicher Teil der produktiven Arbeit körperliche Arbeit. Für sie ist die physische Arbeitskraft und damit der Einsatz von Muskelkraft Voraussetzung. Muskelkraft und Arbeitsvermögen des Menschen sind begrenzt, körperliche Arbeit hat meßbare Grenzen.

Inhalte in ihrer Abfolge

---

1. Der einfache Arbeitsprozeß

- Betrachtung von Gegenständen unter dem Gesichtspunkt, daß die Ergebnisse von Arbeit sind.
- Analyse von Beispielen körperlicher Arbeit; es wird Arbeitskraft eingesetzt, es werden Werkzeuge Arbeitsmittel, Vorrichtungen verwendet, es wird Materie,

Werkstoff bearbeitet. Das Zusammenwirken dieser drei Elemente des Arbeitsprozesses ist geplant (Film: „Schmieden eines Ankers").

1.2 Körperliche Arbeit

- Messung von Pulsfrequenz, Blutdruck, Atemvolumen, Temperatur vor und nach körperlicher Anstrengung.
- Daten über den Kalorienverbrauch bei verschiedener Arbeitsbelastung.

1.3 Muskelkraft

- Messung der Kraft verschiedener Muskelpartien; Muskeln können nur kontrahieren. Kraftdefinition, Krafteinheit.
- Feststellung der Gegenkraft sowie der Richtungsabhängigkeit[1].
- Normen und Richtwerte für Kraftaufwand an Maschinen und Werkzeugen[2].
- Kräftemessen, Körpertraining im Sport.

---

1 *TNU*: Kraftpfeile.
2 *Arbeitslehre*: Arbeitsplatz- und Werkzeuggestaltung.

2. Werkzeuge, einfache Maschinen (8)

Der Mensch ist in der Lage, seine begrenzten körperlichen Fähigkeiten durch die Verwendung von Werkzeugen, Hilfsmitteln, Vorrichtungen zu erweitern. Ein Teil davon ermöglicht es, mit größerer Kraft auf Werkstoffe einzuwirken. Das Gesetz, mit dem alle kraftverstärkenden Vorrichtungen beschrieben werden, war das erste exakte Naturgesetz: die Goldene Regel der Mechanik. Sie beschreibt hinsichtlich der auftretenden Kräfte so verschiedenartige Dinge wie Hebel, Flaschenzug, schiefe Ebene, Hydraulik bis hin zu kompliziertesten mechanischen Vorrichtungen. Sie ist – nach Definition des Begriffs physikalische Arbeit – äquivalent zum Energieerhaltungssatz. Sie erlaubt es, Kraftprobleme in Wegprobleme umzuformulieren und dadurch leichter zu lösen.

Inhalte in ihrer Abfolge

2.1 Physikalische Arbeit

- Untersuchung der Funktion verschiedener Werkzeuge und Arbeitsmittel[1].
- Messung der Verschiebungswege an kraftverstärkenden Werkzeugen, Messung der beim Gebrauch auftretenden Kräfte.
- Feststellung, daß bei gleichem Produkt aus Kraft und Verschiebungsweg die gleiche produktive Arbeit geleistet werden kann. Definition der physikalischen Arbeit. Abgrenzung gegen den Begriff der gesellschaftlichen Arbeit.

2.2 Goldene Regel der Mechanik

- Formulierung der Goldenen Regel in verschiedenen Ausdrucksformen, auch als Satz von der Erhaltung der physikalischen Arbeit.
- Untersuchung von Hebel, Flaschenzug (Güterumschlag im Hafen), schiefer Ebene (Gütertransport über Gebirge) und Hydraulik auf die Gültigkeit der Goldenen Regel.

- Dazu jeweils die heute bedeutsamen technischen Realisierungen, Berechnungen des Wirkungsgrades.
- Vergleichende Beurteilung der verschiedenen Realisierungstypen hinsichtlich technischer und gesellschaftlicher Kriterien.

---

1 *Geschichte/Sozialkunde*: Entwicklung der Werkzeuge.

3. Werkstoffe, ihre wichtigsten physikalisch-technischen Eigenschaften (10)

Im einfachen Arbeitsprozeß spielen Werkstoffe zweifach eine Rolle: als zu bearbeitender, in Form oder Lage zu verändernder Körper und als Material, aus dem die Werkzeuge bestehen.
Erfolgreiche Produktion setzt voraus, daß das Werkzeug dem Werkstoff „überlegen" ist. Kenntnis und Ausnutzung der Stoffeigenschaften waren schon frühzeitig erforderlich. Ganze Epochen der Menschheitsgeschichte sind durch die Gebrauchseigenschaften von Werkstoffen bestimmt.
Heute wissen wir, daß die äußeren Eigenschaften eines Stoffes eindeutig determiniert werden durch Eigenschaften, Struktur und Wechselwirkung der ihn aufbauenden Atome. Deswegen ist die Einführung eines differenzierten Atommodells hier zum ersten Male logisch möglich (im Hinblick auf den Chemieunterricht sogar spätestens hier erforderlich). Die frühesten modernen Hinweise auf den Aufbau der Materie aus kleinsten Bausteinen stammen aus der Analyse von Kristallen: Kepler 1611 (Schneekristalle), Huygens 1690, Haüy 1782 (Kristallsysteme).

Inhalte in ihrer Abfolge

3.1 Eigenschaften von Werkstoffen

- Bestimmung der Körpereigenschaften Masse, Volumen.
- Bestimmung und Messung der Stoffeigenschaften Dichte, Härte, Elastizität[1].
- Ermittlung des Spannung-Dehnung-Diagramms mittels einfacher Versuchsanordnung am Stahldraht bis zur Feststellung der Zugfestigkeit.

3.2 Feinbau von Festkörpern

- Verschiedene Metalle und Steine (Mikrokristallite) im Mikroskop. Erklärung der Reibung.
- Beobachten von Bildung und Auflösung von Kristallen im Mikroskop als Hinweis auf die Existenz gleichartiger Bausteine.

3.3 Atommodell

- Aufbau des Atoms aus Atomkern (Protonen, Neutronen) und Atomhülle (Elektronen). Atomdurchmesser.
- Verschiedene Experimente zur elektrostatischen Kraft.
- Erklärung der Stoffeigenschaften prinzipiell durch zwischenatomare elektrische Kräfte.

---

1 *Geschichte*: Periodisierung der Geschichte gemäß dem Werkzeugmaterial.

4. Temperaturabhängigkeit der Stoffeigenschaften (8)

Temperaturänderung heißt Änderung der mittleren Geschwindigkeit der Teilchen. Diese Änderung in der Mikrostruktur hat zwangsläufig (siehe 3.1) eine Änderung fast aller äußeren Eigenschaften zur Folge (Ausnahme: z.B. Ladung). Diese Änderung von Festigkeit, Aggregatzustand usw. mit der Temperatur wird in vielfacher Weise produktiv genutzt, z.B. beim Schmieden, Gießen und Schweißen. Die Temperaturabhängigkeit der Eigenschaften von Gasen wird durch die Gasgesetze beschrieben und gehört ebenfalls in diesen Zusammenhang. Wärme als Energieform bleibt bei dieser Betrachtungsweise allerdings unberücksichtigt.

Inhalte in ihrer Abfolge

4.1 Änderung der Eigenschaften fester Werkstoffe mit der Temperatur

- Messungen zur Längen- und Volumenänderung bei Festkörpern, Flüssigkeiten. Deutung mittels Teilchenmodell.
- Messung von Schmelz- und Siedepunkt (auch von Metallen).
- Messung der Änderung der Härte von Metallen.
- Information über lokale Produktionsstätten, in denen hauptsächlich mit Hilfe von Wärme Formänderungen durchgeführt werden: Gießereien, Schmieden, Walzwerke.

4.2 Gasgesetze

- Messungen zur Ermittlung des Zusammenhangs zwischen Druck, Volumen und Temperatur. Deutung mittels Teilchenmodell.
- Begründung und Definition der Kelvin-Skala.

4.3 Wärmestrahlung

- Strahlungsverhalten der Stoffe bei sehr hohen Temperaturen.
- Messung hoher Temperaturen in der Technik.

P 8.1 Nutzbarmachung der Naturkräfte

Dauer der UE: 15 Blockstunden

Kurzgliederung

1. Die mechanischen Energiequellen: Lage- und Bewegungsenergie des Wassers, Bewegungsenergie der Luft (3).
2. Wärme als Energieform und ihre Nutzung: Dampfmaschinen, Verbrennungsmotoren (4).
3. Erzeugung, Weiterleitung und Gebrauch elektrische Energie (8).

Hauptziele

- Wissen, daß menschliche und tierische Körperkraft jahrtausendelang die bedeutendste „Energiequelle“ waren.
- Wissen, daß die Nutzung der natürlichen Energiequellen wesentliche Grundlage der heutigen gesellschaftlichen Existenz ist.
- Den Begriff Energie und die verschiedenen Energieformen kennen.
- Frühere und heutige technische Ausführungen und gesellschaftliche Bedeutung von Vorrichtungen zur Nutzbarmachung natürlicher Energiequellen kennen.
- Die physikalischen Gesetze, welche diesen Vorrichtungen zugrunde liegen, besonders den allgemeinen Energiesatz kennen.
- Die bedeutendsten Konzerne der Bereiche Energiewirtschaft, Turbinenbau, Automobilbau, Starkstromtechnik kennen.
- Die Struktur des Elektro-Energieverbundnetzes kennen.

Einführung

Nachdem in Klasse 7 die Elemente des einfachen Arbeitsprozesses – menschliche Arbeitskraft, Werkzeug, Werkstoff – in Verbindung mit einfachen physikalischen Gesetzmäßigkeiten aus Mechanik und Wärmelehre behandelt wurden, sollen in der 8. Klasse die weiteren Faktoren, die die heutige industrielle Produktion ausmachen, schrittweise dargestellt werden.
Die industrielle Produktion ist nicht denkbar ohne die intensive Nutzung der Naturkräfte. Um die Rolle der Naturkräfte verstehen zu können, genügen jedoch nicht technische und wissenschaftliche Kenntnisse von Aufbau und Funktionsweise energieumformender Maschinen. Es muß vielmehr der gesellschaftliche Rahmen, die Stellung des Menschen im Arbeitsprozeß dargestellt werden, um verständlich zu machen, was die industrielle Produktion von früheren Produktionsweisen unterscheidet und wie dies untrennbar verknüpft ist mit der Notwendigkeit, Antriebsmotoren zu entwickeln.
Die Geschichte zeigt, daß früher die Menschen im wesentlichen auf ihre eigene Arbeitskraft angewiesen waren, eventuell ergänzt durch die Kraft von Arbeitstieren.
Durch Zusammenwirken vieler Menschen und den Einsatz kräfteverstärkender Maschinen gelang es zwar, die geringen Energien einzelner zu vereinigen und besser zur Wirkung zu bringen (Pyramidenbau). Jedoch bleibt die so erreichte Energie immer noch bescheiden, der Wirkungsgrad solcher Maschinen ist bei zunehmender Kompliziertheit gering (Reibung). Darüber hinaus gelang es, die Energie von Wasser und Wind auszunutzen (Mühlen). Diese Energien stehen aber nur an bestimmten Orten zur Verfügung und sind von Zufällen des Wetters usw. abhängig.
In der Epoche der handwerklichen Produktion kam es nicht zur Entwicklung

eines brauchbaren Motors, der etwa auf der Umformung von Wärme- in mechanische Energie beruhte.
Im Altertum standen Sklaven als ausreichende „Naturkraft" zur Verfügung. In den feudalen Gesellschaften des Mittelalters mußte sich erst langsam eine handwerkliche Produktion von der landwirtschaftlichen ablösen. Erst die Ausweitung des Handels, die Ausbeutung überseeischer Kolonien und damit verbunden das Aufkommen kapitalstarker Unternehmer, die viele Handwerker für sich arbeiten lassen konnten, bahnten gesellschaftliche Veränderungen an, die schließlich zur industriellen Produktion führten.
Die Struktur der industriellen Produktion unterscheidet sich grundsätzlich von der handwerklichen. Es wird nicht mehr ein Produkt von einem Arbeiter vollständig geplant und hergestellt, sondern seine Herstellung erfolgt innerbetrieblich und gesamtgesellschaftlich arbeitsteilig.
Die Arbeitsteilung ist verbunden mit Spezialisierung und Vereinfachung der Teilarbeiten. Dies ermöglicht den Einsatz von werkzeugführenden Maschinen, die zwischen den Arbeiter und den Werkstoff geschaltet werden.
Der Einsatz von Werkzeugmaschinen (historisch zunächst im England des 17./18. Jahrhunderts: Textilindustrie) ermöglichte bereits – als der Antrieb durchaus noch durch Menschen oder Wasserkraft erfolgte – eine ungeheuere Steigerung der Produktivität.
Diese Organisation des Arbeitsprozesses, verbunden mit einer Wirtschaftsweise, die auf ständige Erweiterung der Produktion und rationellere Herstellungsverfahren zielte, machte die Entwicklung von Antriebsmotoren für die Werkzeugmaschinen notwendig.
Historisch wurde das Problem durch die Dampfmaschine gelöst, die zunächst als Pumpenmotor für Bergwerke entwickelt worden war. Ihr Einsatz als Antriebsmotor für Werkzeugmaschinen brachte eine weitere Steigerung der Produktivität („Maschinenzeitalter").
Allerdings wurde dadurch, daß bestimmte Arbeiten der Menschen durch Maschinen übernommen wurden, keineswegs eine Verbesserung der Lage der arbeitenden Menschen erreicht. Es verbleiben wichtige Bedienungsarbeiten, die von Menschen verrichtet werden müssen und die sich von der handwerklichen Arbeit durch Monotonie und Fremdbestimmtheit unterscheiden.
Später entstanden in Form der Verbrennungsmotoren andere Maschinen zur Nutzbarmachung der Wärmeenergie, die vor allem das Verkehrswesen revolutionierten.
Schließlich bestimmte der Elektromotor, der in seiner Beweglichkeit und einfachen Form der Energieversorgung dem arbeitsteiligen Produktionsprozeß (Fließband) besser als die Dampfmaschine angepaßt ist, den Produktionsprozeß. Die Möglichkeit, materielos und verlustarm elektrische Energie über große Entfernungen zu transportieren, führte dazu, daß heute wieder „klassische" Energieformen wie Wasserkraft (Stauseen, Gezeitenkraftwerke) und Windkraft auf neuem technologischen Niveau zur Energieversorgung beitragen.

Die physikalischen Inhalte, die zum Verständnis dieser UE erforderlich sind, gehören zu Mechanik, Wärmelehre und Elektrizitätslehre, betreffen aber jeweils hauptsächlich den Energieaspekt.
Auf die Nutzung der Kernenergie wird in einer späteren Unterrichtseinheit eingegangen.

Grobplan

1. Die mechanischen Energiequellen: Lage- und Bewegungsenergie des Wassers, Bewegungsenergie der Luft (3)

Mechanische Energiequellen entstehen als Ergebnis der Sonneneinstrahlung und zeitweiliger klimatischer Ungleichgewichte. Sie sind die ersten von Menschen als Ersatz für körperliche Arbeit angewendeten Energieformen. Ihre Nutzung kann ohne schwerwiegenden Eingriff in die Natur geschehen, sie werden auf unabsehbare Zeit verfügbar sein und werden deswegen heute verstärkt als Energiequellen der Zukunft untersucht. Schwierigkeit: sie sind standortgebunden und nicht überall und zu jeder Zeit verfügbar.

Inhalte in ihrer Abfolge

1.1 Wichtige Merkmale der industriellen Produktion

- Arbeitsteilung, Spezialisierung; Einsatz von Werkzeugmaschinen; deren Zusammenhang mit Antriebsmotoren. Infrastruktur.
- Überblick über die Inhalte des weiteren Unterrichts.

1.2 Wind- und Wasserkraft

- Technische Ausführung und gesellschaftliche Bedingungen von Vorrichtungen zur Nutzung von Wind- und Wasserkraft, historische Beispiele.
- Definition des Begriffs Energie; Nennung der wichtigsten Energieformen und Formulierung des Energiesatzes.
- Formel für die Lageenergie in Zusammenhang mit der Hubarbeit.
- Lage und Leistung der großen Wasserkraftwerke.

2. Wärme als Energieform und ihre Nutzung: Dampfmaschinen, Verbrennungsmotoren (4)

Wie schon in P 7 (4) erläutert, sollte man die Nutzung der Wärme zur Zustandsänderung von Stoffen und damit zur Erleichterung der Arbeit nicht als Ausnutzung der Wärmeenergie betrachten. Solche Zustandsänderungen von Stoffen erfolgen schon beim Heizen, wofür bis heute der Großteil aller Brennstoffe verwendet wird.

Umwandlung von Wärme in mechanische Energie wurde zuerst mit der Dampfmaschine von Savery realisiert. In Wärmekraftwerken und Kernkraftwerken dient heute hauptsächlich die Dampfturbine zur Energieumwandlung.
Die hohen Anforderungen an das Material von Wärmekraftmaschinen und die Präzision der Ausführung können erst heute voll erfüllt werden; dies und vor allem eine enge Zusammenarbeit mit der Wissenschaft gestatten es, daß ein brauchbarer Wirkungsgrad erzielt wird. Nachteil: Standortgebundenheit. Die einzige zur Zeit wirklich brauchbare Form einer kleinen, überall verwendbaren Maschine zur Umwandlung von Wärmeenergie ist der Verbrennungsmotor. Bekannte Nachteile: Lärm, Abgase.

Inhalte in ihrer Abfolge

2.1 Begriffe der Wärmeenergie, Definition. Heizungen, Heizwert verschiedener Brennstoffe und heutige Bedeutung dieser Energieträger.

- Situation der englischen Industrie Anfang des 18. Jahrhunderts, Entwicklung der Werkzeugmaschinen, Probleme des Bergbaus; Bedürfnis nach Maschinen, die Wärme in mechanische Arbeit umwandeln.
- Dampfmaschinen, Konstruktionsmerkmale und Anwendungsbeispiele (Kraftantrieb in Fabrik, Eisenbahnbetrieb).
- Konstruktion, Wirkungsweise der Dampfturbine (große Wärmekraftwerke), Turbinenbau heute.

2.2 Verbrennungsmotoren

- Bedürfnis nach kleinem beweglichem Motor für Arbeitsmaschinen und beim Transport.
- Konstruktion und Wirkungsweise der Verbrennungsmotoren (Otto-, Diesel-, evtl. Wankel-, Düsenmotor).
- Problem der Kühlung.
- Deutsche Automobilindustrie, Umfang, Situation usw.

---

3. Erzeugung, Weiterleitung und Gebrauch elektrischer Energie (8)

Elektrische Energie ist die bei weitem bedeutendste und wegen verschiedenster Vorteile, nicht zuletzt der Umweltfreundlichkeit, die am meisten zukunftsweisende Energieform. Sie kommt zwar in der Natur auch direkt vor (Blitze), wird jedoch fast ausschließlich aus mechanischer Energie mit Hilfe des Dynamos erzeugt. Ihre Weiterleitung ist verhältnismäßig billig und problemlos. Sie kann prinzipiell in jede andere Energieform (zurück-)verwandelt werden. Für die Produktion am bedeutendsten ist der Elektromotor, der sich in fast beliebigen Dimensionen herstellen und an jedem mit dem Netz verbundenen Ort verwenden läßt. Der größte Nachteil elektrischer Energie liegt darin, daß sie für netzunabhängige Verwendung zur Zeit ungeeignet ist, da sie sich schlecht speichern und gespeichert transportieren läßt.
Anmerkung zur UE: Aus Gründen des Vorgehens nach steigendem Schwierigkeitsgrad erfolgt die Darstellung in der Reihenfolge Motor – Induktion – Generator – Transformator.

Inhalte in ihrer Abfolge

3.1 Elektromotor

- Nützlichkeit einer leicht transportierbaren Energieform, Bedeutung für Produktion und gesellschaftliche Entwicklung.
- Wiederholung und Erweiterung der Kenntnisse über den einfachen Stromkreis, Handhabung von Ampère- und Voltmeter, verzweigter Stromkreis.
- Definition von Strom und Spannung, Verknüpfung mit der Teilchenvorstellung und den Begriffen Kraft und Arbeit.
- Begriffe Widerstand und elektrische Leistung, Ohmsches Gesetz.
- Kupfer, wegen des geringen el. Widerstandes der wichtigste Rohstoff für die Elektroindustrie[1].
- Magnetfeld
- Konstruktion, Wirkungsweise und Anwendung des Elektromotors.

3.2 Transformator, Generator

- Das Prinzip der Induktion und seine Nutzbarmachung im Dynamo, Wechselstrom. Abhängigkeit der Induktionsspannung von der Windungszahl, Transformator.
- Übertragungsverluste, die Notwendigkeit der Hochspannungsleitung.
- Umfang der Elektroindustrie in der Welt.
- Zusammenhang zwischen Elektrifizierung und Entwicklungsstand der Industrialisierung. Derzeitige Großprojekte[2].
- Die lokale elektrische Energieversorgung, heutiger und zukünftiger Verbrauch.

1 *Gesellschaftskunde*: Wirtschaftliche und politische Bedeutung von Kupfer.
2 *Gesellschaftskunde*: Entwicklungsländer.

P 8.2 Infrastruktur und Produktionsmittel

Dauer der UE: 15 Blockstunden

Kurzgliederung

1. Wissenschaftlich-technische Probleme infrastruktureller Einrichtungen (6).
2. Wissenschaftlich-technische Probleme bei Werkzeugmaschinen (4).
3. Beleuchtungstechnik, optische Geräte (5).

Hauptziele

- Örtliche Versorgungseinrichtungen (Gas, Elektrizität usw.) kennen.
- Einige technische Probleme des Personen- und Gütertransportes kennen.
- Überblick über infrastrukturelle Bauten (Kanalsysteme usw., Baustatik) besitzen.
- Die physikalischen Grundlagenkenntnisse, die zum Verständnis der ersten drei Hauptziele notwendig sind (z.B. Newtonscher Kraftbegriff, Kraft als Vektor, Auftrieb, hydrostatischer Druck) besitzen.
- Organisation und technische Ausführung moderner Produktionsmittel wie Werkzeugmaschinen, Fließbänder kennen und die Arbeitsplatzsituation der Arbeiter erläutern können.
- Einige physikalisch-technische Grundlagen des Maschinenbaus, besonders der Rotationsbewegungen kennen.
- Die wichtigsten Begriffe und Gesetze aus der Beleuchtungstechnik und der geometrischen Optik kennen.

Einführung

Die Inhalte dieser UE sind einerseits infrastrukturelle Einrichtungen, die im nationalen, mindestens aber im regionalen Ausmaß erforderlich werden, sobald die Produktion in großindustriellem Maßstab erfolgt; also Transportsysteme für Güter und Personen, Straßen, Eisenbahn, Schiffahrt, Luftfahrt, Versorgungseinrichtungen für Wasser, Gas und elektrische Energie, schließlich Bauten wie Kanäle, Dämme, Deiche. All diese Einrichtungen übersteigen in der Regel die Kapazität des Einzelunternehmens, hier organisiert der Staat den Aufbau und den Betrieb. Andererseits gehören in den Rahmen dieser UE die Investitionsgüter im engeren Sinne, also Fabrikgebäude, Werkzeugmaschinen, Fließbänder und sonstige bei der Fertigung benötigten Geräte, schließlich aber auch die Beleuchtung (die eine enorme Ausweitung der Produktion ermöglicht) und diverse optische Geräte (wie z.B. Mikroskope, die in der modernen Elektronikfertigung häufig Teil der Ausstattung des Arbeitsplatzes sind). Gewiß müssen viele Maschinen und Geräte (z.B. Staubsauger) und sogar der umfangreichste Teil der optischen Produktion (z.B. Fotoapparate) zum Konsumgüterbereich gerechnet werden und sie sollen nicht außer acht gelassen werden. Dennoch ist die für die Weiterentwicklung der gesellschaftlichen Produktion wichtigste Anwendung die industrielle.
Die Inhalte aus der Physik, die zum Verständnis der genannten Bereiche dienen, gehören überwiegend zur Mechanik und zur geometrischen Optik. Das „Absteigen" von gesellschaftlich umfassenderen Bereichen (Transportsysteme) zu einzelnen Geräten (Maschinen) wurde gewählt, weil sich so die Inhalte aus

der Physik vom Einfachen (Geschwindigkeit, Beschleunigung) zum Komplizierteren (Drehbewegung) anordnen lassen.

Grobplan

1. Wissenschaftlich-technische Probleme infrastruktureller Einrichtungen (6)

Heute werden gewaltige Rohstoff- und Fertigproduktmengen sowie Millionen von Berufstätigen und Urlaubern transportiert. Die wichtigsten physikalisch-technischen Probleme von Transportsystemen sind: Geschwindigkeit, Kraftaufwand, Energieverluste sowie Herstellungs- und Wartungsaufwand. Ein wichtiges gesellschaftliches Problem ist die Umweltbelastung.
Läßt man die elektrische Energie außer acht – sie wurde bereits in der UE P 8.1 „Naturkräfte“ abgehandelt –, so lassen sich die Versorgungseinrichtungen (Kanalisation, Wasser, Gas) unter dem Problem des Materientransportes zusammenfassen. Die physikalischen Gesetzmäßigkeiten sind analog zu denen des elektrischen Stromes: Kontinuitätsgleichung, Zusammenhang zwischen Druck, Strömungswiderstand, Stromstärke.
Sieht man einmal von Land- und Forstwirtschaft ab, so wird die Auseinandersetzung des Menschen mit der Natur am deutlichsten sichtbar in großen Bauten (Dämme, Deiche, Kanäle usw.). Durch sie werden Flüsse und Seen neu geschaffen, Landstriche entwässert, Naturlandschaft vernichtet.

Inhalte in ihrer Abfolge

1.1 Materietransport allgemein

- Einführung in die Problematik des Massentransportes.
- Definition der Begriffe Geschwindigkeit, Beschleunigung. Erstes und zweites Newtonsches Gesetz. Höhe der Reibungsverluste.
- Auftrieb in Wasser und Luft, aerodynamische Experimente.

1.2 Personen- und Gütertransport

- Vor- und Nachteile von Eisenbahn-, Schiffs-, Straßen- und Lufttransport.
- Wichtigste technische Ausführungen und physikalische Grundlagen von Eisenbahn-, Schiffs- und Flugverkehr.

1.3 Wasser- und Gasversorgung

- Übersicht über die örtliche Wasserversorgung, Trinkwasseraufbereitung, Abwasserbeseitigung, Umweltbelastung.
- Übersicht über Herstellung und Verteilung von Stadtgas.
- Übertragung der Kontinuitätsgleichung aus der Elektrizitätslehre in die Betrachtung von Materieströmen.
- Untersuchung und Formulierung des Zusammenhangs zwischen Druck, Stromstärke und Strömungswiderstand.

1.4 Wasserbau

- Deichbau, Dammbauten für Kraftwerke und Trinkwasserspeicher[1], hydrostischer Druck.
- Örtlicher Kanalbau, Funktion und Wirkungsweise von Schleusen.

1.5 Hochbau

- Einige Gesetze der Baustatik, Addition und Zerlegung von Kräften (an einfachen Beispielen).
- Umfang der öffentlichen und privaten Baumaßnahmen[2].

---

1 *Erdkunde*: Verkarstung im Mittelmeerraum.
2 *Gesellschaftskunde*: Problematik öffentlicher und privater Flächennutzung.

2. Einige wissenschaftlich-technische Probleme von Werkzeugmaschinen (4)

Wir befinden uns zur Zeit auf dem Höhepunkt der durch Fließbandproduktion gekennzeichneten industriellen Massenfertigung, jedoch gibt es schon auf einigen Gebieten vollautomatische Fließproduktion, die in der UE P 9.1 behandelt wird. Das umfangreiche Gebiet kann hier nur den Hintergrund abgeben, auf dem einige physikalisch-technische Probleme untersucht und gesetzmäßig gefaßt werden. Zentraler Gedanke ist stets, daß bei gegebener Kraft mittels Rotation (entweder des Werkzeugs oder des Werkstücks) auf kleinem Raum ein sehr großer Verschiebungsweg erreicht und dadurch sehr viel physikalische Arbeit geleistet werden soll. Die Fließbandproduktion faßt viele solcher Einzelvorgänge zu einem geregelten Gesamtsystem zusammen, das den darin eingebundenen Arbeitern keine Möglichkeit zu schöpferischer Arbeit mehr läßt.

Inhalte in ihrer Abfolge

2.1 Fließbandproduktion

- Darstellung einer Fließbandproduktion, z. B. in der Automobilindustrie.
- Darstellung verschiedener Typen von Werkzeugmaschinen.
- Die Analyse ergibt, daß an jeder Maschine selbst wieder die Elemente Antrieb, Werkzeug, Werkstoff unterschieden werden können.

2.2 Drehbewegung

- Durch Rotation gelingt es, das Werkzeug am Werkstück einen (fast) beliebig langen Weg zurücklegen zu lassen.
- Einführung und Definition der Begriffe Umfangsgeschwindigkeit, Umdrehungszahl, Frequenz.
- Formel für die Zentrifugalkraft.
- Technische Probleme, die durch Schwingung und Resonanz auftreten.

2.3 Elektromechanische Haushaltsgeräte

- Betrachtung der Funktionsweise mechanischer Haushaltsgeräte wie Staubsauger, Kaffeemühle, Mixer.
- Wichtigste örtliche Gerätebau-Unternehmen und deren Beschäftigtenzahl.

---

3. Beleuchtungstechnik, optische Geräte (5)

Frühe Arbeiten im Bergbau sowie die mit der Industrialisierung aufkommende Schichtarbeit erforderten künstliche Beleuchtung. Erst als es durch Kraftwerke und Leitungsnetze möglich wurde, elektrische Energie weitläufig überall zur Verfügung zu stellen, konnten die schon vorher erfundenen elektrischen Glühlampen allgemein in Fabrik und Haushalt verwendet werden. Die weiterentwickelte Beleuchtungstechnik stellt heute Lichtquellen zur Verfügung, deren Licht sich vom natürlichen Tageslicht mit dem Auge nicht unterscheiden läßt.
Kenntnisse über die Gesetze der Lichtausbreitung gestatten die Herstellung optischer Geräte, die in der Forschung, aber auch in der Produktion unentbehrliche Arbeitsmittel darstellen. Fotografie und Film sind zu Massenmedien geworden.

Inhalte in ihrer Abfolge

3.1 Lichttechnik

- Entwicklung der künstlichen Beleuchtung.
- Die wichtigsten Lichtquellen, ihre Verbreitung, Spektralanalyse des Lichts und Vergleich mit Sonnenlicht.
- Begriffe Lichtstärke, Beleuchtungsstärke.
- $1/r^2$ – Gesetz bei punktförmigen Lichtquellen, Messung mit dem Photometer.

3.2 Gesetze der Strahlenoptik

- Reflexionsgesetz, Brechungsgesetz, Begriff reelles, virtuelles Bild.
- Bilderzeugung durch eine Linse, Bau und Wirkungsweise von Fotoapparat, Projektor, Lupe usw., Bau des Auges.
- Bau und Prinzip von Mikroskop und Teleskop. Begriff der Vergrößerung, prinzipielle Grenzen[1].

---

1 *Gesellschaftskunde*: Militärische Anwendung der Optik.

P 9.1 Automatisierungstechnik, Nachrichtentechnik

Dauer der UE: 17 Blockstunden

Kurzgliederung

1. Das allgemeine Problem der Steuerung und Regelung (2).
2. Elektrische Messung elektrischer und nichtelektrischer Größen, Kodierung (4).
3. Verstärkung und Verarbeitung von Signalen (4).
4. Leitungsgebundene und drahtlose Nachrichtenübertragung (4).
5. Elektroakustik (3).

Hauptziele

- Die automatisierte Fertigung als höchste Entwicklungsstufe der Produktion kennen und damit verbundene Änderungen der Arbeitsbedingungen erläutern können.
- Beispiele für Automation in den Bereichen der Planung, der Leitung und der Verwaltung kennen.
- Die Bedeutung und die gesellschaftlichen Auswirkungen von Nachrichtensystemen im regionalen und weltweiten Maßstab einschätzen können.
- Das Wesen von Steuerungs- und Regelungsvorgängen kennen.
- Wirkungsweise und physikalische Grundlagen der wichtigsten elektronischen Bauelemente kennen.
- Die physikalischen Grundlagen der Nachrichtentechnik: Sender, Empfänger, elektromagnetische Welle kennen.

Einführung

Die umfassende Elektrifizierung seit der Jahrhundertwende hat die Voraussetzungen für die Mechanisierung ganzer Produktionsbereiche geschaffen und zugleich tiefgreifende Veränderungen des Arbeitsablaufes und der Arbeitsverhältnisse eingeleitet. Über eine schnelle Entwicklung des Nachrichtenwesens (Telegrafie) führte die Nutzbarmachung der Elektrizität zum Entstehen ganz neuer Industriezweige, z.B. der elektrotechnischen Industrie, und zu neuen Wissenschaftsbereichen wie Schwachstromtechnik und Elektronik. Damit konnten sich die materiellen Voraussetzungen der Automation und der EDV entwickeln.

Kennzeichen der automatisierten Produktion ist, daß der gesamte Fertigungsprozeß (oder mindestens Teile von ihm) selbsttätig abläuft und der Mensch sich

darin ganz auf kontrollierende und überwachende Tätigkeiten sowie auf notwendige Reparaturen konzentrieren kann – abgesehen davon, daß die Anlagen selbst durch menschliche Tätigkeit entworfen und gebaut werden. Automatisierung ist sowohl in kontinuierlichen Prozessen, z. B. in der Großchemie, als auch in diskontinuierlichen Prozessen, etwa in Stückgutfertigung, wo Fließbänder und Taktstraßen eine wesentliche Rolle spielen, möglich. Wesentlich ist, daß die Produktion mechanisiert bzw. mechanisierbar ist und daß ihre charakteristischen Kenndaten erfaßbar und als Informationen verarbeitbar sind. Erst dann ist der Einsatz von geeigneten Automatisierungsmitteln, d. h. Geräten der Meßtechnik und der Steuerungs- und Regelungstechnik, möglich. Grundsätzlich handelt es sich dabei stets um Vorgänge, bei denen Daten gesammelt, übertragen und verarbeitet werden. Neben meist älteren mechanischen Verfahren werden Steuerung und Regelung heute über elektronische Signale durchgeführt.
Laser- und Fluidtechnik sind weitere, in der Entwicklung begriffene Realisierungsmöglichkeiten. Aber nicht nur in der Produktion unmittelbar, sondern auch innerhalb von Planung und Leitung, in der Verwaltung ist die Automatisierung von großer Bedeutung. Durch Einsatz von EDV-Anlagen lassen sich dort anfallende Probleme und Aufgaben lösen, sofern sie logisch kalkulierbar sind. Von einfachen Anfängen in der Bürotechnik ausgehend, begann die Entwicklung einer Datenerfassungs- und -auswertungstechnologie, die nicht nur den neuen Ansprüchen genügte, sondern darüber hinaus neue Möglichkeiten bot, z. B. in umfassenden Datenanalysen.
Während zum Verständnis der Automatisierungstechnik wichtige physikalische Grundlagenkenntnisse vermittelt werden müssen, ist für die EDV-Technik nicht viel Neues an physikalischen Inhalten notwendig, außer bei den Problemen der konkreten Realisierung, wie etwa bei Fragen der Speicherung. Insofern kann der EDV-Teil hier knapp behandelt werden und die Vermittlung der Prinzipien (logische Verknüpfung) an das Fach Mathematik bzw. Informatik delegiert werden.
Die enge Verknüpfung der Automatisierungstechnologie mit der Nachrichtentechnik, die von der Verflechtung der einschlägigen Fertigungszweige bis zur Überschneidung der technisch-wissenschaftlichen Disziplinen reicht, legt es nahe, die grundlegenden Fragen auf dem Gebiet der Nachrichtentechnik im Anschluß zu behandeln. Die Einteilung dieses Gebietes in leitungsgebundene Nachrichtentechnik (mit Untergebieten wie Telegrafie, Fernschreiber, Fernsprecher, Signalanlagen) und drahtlose Nachrichtentechnik (mit Untergebieten wie Rundfunk, Fernsehen, Richtfunk, Flugsicherung und Navigation, Funkortung und Radartechnik, Radioastronomie) macht deutlich, welch große gesellschaftliche Bedeutung dieser Bereich hat. Bei der Behandlung im Unterricht sollten die wichtigsten der genannten Anwendungsgebiete berücksichtigt werden.
Die Nachrichtenübermittlung über größere Entfernungen erhielt Entwicklungs-

impulse von der Zeit an, als ökonomische und politische Vorgänge und Ereignisse ihren regionalen Charakter verloren und Auswirkungen in weltweitem Rahmen bekamen. Aus der anfänglichen Telegrafie, die sich zusammen mit dem Eisenbahnwesen entwickelt hatte, entstand ein Nachrichtensystem, das inzwischen die ganze Erde umspannt und das teilweise von außerordentlicher Dichte ist, wenn man die Fernsprechnetze in Großstädten und Industrieländern, die Versorgung ganzer Kontinente mit Rundfunk und Fernsehen betrachtet. Darüber hinaus entstand mit der Entwicklung von Verkehr und Transport die Notwendigkeit der Sicherung und Überwachung der Verkehrswege zu Wasser, zu Lande und in der Luft.
Erkenntnisse der wissenschaftlichen Technik spielen eine wichtige Rolle im militärischen Bereich (Radar, Leitfunk, Zielelektronik oder Abhöreinrichtungen).
Kennzeichnend dabei ist, daß diese ganze Technologie aus relativ wenigen Konstruktionselementen, den elektronischen Bausteinen aufgebaut ist, zu denen vor allem der Verstärker gehört.
Physikalisch wichtig sind in diesem Zusammenhang der Begriff der elektromagnetischen Welle sowie ihre Gesetzmäßigkeiten.
Die in dieser UE erworbenen Kenntnisse werden teilweise in der folgenden UE P 9.2 „Kunststoffe“ benötigt: Lösung von Steuerungs- und Regelungsproblemen bei kontinuierlich arbeitenden Kunststoffproduktionsanlagen.

Grobplan

1. Das allgemeine Problem der Steuerung und Regelung (2)

Bei technischen Prozessen müssen im allgemeinen bestimmte Kenndaten eingehalten werden. Treten Abweichungen auf, so muß regulierend eingegriffen werden; die Meßgrößen müssen wieder auf die Sollwerte eingestellt werden. Die körperliche Arbeit, die der Mensch dabei zu leisten hat, ist unwesentlich. Seine Aufgabe ist es, die Informationen über den Prozeßablauf aufzunehmen, zu verarbeiten und gemäß dem beabsichtigten Ziel einzugreifen, sobald Abweichungen auftreten.
Ein solcher Vorgang ist eine Steuerung. Sie setzt voraus, daß Meß- und Stelleinrichtungen vorhanden sind, wobei im einfachsten Falle die menschlichen Sinnesorgane und seine manuelle Tätigkeit ausreichen. In komplizierteren Abläufen werden die Informationen durch Meßfühler gegeben, die mittels optischer oder akustischer Anzeige die Aufmerksamkeit des Arbeiters auf Unregelmäßigkeiten lenken.
Wird der Meßfühler über entsprechende Vorrichtungen so mit dem Stellmechanismus gekoppelt, daß auftretende Abweichungen selbsttätig entgegengewirkt wird, so spricht man von einer Regelung. Regelungen sind grundsätzlich Signalkreisprozesse. Regeleinrichtungen haben konstruktionsbedingt ein typisches Regelverhalten, das sich in einer charakteristischen Übertragungsfunktion zeigt. Das Problem der Steuerung und Regelung ist von zentraler Bedeutung für die Automatisierung von Produktionsprozessen.

Inhalte in ihrer Abfolge

- Einstieg: Füllstandsregelung in einem Flüssigkeitsbehälter, Beispiele für automatische Einrichtungen aus verschiedenen Bereichen der Produktion.
- Automation, Bedingungen und Voraussetzungen, Auswirkungen auf die Arbeitsorganisation[1].
- Begriffe: Steuern, Regeln, Signal (analog und diskret).
- Definition der Steuerkette und des Regelkreises, Problem des Regelverhaltens.

1 *Gesellschaftskunde*: Automatisierte Produktion, Arbeitsplatz-, Qualifikations- und Berufsprobleme.

2. Elektrische Messung elektrischer und nichtelektrischer Größen, Kodierung (4)

Grundlage naturwissenschaftlicher Erkenntnisse und Voraussetzungen für industrielle Produktion ist ein ausgeprägtes Meßwesen. Schon im Zeitalter des sich entwickelnden Handels spielte die Frage des Messens und der Maße eine gewisse Rolle. Aber erst mit der Entwicklung der Naturwissenschaft und der industriellen Produktion entstand die Notwendigkeit spezieller Meßtechnik. Mit Verfeinerung und zunehmender Aufgliederung der Produktion, mit verstärkter Einbeziehung wissenschaftlicher Ergebnisse in die Fertigung wurden immer präziser messende Geräte für die verschiedensten Meßgrößen konstruiert. Eine entscheidende Rolle spielt die Meßtechnik in der automatisierten Produktion, mit deren Einsatz Informationen über den Produktionsprozeß an den Menschen und an informationsverarbeitende Geräte weitergeleitet werden. Besonders kennzeichnend dabei ist, daß meist auf elektrische Größen übergegangen werden muß.

Inhalte in ihrer Abfolge

2.1 Elektrische Messungen

- Spannung, Stromstärke, Widerstand, Potentiometer.
- Kurs über die Benutzung des Oszillografen, oszillografische Messung von Spannung und Stromstärke.
- Gleichstrom, Wechselstrom.
- Ladungsmessung, Zeitmessung.

2.2 Bedeutung des Meßwesens in der Industrie

- Messung nichtelektrischer Größen durch Umwandlung in elektrische Signale an verschiedenen relevanten Beispielen (Längenmessung mittels Grenzkontakt und Fotozelle, Kraftmessung, Druckmessung, Temperaturmessung, Lichtmessung, Stückzahlmessung mit Zählvorrichtungen).

2.3 Kodierung

- Prinzip der Kodierung bei Digitalumwandlung.
- Bedeutung der Kodierung für EDV-Anlagen.

---

3. *Verstärkung und Verarbeitung von Signalen (4)*

Die von den Einrichtungen der Meßtechnik erhaltenen Informationen wirken nach Vergleich mit vorgegebenen Sollwerten auf Einstellglieder, mit denen die Verbindung zum Produktionsablauf wieder geschlossen wird. Dabei werden im allgemeinen mehrere Informationen benötigt, die ihrerseits nach festgelegten logischen Regeln verknüpft werden. Häufig ist noch eine Verstärkung schwacher Signale erforderlich und in manchen Fällen auch ihre Speicherung. Letzteres ist ein besonderes Merkmal bei EDV-Anlagen. Zur Lösung der Informationsverarbeitungs- und -übertragungsaufgaben dienen meistens elektronische Geräte, die aus wenigen Funktionsbaugruppen zusammengesetzt werden können. Dazu zählen der Verstärker und verschiedene Verknüpfungsglieder. Durch Zusammenschalten bilden die Meß-, Übertragungs- und Stellglieder Regelkreise.

Inhalte in ihrer Abfolge

3.1 Das Prinzip der Signalverstärkung

- Grundzüge der elektronischen Verstärkung.
- Wichtige elektronische Bauelemente.
- Betriebe der örtlichen elektronischen Industrie.

3.2 Verarbeitung von Signalen

- Prinzip der Kodierung, Digitalumwandlung.
- Verknüpfung von diskreten Signalen[1].
- Informationsspeicherung mittels magnetischer Zustände (Magnetband, Plattenspeicher, Kernspeicher).

3.3 EDV-Anlage[2]

- Grundzüge der Programmierung. Ein- und Ausgabemedien.
- Einsatz von EDV in Produktion und Verwaltung.

---

1 *Mathematik*: Logischer Kalkül.
2 *Gesellschaftskunde*: Datenschutz.

4. *Leitungsgebundene und drahtlose Nachrichtenübertragung (4)*

In der Nachrichtentechnik geht es um die Übertragung von Informationen unter Sicherstellung ihrer Verständlichkeit. Leitungsgebundene Nachrichtenübertragung wie Telegrafie früher und Fernschreiben und Fernsprechen heute sind für die Kommunikation

zwischen Menschen bestimmt. Daneben gibt es den großen Bereich der Signaltechnik, bei der es vor allem um Erzeugung, Übertragung und Anzeige von Signalen und Zeichen geht, aus denen Hinweise über bestimmte Situationen und Vorgänge hervorgehen sollen, z.B. Verkehrssignalanlagen. Die drahtlose Nachrichtenübermittlung hat im Prinzip die gleichen Aufgaben zu lösen, nur daß der Übertragungskanal elektromagnetische Wellen verwendet, zur Zeit im Radiowellenbereich; Laser- und Masertechnik sind neuere Entwicklungsrichtungen.
Die Übertragung von Nachrichten und Signalen wird jedoch nicht nur als technisches Problem behandelt. Da sich mit der Entwicklung des Nachrichtenwesens in weltweitem Maßstab umwälzende Möglichkeiten ergeben, muß z.B. die Frage nach der Verfügung und Kontrolle über Massenmedien hier ebenfalls angesprochen werden.

Inhalte in ihrer Abfolge

4.1 Leitungsgebundene Nachrichtentechnik

- Historischer Abriß der Entwicklung der Nachrichtenübermittlung.
- Bedeutung von schnellen und weitverzweigten Nachrichtenübermittlungswegen.
- Grundlagen der Telegrafie, elektromagnetische Bauteile.
- Konstruktionsmerkmale von Telefon und Fernschreiben und ihre Funktionsweise, Telefonnetz.

4.2 Drahtlose Nachrichtentechnik

- Historische Entwicklung der Funktübertragung.
- Übersicht über Funkübertragungssysteme am Beispiel Rundfunk/Fernsehen.
- Radio/Fernseher als technische Geräte, physikalische Grundlagen.
- Gesellschaftliche Bedeutung und Einsatz von Masseninformationsmedien[1].

4.3 Erzeugung und Ausbreitung elektromagnetischer Wellen

- Rundfunk und Fernsehsender und -empfänger.
- Grundbegriffe zur physikalischen Beschreibung (Frequenz, Amplitude u. a.).
- Hinweise auf neuere Entwicklungen (Lichtnachrichtentechnik, Laser, Maser).

---

1 *Gesellschaftskunde*: Medienpolitik.

5. Elektroakustik (3)

Die Elektroakustik ist ein Beispiel für eine stark spezialisierte Signalübertragung mit besonderer Anforderung an alle Glieder des Informationsflusses. Hier kommt es auf eine möglichst große Übertragungstreue an. Sprache oder Musik werden über Schallempfänger (Mikrofon) aufgenommen, auf materiellen Trägern (Schallplatte, Tonband) gespeichert und bei Bedarf über Schallsender (Lautsprecher) wiedergegeben.

Inhalte in ihrer Abfolge

- Übertragungsanforderungen für Tonfrequenzen, Plattenspieler, Tonband, Verstärkeranlagen.
- Mikrofon, Lautsprecher, verschiedene technische Ausführungen und physikalische Grundlagen.
- Fragen des Verbraucherverhaltens im Bereich der Unterhaltungselektronik[1].

1 *Gesellschaftskunde*: Werbung.

P 9.2 Kunststoffe

Dauer der UE: 13 Blockstunden

Kurzgliederung

1. Physikalische Eigenschaften der Kunststoffe, Werkstoffprüfung (10).
2. Untersuchung und Lösung von Steuerungs- und Regelungsproblemen an einer Modellanlage zur kontinuierlichen Kunststoffproduktion (3).

Hauptziele

- Die Wesenszüge der Fließproduktion als fortgeschrittenster Produktionsweise kennen.
- Erweiterung der technologischen Möglichkeiten durch Ersetzung traditioneller Werkstoffe erläutern und die Hauptvorzüge von Kunststoffen nennen können.
- Gefahren bei der Herstellung von Kunststoffen kennen und die Gefahr der Umweltverschmutzung durch nichtkorrodierende Kunststoffprodukte kennen.
- Einige wichtige Materialprüfverfahren kennen sowie von praktischen Fragestellungen ausgehend Meßverfahren entwickeln können.
- Den Zusammenhang zwischen Materialeigenschaft und physikalischer Stoffstruktur in Grundzügen erklären können.
- Kenntnisse aus der UE P 9.1 „Automatisierungstechnik, Nachrichtentechnik" auf Regelungsprobleme einer Anlage zur kontinuierlichen Kunststoffproduktion anwenden können.

Einführung

Die Automatisierung von Produktionsprozessen erfordert die maschinelle Nachbildung relativ komplizierter handwerklicher Vorgänge. Beispiel: das Zusammenfügen von Textilien durch automatisch gesteuerte Nähmaschinen. Die Automation wird oft dadurch erschwert, daß die Materialeigenschaften der bearbeiteten Werkstoffe nur bestimmte Arbeitsvorgänge zulassen.
Ein weiterer Fortschritt verlangt dann eine vollständig neue Technologie, die nicht nur die Produktionsmittel verbessert und Steuerungsmaschinen hinzufügt, sondern auch Werkstoffeigenschaften der Organisation des Produktionsprozesses anzupassen erlaubt. Beispiel: Einführung der gedruckten Schaltung für Radios usw. statt der maschinellen Nachbildung von Verdrahtungshandlungen. Oder vielleicht in Zukunft Verbindung synthetischer Bekleidungsstoffe durch Schweißen statt durch Nähen. So wird deutlich, daß die Entwicklung von „Kunststoffen nach Maß“ einen Faktor hin zur Vollautomation darstellt.
Hier wird auf diesen – vor allem für die zukünftige Entwicklung wichtigen – Aspekt nur wenig eingegangen. Die Bedeutung der Materialeigenschaften von Kunststoffen im Hinblick auf ihre Herstellung und Weiterverarbeitung wird vor allem im Chemie- und Arbeitslehreunterricht behandelt.
Im Mittelpunkt dieser UE stehen eher Eigenschaften, die das Endprodukt aus Kunststoff für Produktion und Verbraucher wichtig machen und es vor anderen Materialien auszeichnen. Es werden dazu – vergleichbar mit dem Vorgehen von Prüfungslabors in Industrie und Forschung – möglichst vielseitige physikalische Werkstoffprüfungen vorgenommen.
Einerseits wird dabei versucht, einen Zusammenhang herzustellen zwischen wissenschaftlichen Erkenntnissen (Molekular-/Atomstruktur, wirkende Kräfte) und den gemessenen Materialeigenschaften. Eine Vertiefung und Grundlegung dieser Theorien wird in der folgenden UE P 10.1 erfolgen.
Andererseits soll auch deutlich werden, daß für den Techniker und den Verbraucher nützliche Vorgehensweisen und Materialkenndaten nicht immer wissenschaftlich „sauber“ herleitbar sein müssen. Damit sollen fehlerhafte Vorstellungen vom Zusammenhang von Wissenschaft und Technik, die besonders leicht im schulischen Raum gedeihen, korrigiert werden.
Die Möglichkeit, bei chemischen Verfahren – hier an einer Anlage zur kontinuierlichen Produktion von Polystyrol – weitgehend Automatisierung vorzunehmen, wird im zweiten Teil der UE angesprochen und unter direkter Anknüpfung an die vorangegangene UE P 9.1 untersucht.

Grobplan

1. Physikalische Eigenschaften der Kunststoffe, Werkstoffprüfung (10)

In der Technik sind etwa 30 Verfahren zur Materialprüfung von Kunststoffen üblich. Manche Verfahren ergeben jeweils mehrere Kenngrößen, viele sind in DIN-Vorschriften genormt.
Kenntnisse aus vielen Teilgebieten der Physik können hier aufgegriffen, die „Neuschaffung" geeigneter Begriffe und Definitionsgleichungen kann exemplarisch verdeutlicht werden.
Der Begriff des brauchbaren Stoffes, wie er im Chemieunterricht verwendet wurde, kann mit handfesten Zahlen untermauert werden.

Inhalte in ihrer Abfolge

1.1 Problem der Kunststoffproduktion

- Möglichkeit, gezielt Produkte mit bestimmten physikalischen Eigenschaften herzustellen.
- Folgerungen der neuartigen Materialeigenschaften für Technologie und Arbeitsorganisation bei Herstellung und Weiterverarbeitung (Vollautomation und Fließprozeß).
- Rolle der Wissenschaft bei der Entwicklung von Kunststoffen.
- Gefahren bei der Herstellung/Schwierigkeiten der Produktbeseitigung[1].
- Anteil de Kunststoffproduktion an der chemischen Produktion/Gesamtproduktion, Chemiekonzerne.

1.2 Materialprüfung

- Übersicht über mögliche physikalische Vorgehensweisen (Wiederaufgreifen früherer Kenntnisse).
- Planung und Aufbau von Versuchsapparaturen.
- Durchführung der Versuche:
  Mechanik: Zug-, Biege-, Scherversuch, Schlagzug-, Schlagebiege-, Kerbschlagbiegeversuch, Härteprüfungen;
  Wärme: Wärmeformbeständigkeit, Rückprallelastizität, Wärmeausdehnung, Wärmeleitfähigkeit;
  Elektrizität: elektrische Leitfähigkeit, Durchschlagfestigkeit, Oberflächenwiderstand, elektrostatische Aufladung;
  Optik: Lichtstreuung, Lichtabsorption;
  außerdem: Feuchtigkeitsprüfungen wie Wasserdampfdurchlässigkeit, Wasseraufnahme; Feuerbeständigkeitsprüfung.
- Auswertung, physikalische Deutung der Ergebnisse: Zusammenhang zwischen molekularer Struktur und Stoffeigenschaft.
- Systematischer Überblick über Materialkennwerte, Vergleich mit anderen Stoffen, insbesondere Metallen.

1.3 **Unterstützung des Chemieunterrichts** durch physikalische Zusatzinformation, Experimente usw.

---

1 *Arbeitslehre*: Fragen des Arbeitsschutzes.

2. Untersuchung und Lösung von Steuerungs- und Regelungsproblemen an einer Modellanlage zur kontinuierlichen Kunststoffproduktion (3)

Die im Chemieunterricht gebaute Anlage zur kontinuierlichen Produktion von Polystyrol bietet die Möglichkeit einer automatischen Prozeßführung. Experimentell realisiert wurde von der Gruppe PINC die Steuerung der Materialtransportgeschwindigkeit in Abhängigkeit von der Viskosität des Endproduktes. Außerdem werden an der Anlage zwei Temperaturregelungen gebraucht.

Inhalte in ihrer Abfolge

- Lösung der physikalischen Probleme der Anlage zur kontinuierlichen Kunststoffproduktion (insbesondere Steuerungs- und Regelungsvorgänge).
- Darstellung von Steuer- und Regelvorgängen aus der industriellen Kunststoffproduktion.

P 10.1 Struktur der Materie

Dauer der UE: 20 Blockstunden

Kurzgliederung

1. Physik der Atomhülle, Atomspektren (8).
2. Physik der Atomkerne, Kernenergie (8).
3. Physik der Festkörper, Kristalle (4).

Hauptziele

- Die wichtigsten historischen Vorstellungen von der Materie kennen.
- Die heutige Bedeutung von Atom-, Kern- und Festkörperphysik an einigen Beispielen erläutern können.
- Daten über die vorhandenen Kernwaffenarsenale kennen und Vergleiche mit der friedlichen Anwendung der Kernenergie ziehen.

- Die wichtigsten Beweise für die Teilchenstruktur der Materie sowie für den Aufbau der Atome kennen und erläutern können.
- Die Tatsache von Energieniveaus in der Elektronenhülle sowie von Lichtemission und -absorption bei Übergängen kennen.
- Kenntnis von der Energie-Masse-Beziehung besitzen und sie in groben Zügen auf Kernzerfall und -fusion anwenden können.
- Überblick über die Typen chemischer Bindungen haben.
- Die Möglichkeiten des kristallinen und amorphen Aufbaus der Festkörper kennen und charakterisieren können.

Einführung

Im Verlauf des naturwissenschaftlichen Lehrgangs wurde die Vorstellung vom atomaren Aufbau der Materie in der 7. Klasse im Physik- und Chemieunterricht explizit mit einem (p,n,e)-Modell eingeführt und von da an ständig weiter benutzt. Der Chemieunterricht fügte noch Kenntnisse über die Elementarladung sowie Vorstellungen vom Atomkern und von den Molekülbindungen hinzu. In der UE P 9.2 „Kunststoffe" wurde versucht, äußere Eigenschaften der Stoffe mit ihrem atomaren und molekularen Aufbau zu erklären.
Was noch aussteht, sind die wichtigsten Grundtatsachen aus der Atomphysik – hierhin gehört auch die Wellenoptik – der Kernphysik und der Festkörperphysik sowie deren wichtigste wissenschaftlich-technische Anwendungen.
Die meisten naturwissenschaftlich-technischen Disziplinen sind heute nicht mehr ohne die modernen Vorstellungen von der Struktur der Materie denkbar. Um willkürlich einige Beispiele zu nennen: Kristallographie, Mineralogie, Astrophysik, Spektroskopie, Elektronenmikroskopie, Lichttechnik, Elektronik, organische und anorganische Chemie, Molekularbiologie, Nuklearmedizin, Lasertechnik. Dabei kommt der Kernenergietechnik, gemessen an öffentlichen Interessen und den aufgewandten Geldmitteln, besondere Bedeutung zu. Deshalb sollte in dieser UE eine auf Kenntnissen der Schüler aufbauende Diskussion um die gesellschaftliche Problematik der Kernenergie breiten Raum einnehmen. An dieser Stelle wäre eine direkte Zusammenarbeit mit dem Fach Gesellschaftskunde wünschenswert.
Grundlagen zum Verständnis dieser unübersehbaren Fülle von Einzelgebieten liegen in einer verhältnismäßig geringen Menge von Kenntnissen über Aufbau und Eigenschaft von Atomkern und Atomhülle; sie sollten zur schulischen naturwissenschaftlichen Grundbildung gezählt werden. Wir halten es in diesem Zusammenhang für durchaus möglich, Schülern der 10. Klasse z.B. die Energie-Masse-Beziehung oder den Zusammenhang zwischen Emission und Absorption und den Energiezustandsänderungen von Elektronen zu vermitteln. Wegen der großen weltanschaulichen Bedeutung der Atomvorstellung sollte in dieser UE die Möglichkeit genutzt werden, einmal alle anschaulichen und

einfachen Versuche zum Beweis der Teilchenvorstellung durch die Schüler zusammentragen und vorführen zu lassen. Weiterhin ist die moderne Geschichte der Vorstellungen über die Materie ein lehrreiches Beispiel für die Methoden der naturwissenschaftlichen Erkenntnisgewinnung und Modellbildung und sollte in groben Zügen zusammenhängend dargestellt werden. Das dient zugleich der Entwicklung eines wissenschaftlich fundierten Weltbildes. Auf die antike Atomvorstellung, als eine frühe materialistische Weltauslegung, kann in diesem Zusammenhang kurz eingegangen werden.

Grobplan

1. Physik der Atomhülle, Atomspektren (8)

Die äußeren Eigenschaften der Atome werden fast vollständig durch die Eigenschaften der Atomhülle bestimmt (Ausnahme: z.B. die Masse): die chemischen Eigenschaften ebenso wie das elektrische und optische Verhalten der Elektronen. Entscheidend dabei ist der sog. Schalenaufbau. Einen wichtigen Zugang zum Verständnis bietet der Zusammenhang zwischen Zustandsänderung der Hülle und aufgenommener bzw. abgegebener elektromagnetischer Strahlung, der die Atomspektren erklärt. Die Gesetzmäßigkeit ist seit Plancks Entdeckung im Jahre 1900 bekannt und findet vielfache Anwendung in der Spektroskopie, durch die z.B. die „chemische" Analyse von unerreichbaren Sternen möglich ist.

Inhalte in ihrer Abfolge

1.1 Einfache und anschauliche Versuche zum Beweis der Teilchenstruktur der Materie

- Brownsche Bewegung, Mischung Wasser – Alkohol, Kristallwachstum, Öltröpfchenversuch, Zählrohr usw.
- Einiges zur Geschichte der Atomphysik und zur Entwicklung der Vorstellungen vom Aufbau der Materie.
- Benutzung und Erläuterung des Gitterspektrometers, Lichtbeugung.

1.2 Atomspektren

- Emission und Absorption.
- Erklärung mit Hilfe des Schalenmodells, Energiezustände.
- Photoeffekt als Beweis für die Existenz von Lichtquanten.
- Technisch-wissenschaftliche Anwendung des Spektrometers, Spektroskopie.
- Folgerungen für die Erklärung von Farben, Lichtquellen usw.

2. *Physik der Atomkerne, Kernenergie (8)*

Wenn die Kernphysik nach der Atomhülle behandelt wird, so spricht dafür einmal die Reihenfolge der geschichtlichen Entwicklung, zum anderen die Tatsache, daß sich die Atomvorstellung an viel einfachere Befunde anknüpfen läßt als die Existenz von Atomkernen. Außerdem ist der gesellschaftlich bedeutsame Aspekt der Kernenergie verbunden mit der Masse-Energie-Beziehung, die zwar leicht zu formulieren, aber fast unmöglich auf Schulniveau herzuleiten oder plausibel zu machen ist. Der Schüler sollte in diesem Teil einige Informationen erhalten, die es ihm z.B. ermöglichen, in der Auseinandersetzung um Kernkraftwerke einigermaßen fundiert Stellung zu beziehen.

Inhalte in ihrer Abfolge

2.1 Kernzerfall, Kernspaltung

- Wilsonsche Nebelkammer als Methode zur Sichtbarmachung von Teilchenspuren.
- α-, β-, γ-Strahlen im Magnetfeld.
- Systematik der Atomkerne, stabile und instabile Isotope.
- Vielfache Anwendung in Biologie, Medizin, Archäologie etc. Strahlungsschäden.
- Aufbau und Zerfall der schweren Kerne, Halbwertzeit, Kettenreaktion, Kernenergie, Atombombe[1].
- Kernreaktor, prinzipieller Aufbau, Umweltgefahren, politisch-militärische Gefahren, Kernwaffensperrvertrag, Export von Kernreaktoren.
- Ressourcen an spaltbarem Material, politische Interessenkonflikte.

2.2 Kernfusion

- Energie-Masse-Beziehung, Wasserstoffbombe, Sonnenenergie.
- Zukunftspläne: gesteuerte Kernfusion, heutiger Stand.
- Gesellschaftliche Verantwortung des Naturwissenschaftlers[2], Göttinger Manifest.

---

1 *Geschichte*: Hiroshima.
2 *Deutsch*: „Die Physiker" (Dürrenmatt); „Der Fall Oppenheimer" (Kiephardt).

3. *Physik der Festkörper, Kristalle (4)*

Die meisten anorganischen Festkörper haben kristalline Struktur, amorphe Zustände wie z.B. bei Gläsern bilden die Ausnahme. Auch in Kunststoffen sowie in lebender Materie, selbst in vielen organischen Flüssigkeiten spielen geordnete Mikrostrukturen eine wichtige Rolle. Der Schüler sollte hier exemplarisch einige Festkörpereffekte kennenlernen. Transistor und integrierte Schaltkreise, die Grundlagen der modernen Elektroniktechnik, sind die bekanntesten technischen Anwendungen der Festkörperphysik.

Inhalte in ihrer Abfolge

- Einige Kristallgitter, Ionenbindung, Metallbindung.
- Zusammenhang zwischen elektrischer Leitfähigkeit und Durchsichtigkeit von Festkörpern.
- Ausgewählte Themen wie Photoeffekt, Fluoreszenz, Phosphoreszenz, Piezoelektrizität, Halbleiter, Rubinlaser, Ferromagnetismus zusammen mit der jeweiligen technischen Anwendung (wie Leuchtschichten, Bildverstärker, Transistoren usw.).

P 10.2 Astronomie

Dauer der UE: 10 Blockstunden

Kurzgliederung

1. Satelliten, Planeten, Sonne (4).
2. Innerer Aufbau und Entwicklung der Sterne (2).
3. Aufbau, Verteilung und Bewegung der Sternsysteme im Weltall (2).
4. Weltraumfahrt, neue Technologien, Diskussion (2).

Hauptziele

- Die wichtigsten Daten aus der Geschichte der Astronomie kennen.
- Verschiedene historische Vorstellungen vom Weltall sowie deren ideologische Funktionen kennen.
- Die gesellschaftliche Problematik der Aufwendungen für Weltraumfahrt und Weltraumforschung einsehen und dazu begründet Stellung nehmen können.
- Aufbau und Bewegungsgesetze des Sonnensystems kennen.
- Aufbau und Entwicklung der Sterne und Galaxien sowie Verteilung und Bewegung der Galaxien im Weltall kennen.
- Wichtige astronomische Methoden kennen.
- Einige wichtige Beobachtungs- und Auswertungsverfahren selbständig durchführen können.

Einleitung

Astronomie ist die älteste Form der theoretisch-wissenschaftlichen Auseinandersetzung des Menschen mit der Natur. Methoden, Ergebnisse und Hypothesen von Galilei markieren den Beginn der modernen Naturwissenschaften. Umgekehrt hatte fast jeder wesentliche Entwicklungsschritt der Naturwissenschaft Rückwirkungen auf die Astronomie. Für die Erforschung des Weltraumes werden heute gewaltige Mittel bereitgestellt. Daher kann man mit einem gewissen Recht sagen, daß die Astronomie heute erst „richtig" anfängt.

Von allen Einzelgebieten der Physik findet die Astronomie – oder wenigestens ein Zerrbild von ihr – die größte publizistische Beachtung. Dennoch gibt es in den Schulen der BRD und West-Berlins keinen Astronomieunterricht. Die Folge ist ein weit verbreiteter Aberglaube einerseits und Unkenntnis der einfachsten astronomischen Tatsachen andererseits.

Hält man an der Forderung fest, daß der naturwissenschaftliche Unterricht allen Jugendlichen ein korrektes naturwissenschaftliches Weltbild vermitteln sollte, so ist die Einführung der Astronomie als Lehre vom Weltall unabdingbar, und wer bei der Suche nach Innovationen im Physikunterricht zwangsläufig auf dieses Gebiet stößt, wird sich sogar umgekehrt die Frage stellen, warum es bisher nicht als Teil der schulischen Allgemeinbildung angesehen wurde.

Natürlich muß auch für den Astronomieunterricht gefordert werden, daß er möglichst viele Schüleraktivitäten – hier speziell nächtliche Himmelsbeobachtungen – ermöglicht. Die dabei auftretenden organisatorischen Schwierigkeiten lassen sich weitgehend lösen: In den ersten Monaten des Jahres sind in den frühen Abendstunden häufig gute Beobachtungsmöglichkeiten gegeben.

Das Hineinwirken vieler anderer naturwissenschaftlicher Disziplinen in die Astronomie hat zur Folge, daß im Astronomieunterricht ständig Kenntnisse aus dem vorangehenden Unterricht aufgegriffen und wiederholt werden müssen. Astronomie ist von allen naturwissenschaftlichen Gebieten das „unhandlichste" (s.u.) und bildet insofern einen Gegenpol zu der ersten UE P 7.

Astronomie hat vielfältige Bedeutung für Technik, andere Zweige der Naturwissenschaften und für weltanschauliche Fragen. Technisch-praktische Relevanz hatte die Astronomie seit ihren frühesten Anfängen: Kalenderbestimmung, Navigation usw. Astronomische Meßgeräte aus früheren Jahrhunderten spiegeln stets den höchsten Stand der feinmechanischen Fertigungstechnik wider. Höchste Ansprüche an die Technik stellen heute z.B. Montierung und Führung großer Radioteleskopantennen. Eine neue Dimension erhielt dieser technische Aspekt durch die Raumfahrt: Nachrichten- und Wettersatelliten gehören inzwischen zum Alltag, Ansätze zu einer Technologie im Höchstvakuum und in der Schwerelosigkeit sind gemacht (Schweißen, Kristallzüchtung).

Enge Verbindungen hat die Astronomie z.B. zu folgenden naturwissenschaftlichen Teilgebieten: Elementarteilchenphysik, Kernphysik, Atomphysik, Elektrodynamik, Gravitationstheorie, Geophysik, aber auch zu Chemie (z.B. der Planeten) und Biologie (Theorie von der Entstehung des Lebens). Nur in Zusammenhang mit der Astronomie kann die Physik extremer Zustände (Druck, Temperatur, Strahlungsdichte, elektromagnetische und Gravitationsfeldstärke) behandelt werden, da sich solche Zustände auf der Erde nicht

realisieren lassen. Zusammen mit Evolutionstheorie und Molekularbiologie greift die Astronomie alle Religionen und Ideologien dort an, wo sie Aussagen über die Natur und ihre Entwicklungsgeschichte machen wollen (Auseinandersetzung zwischen Galilei und der katholischen Kirche).
Eine Konsequenz astronomischer Ergebnisse ist z.B. die Übertragbarkeit physikalischer Gesetze von der Erde in das Weltall (z.B. Gleichheit irdischer und stellarer Lichtspektren) und damit das Aufgeben der Annahme einer Sonderstellung der Erde. Allerdings tritt die ideologische Brisanz astronomischer Ergebnisse mit zunehmender Sicherheit unseres Wissens und zunehmender Schwäche idealistischer Positionen immer mehr in den Hintergrund.
Hinsichtlich ihrer Forschungsmethoden hat die Astronomie eine Sonderstellung innerhalb der Naturwissenschaften, da der Untersuchungsgegenstand praktisch nicht direkt zugänglich und damit ein Experimentieren im Sinne einer direkten Beeinflussung von Parametern unmöglich ist. Alles, was wir vom Weltall wissen, beruht auf der Analyse der Strahlung, die wir empfangen (sieht man einmal von Meteoriten und Mondgestein ab). Gerade hier haben sich in letzterer Zeit zusätzlich zu dem „optischen Fenster" drei neue Informationsquellen eröffnet: Radiowellen, Neutrinos und – außerhalb der Atmosphäre – Röntgenstrahlen. Die Datenmenge, die bei einem einzigen Satellitenflug anfällt, dürfte weit größer sein als die, die Forscher bis zum Beginn dieses Jahrhunderts zusammengetragen haben: ohne den Einsatz von EDV ist moderne Astronomie nicht mehr denkbar.

Grobplan

1. Satelliten, Planeten, Sonne (4)

Eigenrotation der Erde, Bewegung des Mondes um die Erde und Bewegung der Erde um die Sonne haben augenfällige Konsequenzen und führten schon früh zu den Zeiteinteilungen Tag, Monat und Jahr. Mit dem alten geozentrischen Weltbild lassen sich alle groben und offensichtlichen Bewegungsabläufe der Himmelskörper widerspruchsfrei beschreiben. Ernsthafte Schwierigkeiten treten erst bei der Erklärung subtilerer Erscheinungen, wie der Rückläufigkeit von Planeten, auf. Das heliozentrische Bild ist vom Standpunkt des irdischen Beobachters viel schwerer zu verstehen, die Bewegungen werden erst von einem Standpunkt außerhalb des Sonnensystems logisch und übersichtlich. Das Hauptaugenmerk soll also darauf gerichtet werden, mit den Schülern den häufigen Wechsel des Bezugssystems zu üben.

Inhalte in ihrer Abfolge

- Überblick über die Geschichte der Astronomie und die ideologische Bedeutung der astronomischen Weltbilder. Besonders: Ausgangspunkt Kalender, Navigation; Streit um Galilei[1].

- Lauf der Sonne: tägliche Rotation, Phasen des Mondes, Mondbeobachtung, Mond- und Sonnenfinsternisse.
- Sammeln von Daten der Planeten, Planetenbeobachtung und -aufzeichnung.
- Gravitationsgesetz. Keplersche Gesetze, besonderer Zusammenhang von Abstand und Umlaufzeit.

---

1 *Deutsch*: „Das Leben des Galilei" (Brecht).

2. Innerer Aufbau und Entwicklung der Sterne (2)

Mit den Fragen nach der Physik und Chemie der Sterne begann sich die Astronomie endgültig aus den Fesseln zu befreien, die ihr durch die Unerreichbarkeit des Gegenstandes angelegt worden waren. Heute wissen wir z.B. über inneren Aufbau und Entwicklung der Sonne besser Bescheid als über den Aufbau und die Entwicklungsgeschichte der Erde. Die Frage nach der Energiequelle der Sterne konnte erst durch Relativitätstheorie und Kernphysik beantwortet werden. Zuerst mit Hilfe statistischer Methoden, seit einiger Zeit auch durch detaillierte Modellrechnungen, ist heute der Entwicklungsgang eines Normalsterns weitgehend aufgeklärt. Diese Wissensentwicklung ist ein gutes Beispiel für das Zusammenwirken von Beobachtung und Theorie in der Astronomie.

Inhalte in ihrer Abfolge

- Beobachtung der Sonne als des nächstgelegenen Sterns: Spektrum, Sonnenflecken, Rotation, Temperatur der Oberfläche.
- Frage nach der Energiequelle. Innerer Aufbau der Sonne.
- Beobachtung von Färbung und scheinbarer Helligkeit gut sichtbarer Sterne, Eintragung in ein Farben-Helligkeits-Diagramm.
- Angabe der Entwicklungsstadien eines Normalsterns.

---

3. Aufbau, Verteilung und Bewegung von Sternsystemen (2)

Zur Beantwortung der Frage nach dem Aufbau des Weltalls mußten mehrere Überlegungen sowie Beobachtungsmethoden ineinandergreifen. Entscheidendes Problem ist dabei die Entfernungsbestimmung. Sie gelingt bei nahe gelegenen Sternen mit Hilfe der Triangulation, bei entfernteren Sternen, Sternhaufen und Galaxien wird die Perioden-Leuchtkraft-Beziehung der pulsierenden Sterne ausgenutzt. Bei entfernteren Galaxien wird eine mittlere Helligkeit angenommen, die Entfernung der weitesten Galaxien kann mit Hilfe der Rotverschiebung abgeschätzt werden.
Kenntnis über die vielfältigen und ausgeklügelten Methoden der astronomischen Forschung ermöglicht dem Schüler, irrige Weltanschauungen schon allein wegen der Erkenntnismethoden zurückzuweisen.

Inhalte in ihrer Abfolge

- Problem der Entfernungsmessung[1].
- Beobachtung von Sternhaufen und Milchstraße. Aufbau und Größe unserer Galaxis.
- Beobachtung der Andromedagalaxis; Entfernung.
- Verteilung der Galaxien im Weltall; Fluchtbewegung, Urknalltheorie.
- Astrologie und andere Formen modernen Aberglaubens.

1 *Geometrie*: Dreiecksberechnungen.

4. *Weltraumfahrt, neue Technologien (2)*

Zu Anfang wurde die Weltraumtechnik hauptsächlich aus militärischen Gründen vorangetrieben, heute spielen in steigendem Maße wirtschaftliche und wissenschaftliche Interessen eine Rolle. Die Diskussion um die Weltraumfahrt ist mindestens ebenso heftig wie die um Kernreaktoren. Der Unterricht sollte die Schüler mit einigen Tatsachen vertraut machen, die ihm helfen, in dieser Diskussion Stellung zu beziehen.

Inhalte in ihrer Abfolge

- Wichtigste Daten der Weltraumfahrt: Sputnik, Gagarin, Armstrong, Kosten- und Menschenaufwand.
- Militärische Bedeutung: Raketen, Spionagesatelliten.
- Technische Bedeutung: Nachrichten- und Wettersatelliten (Umlaufzeit, Umlaufbahnen), technische Möglichkeiten: z.B. Vakuumschweißen, Kristallzüchtung bei Schwerelosigkeit.
- Neue wissenschaftliche Erkenntnisse und Möglichkeiten, z.B. Magnetfelder im Raum, Röntgenastronomie.
- Diskussion der Problematik der Weltraumfahrt; Bewohnbarkeit anderer Planeten; Erreichbarkeit anderer Sterne bzw. Galaxien.

V. Anhang: Exemplarische Unterrichtsmaterialien

Zur Veranschaulichung der konkreten Realisierung des von PINC entwickelten Unterrichtskonzeptes sind im folgenden einige ausgewählte Materialien zu den Unterrichtseinheiten B 7.1, C 7 und P 7 abgedruckt. Diese Einheiten sind großenteils bis zur Unterrichtsreife ausgearbeitet und haben aus verschiedenen Gründen eine besondere Bedeutung im Rahmen des Gesamtcurriculum: Es handelt sich jeweils um den Anfangsunterricht in der Sekundarstufe I, in dem nicht nur die fachliche Einführung erfolgt, sondern vor allem die Grundlage für das Verständnis des gesellschaftlichen Arbeitsprozesses und des spezifischen Stellenwertes jedes Einzelfaches gelegt werden soll.
Die Unterrichtseinheiten sind daher eng aufeinander bezogen, die Fachinhalte stärker miteinander koordiniert, als dies in den meisten folgenden Einheiten der Fall ist. Die Beschäftigung mit der gesellschaftlichen Arbeit, d.h. hier vor allem mit der Struktur und den Bestandteilen des einfachen Arbeitsprozesses nimmt daher auch einen breiteren Raum ein als bei den folgenden Einheiten, welche auf die im Anfangsunterricht entwickelten Grundlagen aufbauen. Die Materialien zu diesen drei Einheiten sind somit besonders geeignet zu zeigen, wie die Darstellung der Naturwissenschaften als Teil gesellschaftlicher Arbeit geleistet werden kann. Die ausgewählten Beispiele beziehen sich auf besonders einfache Formen des Arbeitsprozesses, ihre Aussagen sollen für den Schüler verständlich, jedoch gleichzeitig wissenschaftlich korrekt und auf einem aktuellen Erkenntnisstand sein.
Die ausgearbeiteten Unterrichtsentwürfe enthalten detaillierte Angaben zu jeder Unterrichtsstunde sowie zum Stellenwert jedes einzelnen Arbeitsbogens, was hier aus Platzgründen nicht möglich ist. Die Abfolge der Unterrichtsinhalte ist jeweils aus dem Grobplan ersichtlich, die wesentlichen curricularen Überlegungen für die Strukturierung des Anfangsunterrichts sind in Kap. III dargestellt.
Es ist wichtig, darauf hinzuweisen, daß es sich bei der Auswahl der hier dokumentierten Materialien speziell um diejenigen handelt, welche den Bezug der Naturwissenschaften zur gesellschaftlichen Arbeit in grundlegenden Aspekten aufweisen. Diejenigen, welche sich im wesentlichen auf die Vermittlung fachwissenschaftlich wichtiger Zusammenhänge beschränken, wurden nicht mit aufgenommen. Außerdem ist zu betonen, daß kein Arbeitsbogen oder Informationsblatt den Schülern ohne Vorbereitung vorgelegt werden soll. Der sinnvolle Einsatz setzt jeweils die thematische Einarbeitung und vorbereitende

Planung des Lehrers voraus. Der Einsatz erfolgt im Zusammenhang mit und in geplanter Aufeinanderfolge von Unterrichtsgespräch, Schülerexperiment, weiteren Unterrichtsmedien etc.
Die abgebildeten Materialien selbst lassen sich hinsichtlich ihres Aufbaus und ihrer didaktischen Funktion folgendermaßen unterscheiden:

a) *Informationsblätter*
(Biologie: Nr. 7; Chemie: Nr. 1, 2, 10, 12; Physik: Nr. 5, 8)

Ein Informationsblatt soll dem Schüler Sachinformationen zum Unterrichtsthema liefern. Es dient der Aneignung bzw. der Wiederholung des Unterrichtsstoffes und erfüllt somit im wesentlichen die Funktion eines Lehrbuches, vornehmlich in solchen Fällen, in denen keine oder keine guten Lehrbücher zu dem jeweiligen Thema existieren. Die hier abgebildeten Informationsblätter erfüllen zum größten Teil die spezifische Aufgabe, die Beziehung zwischen naturwissenschaftlichen und gesellschaftlichen Sachverhalten bzw. Zusammenhängen, z. B. die Anwendung einer physikalischen Gesetzmäßigkeit in der Produktion deutlich zu machen. Dies kann überwiegend durch Bildmittel mit kurzem kommentierendem Text (s. Chemie) geschehen oder aber durch längere Informationstexte, die zum Teil aus sich heraus verständlich sind, zum Teil in Zusammenhang mit einer Abbildung stehen (s. Biologie). Informationsblätter enthalten häufig auch eine Aufforderung an den Schüler, sich den dargestellten Sachverhalt durch eigene Überlegungen nochmals klar zu machen oder ihn zu vertiefen.
Besonders typisch für die im Sinne des PINC-Konzeptes verfolgte Intention ist das Informationsblatt Physik Nr. 8, mit dem die Beziehung zwischen physikalischer und gesellschaftlicher Arbeit herausgearbeitet werden soll. Dadurch, daß diese Beziehung in der Regel in keiner Weise geklärt, sondern der Arbeitsbegriff im Physikunterricht allein über eine physikalische Formel eingeführt wird, entstehen nahezu zwangsläufig Unklarheiten und Mißverständnisse, weil die Schüler aus ihrer Alltagserfahrung schon eine bestimmte Vorstellung von Arbeit mitbringen, die im Unterricht nicht berücksichtigt, sondern schlicht durch eine neue Definition ersetzt wird.
Die bis dahin in der Unterrichtseinheit erarbeiteten Kenntnisse – einerseits die Bestandteile des Arbeitsprozesses (Arbeitskraft, Arbeitsgegenstand, Arbeitsmittel, s. Arbeitsbogen Physik Nr. 1), andererseits der Zusammenhang zwischen Kraft und Verschiebungsweg bei der Berechnung der physikalischen Arbeit – sollen durch die visuelle Gegenüberstellung in Zusammenhang gebracht werden. Die Darstellung physikalischer Gesetze in ihrer konkreten technischen Anwendung soll so eine vertiefte Einsicht in den gesellschaftlichen Arbeitsprozeß erzeugen.
Der dargestellte Arbeitsprozeß stammt aus einer geschichtlich zurückliegenden Epoche der Produktivkraftentwicklung: damit soll das Verständnis für die

Allgemeingültigkeit der Gesetze der Mechanik hinsichtlich jeder historischen Form der Arbeitstechnologie geweckt werden. Die Vielfalt der möglichen Bilder, die geeignet sind, gesellschaftliche Arbeit darzustellen, wurde durch die Intention des Informationsblattes eingeschränkt auf solche, in denen die wesentlichen Elemente des Arbeitsprozesses und seine Zielgerichtetheit für die Schüler leicht ablesbar ist.
Der Informationsbogen enthält einige didaktische Möglichkeiten, die das Unterrichtsgespräch in dieser Form nicht bietet: der Betrachter kann auf einen Blick den Gesamtkomplex erfassen, Details herauszuarbeiten, Beziehungen herstellen, sich bei der Betrachtung vorwärts und rückwärts bewegen – Möglichkeiten, welche die weitere Diskussion im Unterricht unmittelbar anregen.

b) *Arbeitsbögen*
(Biologie: Nr. 1_A, 1_B, 2; Physik: Nr. 1, 3, 4)

Ein Arbeitsbogen enthält eine Information zu einem im Unterricht in der Regel vorab behandelten Thema, die zusammenfassenden oder weiterführenden Charakter haben kann, sowie eine Arbeitsanweisung für den Schüler, welche sich auf diese Information bezieht. Die Information besteht in der Regel aus der Zusammenstellung bestimmter bildhafter Darstellungen und knappen kommentierenden Texten. Beides, Bild und Text, führt zu Fragen, die der Schüler selbst schriftlich beantworten soll, und zwar auf der Basis des bisher im Unterricht behandelten Stoffes sowie der im Informationsteil des Arbeitsbogens visualisierten Zusammenhänge bzw. Erkenntnisse. Durch die schriftliche Formulierung soll der Schüler einerseits einen eigenen Denkprozeß vollziehen, andererseits sich selber Rechenschaft darüber ablegen, ob er den Unterrichtsstoff verstanden hat, ob er das Wesentliche herausarbeiten und zusammenfassen kann, ob er in der Lage ist, Verstandenes auch in Worte zu fassen. Arbeitsbögen können so in vielfältiger Weise das Denken der Schüler anregen und weitertreiben. Sie können auch – neben bzw. statt Klassenarbeiten oder Tests – zur Bewertung von Schülerleistungen herangezogen werden; sie sind dabei besonders geeignet, nicht lediglich den Wissensstand, sondern vor allem den Wissensfortschritt der Schüler auszudrücken.
Was die bildnerische und didaktische Gestaltung der Arbeitsbögen im einzelnen angeht, so basiert diese auf den gleichen Prinzipien wie beim Informationsblatt.

c) *Schaubilder*
(Biologie: Nr. 8; Physik: Folie Nr. 2, 3)

Die hier dokumentierten Schaubilder haben prinzipiell eine ähnliche Funktion wie die Informationsblätter, werden jedoch in anderer Weise im Unterricht eingesetzt: nicht als individelle Arbeitsunterlage jedes einzelnen Schülers, sondern als zentral vorgeführtes Medium (Schautafel, Wandprojektion). Sie sind in der Regel thematisch umfassender angelegt als ein Informationsblatt und dienen der zusammenfassenden Darstellung eines im Unterricht bereits in verschiedenen Einzelschritten behandelten Themas. Die Erläuterungen zu einem solchen Schaubild können je nach Entwicklungsstand der Klasse vom Lehrer oder von einzelnen Schülern gegeben werden. Die entscheidende Zielsetzung ist auch dabei wieder, die Wechselbeziehung zwischen naturwissenschaftlichen Erkenntnissen und deren gesellschaftlicher Entstehung, Anwendung oder Bedeutung, jeweils in ihren verschiedenen Aspekten aufzuzeigen. Die Bilder sollen einerseits derartige Zusammenhänge visuell „vor Augen führen", andererseits aus dieser neuen Sichtweise heraus Fragen aufwerfen, die das Unterrichtsgespräch weiterführen können. Anders als beim Informationsblatt werden dabei nicht nur wenige Aspekte nebeneinandergesetzt, sondern der Zusammenhang wird über mehrere aufeinanderfolgende Schritte dargestellt (Biologie: Entwicklung von Schädelform und Gehirnvolumen – kulturelle Entwicklung – gesellschaftliches Zusammenleben – Produktionsform; Physik: physikalische Beziehung – technische Anwendung – wirtschaftliche Bedeutung – geographische Situation).

Es ist geplant, die drei Unterrichtseinheiten, aus denen die abgebildeten Arbeitsbögen stammen, zu veröffentlichen. Diesbezügliche Anfragen bitten wir zu richten an:

Dr. Wilhelm Quitzow
Curtiusstr. 13, 1 Berlin 45.

Wie aus Affen Menschen wurden 1A

Schimpansen können Gegenstände benützen

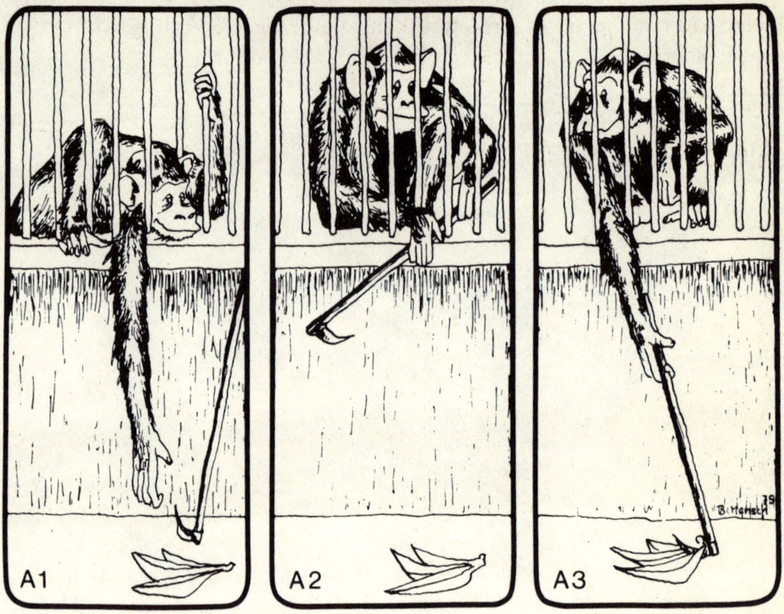

Was macht der Schimpanse? Erkläre, warum er sich so verhält:

Zu A1:	**Zu A2:**	**Zu A3:**

Wie aus Affen Menschen wurden 1B

Menschen stellen Werkzeug her

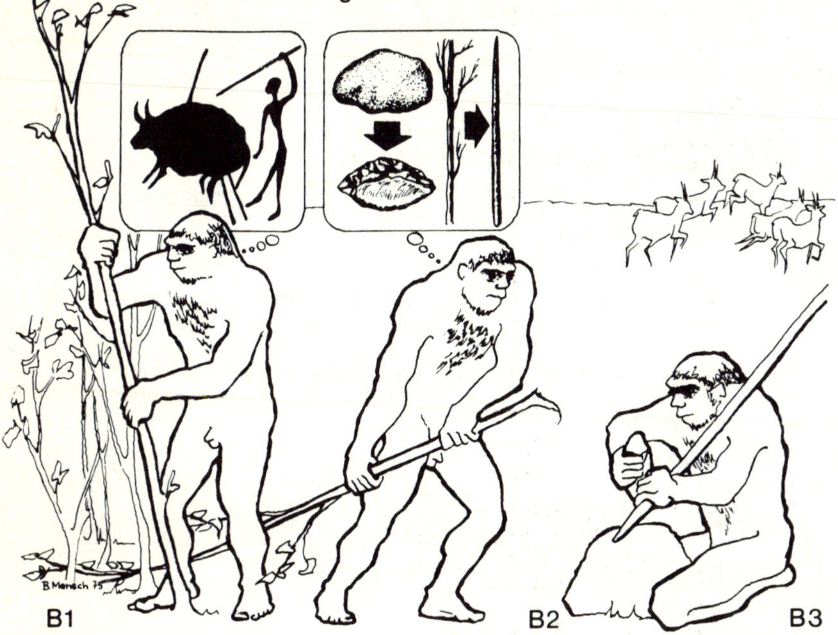

B1 B2 B3

Beschreibe die Arbeit des Altmenschen und was er dabei denkt:

Zu B1:	**Zu B2:**	**Zu B3:**

Wie aus Affen Menschen wurden 2

Arbeit unterscheidet Mensch und Tier

Die Arbeit des Menschen hat einen **ZWECK**.

Für welchen Zweck strengt sich der Altmensch an?

Für welchen Zweck arbeiten die Menschen?

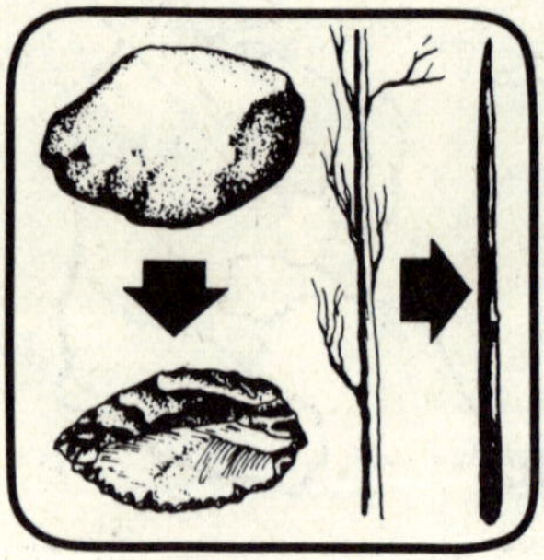

Bei der Arbeit macht sich der Mensch einen **PLAN**.

Woran denkt der Altmensch beim Herstellen einer Lanze?

Welchen Vorteil hat der Mensch, wenn er seine Arbeit plant?

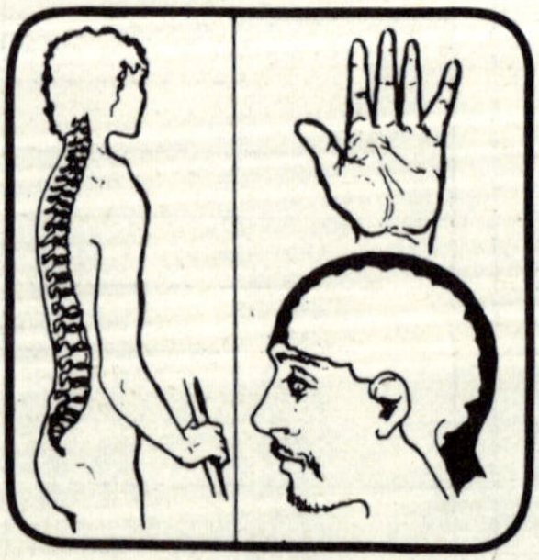

Zum Arbeiten braucht der Mensch **BESONDERE ORGANE**.

Welches sind wichtige Organe für die Arbeit?	Wozu dienen diese Organe bei der Arbeit?

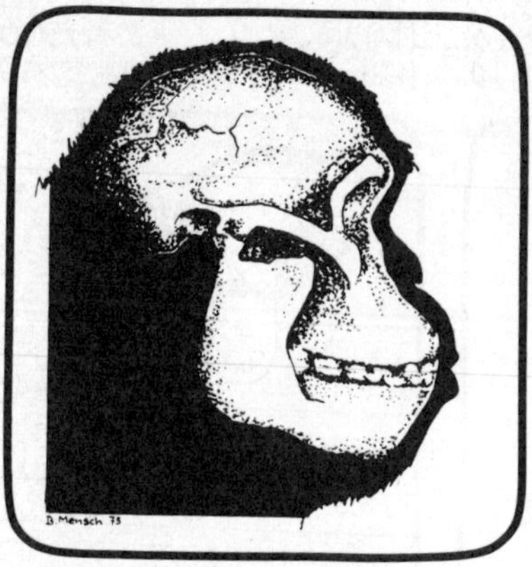

Noch Tier oder schon Mensch? 7

Ein solcher Schädel wurde 1947 in Afrika ausgegraben. Er gehört einem Vorläufer der Menschen, der vor 700 000 bis 5 Millionen Jahren auf der Erde lebte.

Waren das schon Menschen?

Beachte den schwarzen Umriß, der dir eine Vorstellung vom Aussehen dieser Vorfahren gibt, die keine Affen aber auch noch keine Menschen waren. Die Wissenschaft nennt sie Australopithecinen (australus = südlich, pithecus = Affe).
Um zu bestimmen, was ein Mensch ist, sehen wir uns die ENTSTEHUNGSGESCHICHTE DES MENSCHEN an (siehe das Schaubild). **Wir stellen in jeder Etappe BIOLOGISCHE VERÄNDERUNGEN fest: Hirngröße, Schädelform, Kiefer usw. und gleichzeitig VERÄNDERTE LEBENSBEDINGUNGEN: gesellschaftliches Zusammenleben, Kultur, Produktion (Werkzeuge).**

Hier siehst du, wie eine Gruppe von Australopithecinen eine Löwin einschüchtert, um sie von ihrer Beute zu vertreiben.

Das Vorgehen in einer Gruppe, das Benützen von Gegenständen, das aufrechte Gehen, Ansätze von gegenseitiger Verständigung durch Laute sind Merkmale menschlichen Verhaltens.

Das entscheindende Merkmal des Menschen fehlt jedoch diesen VORMENSCHEN: weil sie noch keine Werkzeuge herstellen, bezeichnen wir ihre Tätigkeit nicht als ARBEIT.

VORMENSCH (Australopithecus) 5Millionen bis 700 000 J.

URMENSCH (Pithecanthropus) 750 000 b
350 000

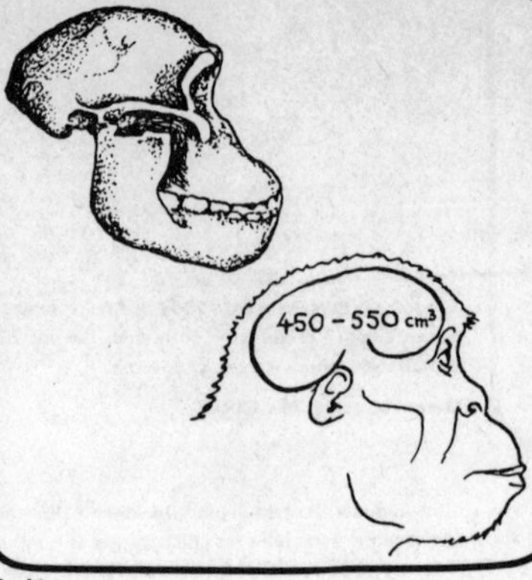

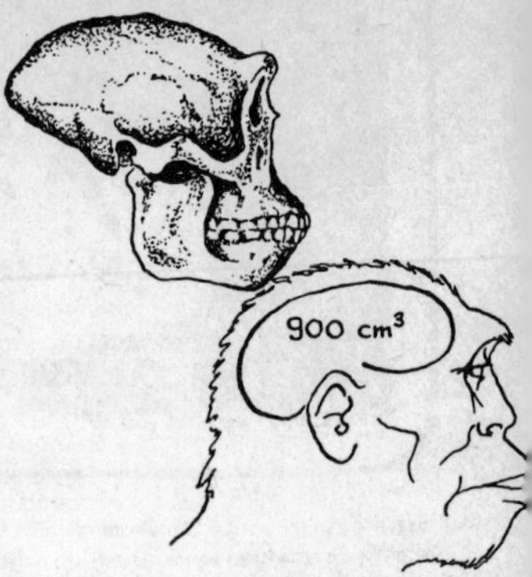

Kultur

Anfänge von gegenseitiger Verständigung durch LAUTE.

Anfänge der menschlichen Sprache: WORTE

gesellschaftl. Zusammenleben

HERDEN, die sammelnd und jagend durch die Steppe ziehen.

URHORDE: die Urmenschen leben in Gemeinschaften

Produktion

noch keine Produktion

Geröllgeräte, primitive Faustkeile, FEUER wird genutzt und gehütet.

Die Vormenschen benützen Gegenstände der Natur, aber sie bearbeiten sie nicht.

Sie ernähren sich von Samen, Knollen und Wurzeln, die sie aus dem Erdboden kratzen.

Für Ihre Tätigkeiten benützen sie Stöcke, Steine und Knochen.

Sie fangen sich kleine Tiere und Insekten.

In Gruppen können sie, mit Stöcken bewaffnet, auch größere Tiere gemeinsam erjagen.

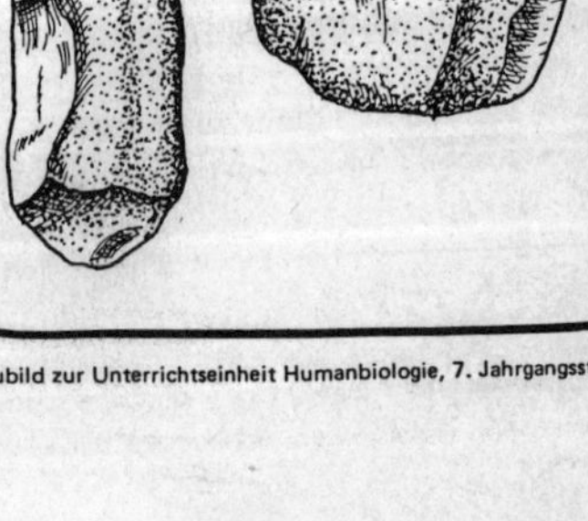

8

TMENSCH (eandertaler) 250 000 bis 40 000 J.	JETZTMENSCH (Cro-Magnon) 35 000 bis 10 000 J.

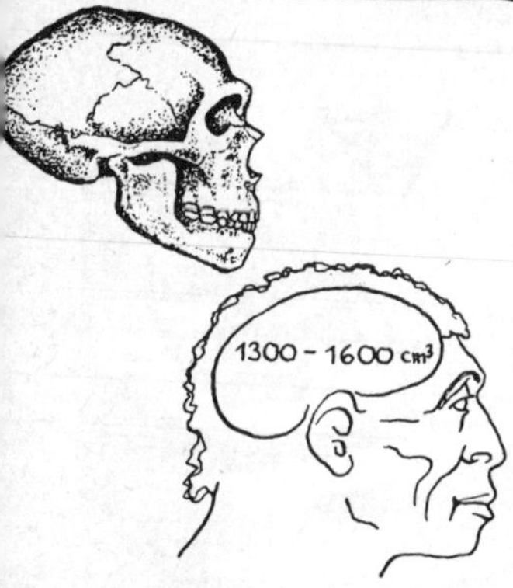

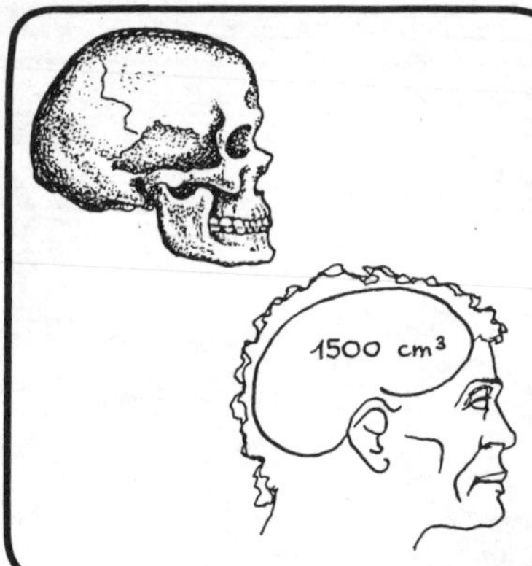

Beginn der geschichtlichen Zeit

SPRACHE

Höhlenbewohner
Rastplätze
Windschirme

Felle zum Schutz vor Kälte

SPRACHGEMEINSCHAFTEN

Wohnung: Höhlen, Zelte, Erdhütten
Verkehrsmittel: Floß, Einbaum
Fellbekleidung
Schmuck
Höhlenmalerei

erste ARBEITSTEILUNG: Männer jagen – Frauen hüten Kinder und sammeln

feste SIPPENVERBÄNDE, zeitweise seßhaft.

Faustkeile, Lanzen, Keulen, Spitzen, Schaber

FEUERERZEUGUNG

Speere, Klingen, Messer, Dolche, Nadeln, Bohrer, Meißel, Haken, Netze, Reusen, Tierfallen, Schleuder, Pfeil und Bogen.

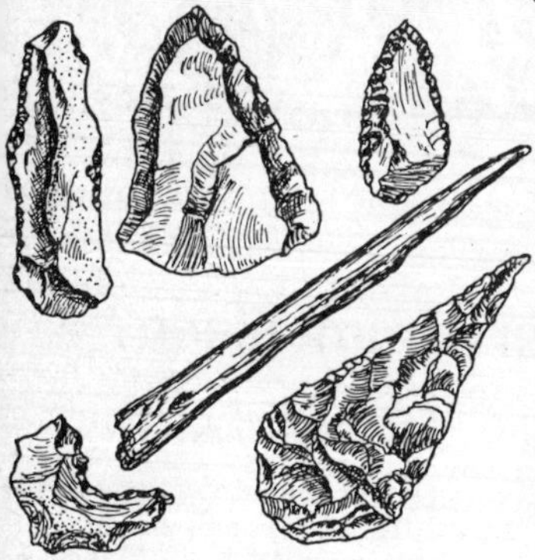

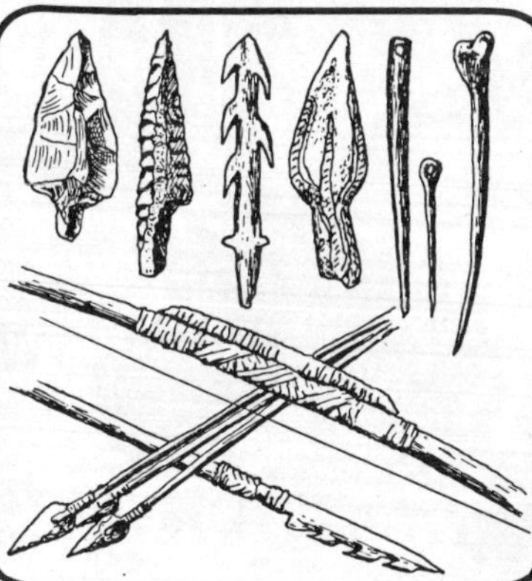

Die Herstellung von Eisen 1

WAS ist aus Eisen?

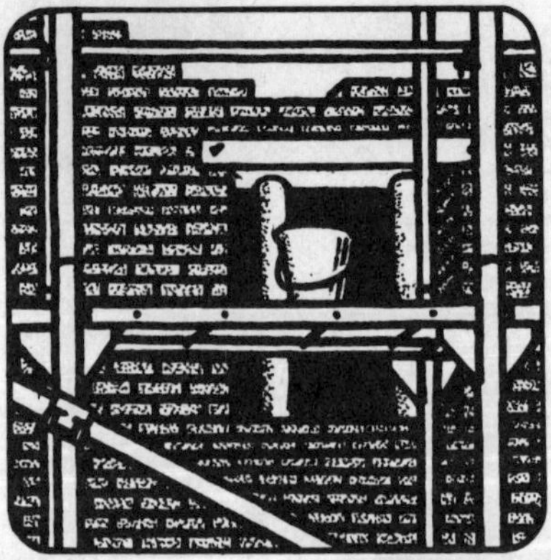

Woher kommt Eisen?

Eisen kommt in der Natur nicht in größeren Mengen vor (Ausnahme Meteore).
Es muß aus Eisenerz hergestellt werden. Ein solcher Prozeß heißt Stoffumwandlung.

Die Herstellung von Eisen 2

Früher

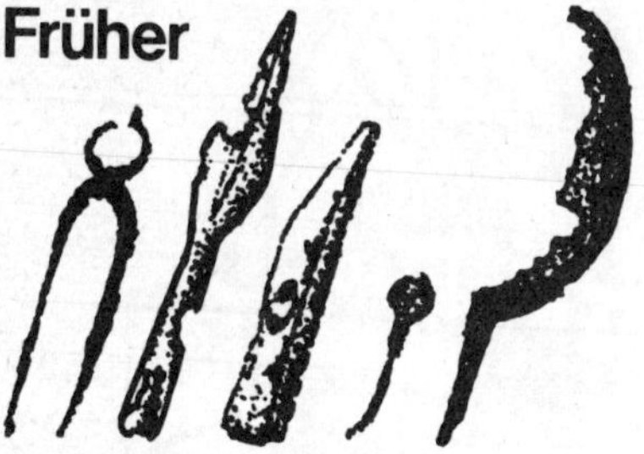

Werkzeuge und Geräte um 400 u.Z.
Eisenfunde aus Ceylon

Heute

Moderne Gegenstände aus Eisen

Eisenherstellung in Ceylon im 6.Jahrhundert u.Z.

Moderner Hochofen im Ruhrgebiet
Detailbild eines Roheisenabstichs in Gießpfannen

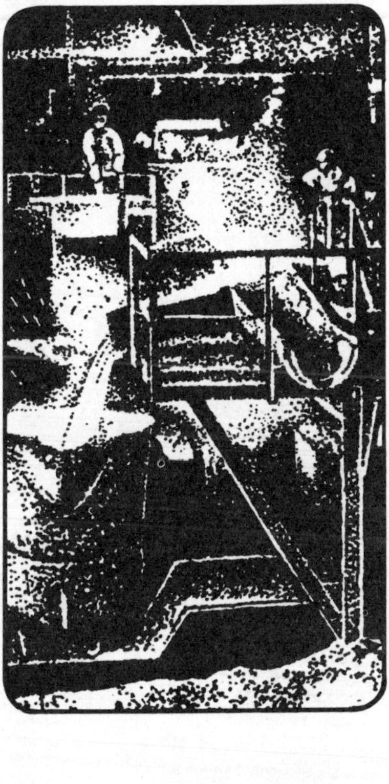

Die Herstellung von Eisen 10

Römischer Schachtofen 400 vor unserer Zeitrechnung bis zum 6.Jahrhundert.

Der Schacht war bis zu 150 cm hoch, er wurde aus Steinen gemauert und mit Lehm ausgekleidet.
Die linke Öffnung ist für den Blasebalg, die rechte Öffnung zur Entnahme von Schlacke und Eisen.

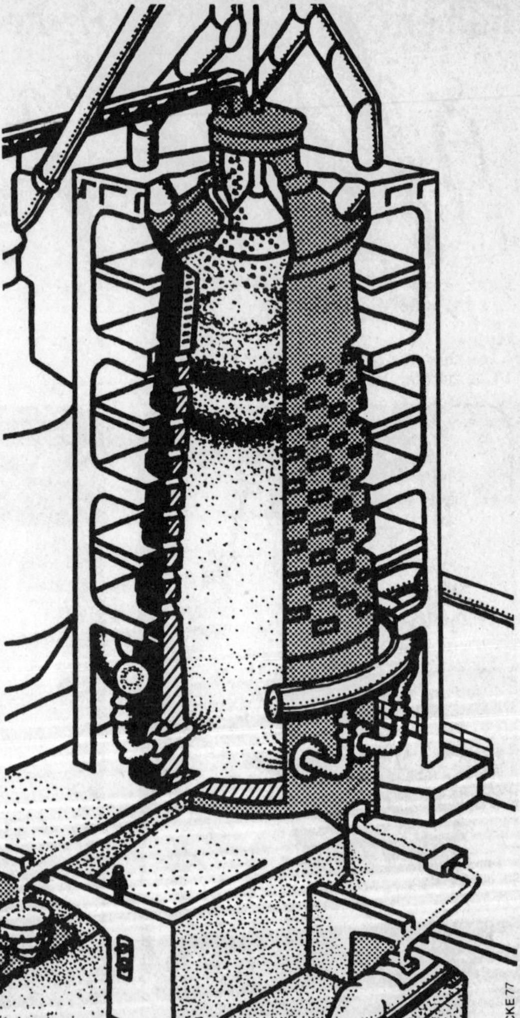

Hochofen aus dem Ruhrgebiet (im Schnitt).

In diesem Hochofen wird pro Jahr etwa 1 Mio t Roheisen produziert. Er ist monatelang ohne Unterbrechung in Betrieb.

Vergleiche Teile mit dem Experiment.

Der Kohlebergbau

Häuer im Kohleberg-
bau vor Ort (rechts)

Förderturm einer
Zeche in Essen

Der einfache Arbeitsprozeß 1

Was zeigt der Film über die Ankerschmiede?

Ein Anker wird hergestellt.

Arbeiter beim Schmieden.

Sie formen glühenden Stahl.

Sie benützen Werkzeuge und Maschinen.

Arbeitskraft

Nicht jeder kann einen Anker schmieden. Dazu gehört einiges. Beschreibe den Schmiedearbeiter und die Fähigkeiten, die er für seine Arbeit braucht.

Arbeitsgegenstand

Der Werkstoff, aus dem ein Anker gemacht wird, ist Stahl. Beschreibe, wie sich das Werkstück in den einzelnen Arbeitsschritten verändert.

Eigenschaften von Stahl:

Arbeitsmittel

Um einen Anker herzustellen, genügen die bloßen Hände und das Wissen 'wie es gemacht wird' nicht. Die Schmiede brauchen Arbeitsmittel, das sind Werkzeuge und Maschinen, auch Werkanlagen und sonstige Hilfsmittel gehören dazu. Trage die Arbeitsmittel, welche die Schmiedearbeiter benützen, in die Spalten ein.	WERKZEUGE	MASCHINEN	Was gehört sonst noch dazu?

Der einfache Arbeitsprozeß 3

Körperliche Arbeit strengt an!

Ein Schlosser bei der Arbeit.
Er stellt ein nützliches Produkt her, das von der Firma, für die er arbeitet, verkauft werden kann.

Bei der Arbeit strengt er sich an:

sein Puls wird schneller,
sein Blutdruck steigt,
er atmet heftiger.

Solche Auswirkungen der Anstrengung können wir messen.
Wir benützen dazu ein Zimmerfahrrad.

Bedenke aber:

Der Schlosser stellt etwas her; er arbeitet und strengt sich dabei an.
Wenn du dich auf dem Zimmerfahrrad anstrengst, so ist das in diesem Sinn keine Arbeit.

warum nicht ?

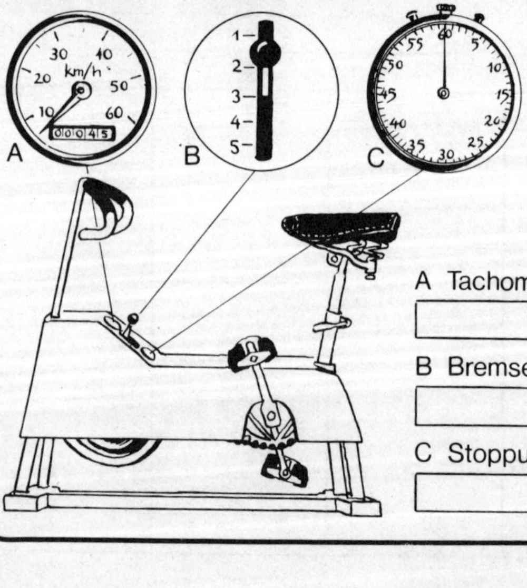

Am Zimmerfahrrad kannst du genau einstellen, wie stark du deinen Körper belasten willst.

Schreibe zu den Geräten der Versuchsanordnung, was sie messen oder regulieren:

A Tachometer:

B Bremse:

C Stoppuhr:

Der einfache Arbeitsprozeß 4

Körperliche Arbeit erfordert Kraft !

Schwere Arbeit erfordert einen großen Kraftaufwand. Dabei müssen Gegenstände verformt oder bewegt werden.
Ursache für Form- und Lageveränderungen von Gegenständen sind also Kräfte.
Die Körperkraft des Menschen ist begrenzt - aber wenn viele zusammenarbeiten, erhöht sich die Gesamtkraft.
Welche Kräfte kennst du außer der Körperkraft des Menschen noch?

Überlege:
Woher kommen die Kräfte beim Auto, bei der Straßenbahn, bei der Dampfmaschine, beim Wasserrad?

Kraft

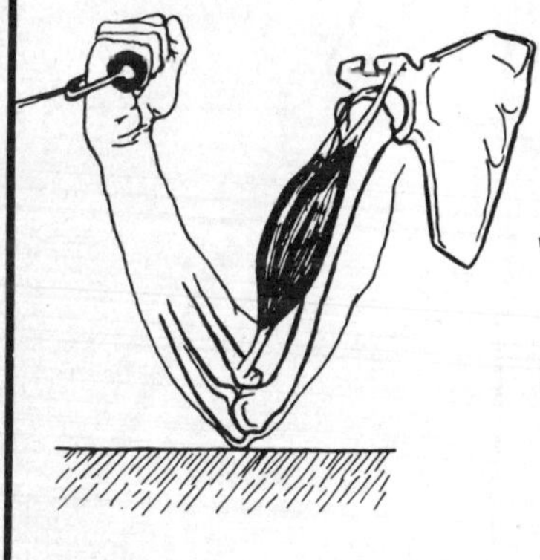

Im folgenden Versuch messen wir die Kräfte von Muskeln und berechnen den Mittelwert. Außerdem kann z.B. die Muskelkraft mit dem Querschnitt des Muskels oder dem Körpergewicht verglichen werden.

Überlege dazu Folgendes:
Wodurch wird ein Muskel kräftiger?

Was passiert bei ausdauernder Muskelspannung?

Nenne einige Berufe, bei denen heute noch viel Muskelkraft erfordert wird:

Der einfache Arbeitsprozeß 5

WAS BEDEUTET KRAFT?

Langholztransport 20 t Last

ein Rohling für Turbinenachse wird geformt

KRAFT IST ALLES, WODURCH DIE LAGE ODER FORM VON MATERIE VERÄNDERT WIRD.

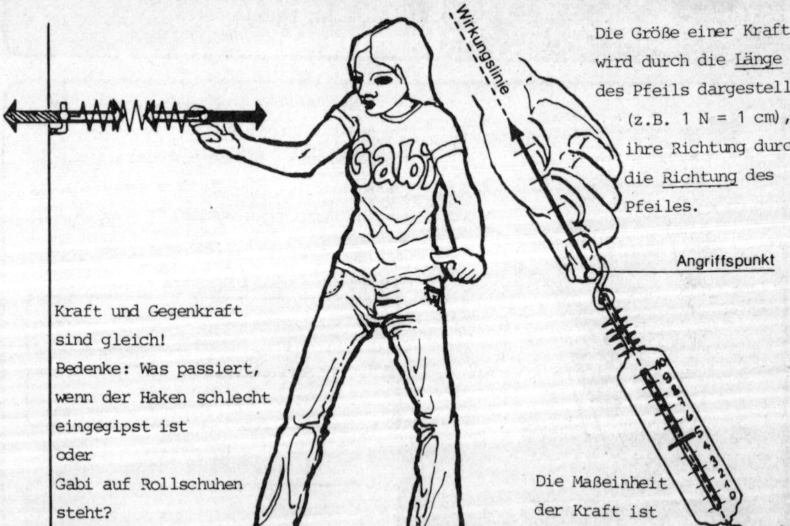

Die Größe einer Kraft wird durch die <u>Länge</u> des Pfeils dargestellt (z.B. 1 N = 1 cm), ihre Richtung durch die <u>Richtung</u> des Pfeiles.

Kraft und Gegenkraft sind gleich!
Bedenke: Was passiert, wenn der Haken schlecht eingegipst ist oder Gabi auf Rollschuhen steht?

Die Maßeinheit der Kraft ist 1 Newton (abgekürzt N).

EINE KRAFT WIRD DURCH EINEN PFEIL DARGESTELLT, DER KRAFTVEKTOR GENANNT WIRD. DER KRAFTVEKTOR WIRD BESTIMMT DURCH: GRÖSSE, RICHTUNG UND ANGRIFFSPUNKT.

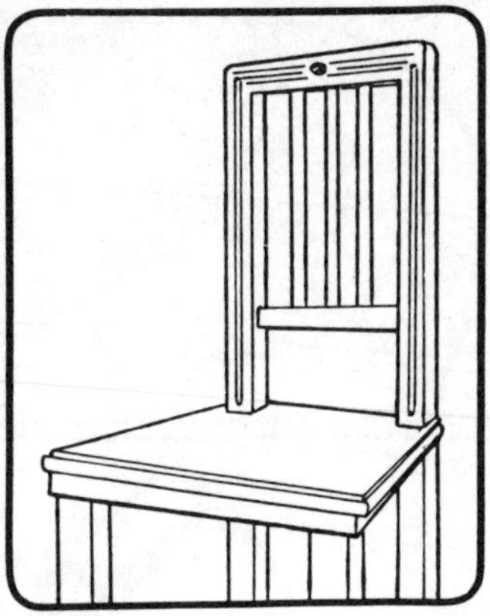

8

GESELLSCHAFTLICHE ARBEIT -
PHYSIKALISCHE ARBEIT

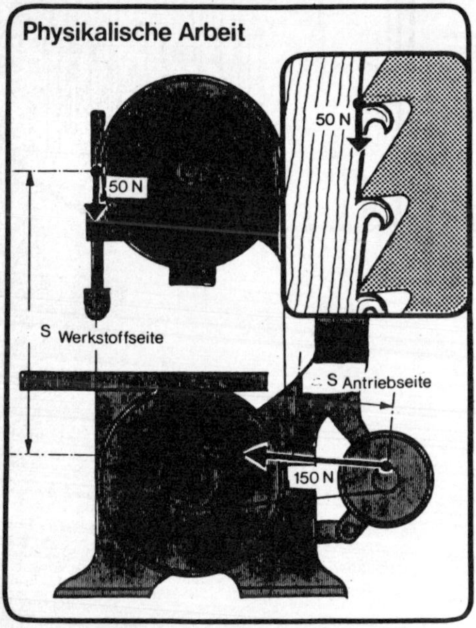

1. Gesellschaftliche Arbeit bedeutet: nützliche Dinge herstellen. Nützliche Dinge werden durch Stoffveränderungen (Lage/Form) geschaffen.

2. Physikalische Arbeit bedeutet: Kraft längs eines Weges wirken lassen.

3. Definition: In der Physik ist die Arbeit W gleich dem Produkt von Kraft F und Verschiebungsweg s:

$$W = F \cdot s$$

4. Überlege:

   Warum ist physikalische Arbeit nicht dasselbe wie gesellschaftliche Arbeit?

BERLIN (WEST)
Häfen und
Wasserwege
Tegel
WESTHAFEN
SÜDHAFEN
SPANDAU
VIKTORIA SPEICHER
HAFEN NEU-
KÖLLN

Gesamtgüterverkehr von
und nach Berlin (West): ca. 20 Mio. t
Gesamtumschlag
Berliner Häfen: ca 7 Mio. t
jährl. (Zement, Heizöl, Getreide u.a.m.)
Baustoffe Ber

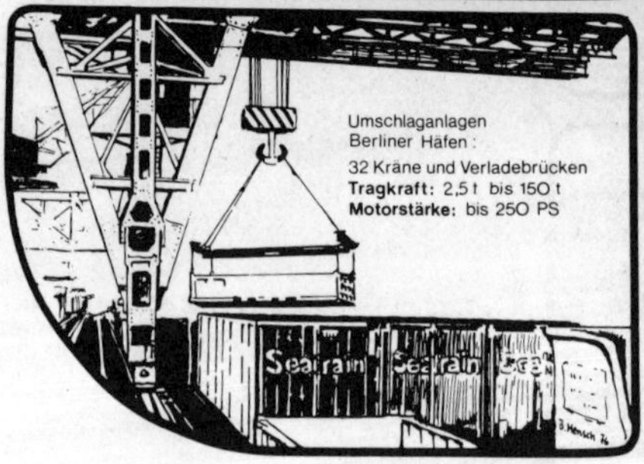
Umschlaganlagen
Berliner Häfen:
32 Kräne und Verladebrücken
Tragkraft: 2,5 t bis 150 t
Motorstärke: bis 250 PS
Seatrain
Seatrain

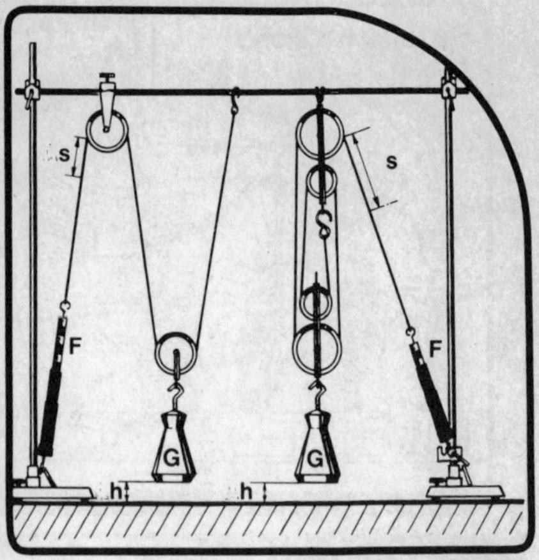
s
s
F
F
G
G
h
h

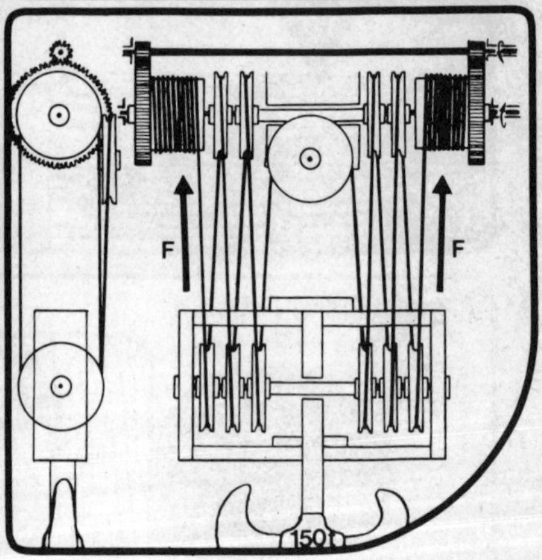
F
F
150 t

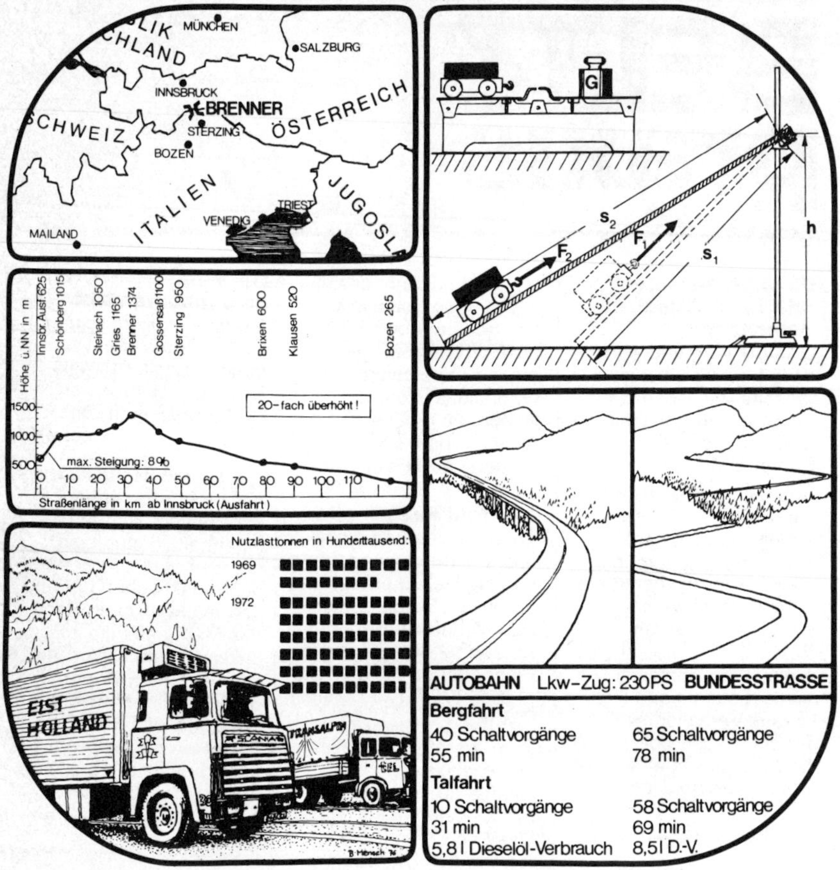
MÜNCHEN
SALZBURG
INNSBRUCK
BRENNER
STERZING
BOZEN
SCHWEIZ
ÖSTERREICH
ITALIEN
JUGOSL
TRIEST
VENEDIG
MAILAND
G
s_2
F_2
F_1
s_1
h
Höhe ü. NN in m
Innsbr. Ausf. 625
Schönberg 1015
Steinach 1050
Gries 1165
Brenner 1374
Gossensaß 1100
Sterzing 950
Brixen 600
Klausen 520
Bozen 265
20-fach überhöht!
max. Steigung: 8%
1500
1000
500
0 10 20 30 40 50 60 70 80 90 100 110
Straßenlänge in km ab Innsbruck (Ausfahrt)
Nutzlasttonnen in Hunderttausend:
1969
1972
EIST HOLLAND
SCANIA
TRANSALPIN
B. Hänsch 76
AUTOBAHN Lkw-Zug: 230 PS BUNDESSTRASSE
Bergfahrt
40 Schaltvorgänge
55 min
65 Schaltvorgänge
78 min
Talfahrt
10 Schaltvorgänge
31 min
5,8 l Dieselöl-Verbrauch
58 Schaltvorgänge
69 min
8,5 l D.-V.